URBOCK
BIER JENSEITS VON HOPFEN UND MALZ

Urbock

Urbock

Urbock

Christian Rätsch

URBOCK
BIER JENSEITS VON HOPFEN UND MALZ

Von den Zaubertränken der Götter
zu den psychedelischen Bieren der Zukunft

AT Verlag

Eine Produktion von
EMB-Service für Verleger, Luzern

© 1996 EMB-Service für Verleger, Luzern

© 1996 für die deutschsprachige Ausgabe: AT Verlag, Aarau (Schweiz)

Gestaltung:
Franz Gisler, Luzern

Satzherstellung:
CS Publishing, Freiburg

Druck:
G. Canale & C., Spa, Turin

Printed in Italy

ISBN 3-85502-553-3

Bier wurde an vielen Orten der Welt unabhängig voneinander erfunden. Fast alle alten Kulturvölker entwickelten Brauverfahren, um Brot, Getreide oder andere stärkehaltige Substanzen zu vergären. Ursprünglich waren die Biere meist Ritualtrünke, die den Göttern geweiht und geopfert wurden. Eine der ältesten erhaltenen bildlichen Darstellungen zur Bierbereitung stammt aus dem alten Ägypten. Auf einer Wandmalerei aus dem Grab des Kenamon in Schech Abd el-Gurna (Luxor), die aus der Zeit um 1500 v. Chr. stammt, werden die einzelnen Schritte der altägyptischen Bierbrauerei gezeigt.

Inhalt

6	Was ist Bier – was war Bier?
8	Bier als Rauschmittel
10	Bier als Aphrodisiakum
12	Bier als Heilmittel

Die Früchte der Erde

- 18 Die Saat: Getreide
- 28 Das Geheimnis: Die Zusätze
- 30 Verzeichnis der Pflanzen
- 40 Verzeichnis der Mineralien
- 40 Verzeichnis der tierischen Produkte
- 43 Der Speichel des Bären: Hefe
- 43 Die Gärung
- 43 Der Braustern
- 44 Obergärig oder untergärig
- 47 Die Heilkraft der Bierhefe
- 48 Die Geburt der Welt: Wasser

Die Trünke der Götter

- 50 Der Rauschtrank aus dem Zweistromland
- 58 Das Alraunenbier der alten Ägypter
- 66 Die Menschenwurzel
- 72 Kykeon, der eleusinische Einweihungstrank
- 78 Mutterkorn
- 80 Afrikanische Hirsebiere
- 85 Chhang, das Lieblingsgesöff der Yetis
- 92 Was war Soma?
- 96 Chicha, das Maisbier der Indianer
- 108 Stechäpfel und Engelstrompeten
- 112 Vilca, die Samen der Sonne
- 114 Cerevisia, der keltische Zaubertrank
- 120 Bierrunen und Trankopfer
- 127 Der Ur-Bock
- 132 Das echte „Pilsener"
- 134 Bilsenkraut
- 138 Grutbier und die Berserker
- 143 Sumpfporst
- 147 Gagel

Bierfeste und Festbiere

- 148 Der Maibock
- 158 Das Märzen
- 162 Der Julbock

Das Hopfenzeitalter

- 170 Das Deutsche Reinheitsgebot
- 172 Hopfen
- 176 Das falsche „Pilsener"
- 178 Klosterbrüder und Klosterbiere
- 184 Der neue Bierheilige
- 186 Bierhexen und Hexenbiere

Das Hanfzeitalter

- 190 Hi-Brew, ein Neubeginn
- 191 Hanf
- 194 Psychedelische Biere der Zukunft
- 196 Epilog: Und noch mehr Zaubertränke

Anhang

- 198 Rezepte zum Selberbrauen
- 200 Glossar
- 201 Zeittafel
- 202 Anmerkungen
- 214 Bibliographie
- 220 Dank
- 220 Bildnachweis
- 221 Stichwortverzeichnis

Was ist Bier – was war Bier?

„Wenig Zeit war hingegangen,
Von dem Baume summt der Hopfen,
Von dem Felde spricht die Gerste,
Aus dem Kalewbrunn' das Wasser:
‚Wann wohl kommen wir zusammen,
Kommt das eine zu dem andern?
Traurig ist's, allein zu leben,
Schöner zwei und drei zusammen.'
Osmotar, die Bier bereitet,
Kapo, die das Dünnbier brauet,
Nimmt nun Körner von der Gerste,
Fasset sechs der Gerstenkörner,

Greifet sieben Hopfenspitzen,
Schöpfet Wasser acht der Löffel,
Setzt den Kessel auf das Feuer,
Läßt die Mischung munter sieden,
Braute Bier so aus der Gerste,
In des Sommers heißen Tagen
An der nebelreichen Landzung',
Auf dem waldbedeckten Eiland;
Tut den Trank in neue Eimer,
In den Raum von Birkenzubern."

Kalevala (Finnisches Epos)
Rune 20, 160–181

Bier ist das meistgetrunkene alkoholische Getränk der Menschheit. Es wird durch alkoholische Gärung aus stärkehaltiger Substanz gewonnen.[1] Das erste Bier der Geschichte wurde vor mehr als zehntausend Jahren gebraut. Obwohl es Hunderte von modernen Biersorten gibt, die sich in Farbe, Geschmack, Schaumbildung, Säuregehalt, Lagerbeständigkeit, Alkoholvolumenprozenten, Kunstfertigkeit des Brauens und Preis unterscheiden, basieren sie alle auf demselben Grundrezept. Das Bier von heute ist ein vergorenes Getränk aus gemälztem Getreide, Wasser und Hopfen.[2] Das Malz ernährt, der Hopfen beruhigt und der Alkohol berauscht. Alles in allem ist das moderne Bier eine Droge, die zwar erfrischt, doch nach einer Weile eher einschläfernd wirkt. Wer Bier trinkt, vergißt den Lärm der Welt, der äußeren und der inneren.

Aber Bier war nicht immer ein derart langweiliges Getränk. In alter Zeit wurde das Bier durch die Kraft bestimmter Kräuter belebt. Bier hatte Magie, in ihm lebte die Seele eines Gottes oder einer Göttin. Es enthielt die Macht der heiligen Zauberpflanzen und entstand durch die mystische Verwandlung der Natur. Es war Nahrung, Trank und Sakrament zugleich. Das alkoholische Getränk selbst aber diente bei den alten Kulturvölkern und bei den Naturvölkern meist nur als Trägersubstanz oder als Lösungsmittel für weitaus wirksamere und stärkere Rauschdrogen. Es gibt fast keine bekannte psychedelisch, narkotisch oder berauschend wirkende Pflanze, die nicht irgendwann einmal in der Geschichte der Menschheit dem Bier beigegeben wurde. Solcherart gestärktes Bier war kein allabendliches Betäubungsmittel, sondern ein Ritualtrunk, der die Menschen mit den Göttern, Ahnen und anderen Wirklichkeiten in Verbindung bringen sollte. Der Alkoholgehalt dieses Bieres war sehr gering und diente in erster Linie als Lösungsmittel für die Wirkstoffe aus den zugesetzten Pflanzendrogen. So war das Bier in alten Zeiten nicht nur geschmacklich vollkommen vom heutigen Bier verschieden, auch seine Wirkungen und Anwendungen waren gänzlich anderer Art. Solches Bier wirkte bewußtseinserweiternd, stimulierend und sexuell anregend. Es schenkte den Menschen himmlische Visionen, köstliche Ekstasen und unerschütterliche Stärke,

„Bei Thor, welch' ein Trank!"

Bier stand immer unter dem besonderen Schutz der Götter und Heiligen. In der frühen Neuzeit wurde Gambrinus als Bierheiliger oder Bierkönig verehrt. (Unterfränkische Holzplastik, Ende 17. Jh.)

wenn es bei religiösen, öffentlichen und privaten Festen genossen wurde. Man trank auf die Ahnen und Götter und opferte den Riesen, Kobolden und Nixen. Das Getränk war das Medium zwischen Mensch und Gott, es verband die sichtbare mit der unsichtbaren Welt. Das Bier wurde als Göttergabe verehrt, als wundertätige Medizin geschätzt und bei magischen Praktiken eingesetzt.

Die Geschichte des Bieres ist die Geschichte des Abstiegs von einem heiligen Göttertrank zu einem profanen Massengesöff.

Fast auf jedem Etikett von deutschem Bier steht geschrieben: „Gebraut nach dem Deutschen Reinheitsgebot von 1516." Das Reinheitsgebot, das in der bierseligen Literatur gerne als „erste lebensmittelrechtliche Verordnung" dargestellt und über alle Maßen gelobt wird, besagt, daß Bier nur aus Wasser, Malz und Hopfen und mit Hilfe von Hefe gebraut werden darf. Mit diesem Reinheitsgebot wurde aber in Wirklichkeit der Gebrauch von psychedelischen, erregenden, aphrodisischen, tonisierenden und medizinischen Zusätzen zum Bier verboten. Das Reinheitsgebot ist also nicht nur die erste lebensmittelrechtliche Verordnung, es ist auch das erste Drogengesetz westlicher Machart.

Im 16. Jahrhundert wollten Kirche und Staat den Drogenkonsum des Volkes regeln. Alkohol, besonders der Wein, galt als christliche Droge, und der Hopfengebrauch war Vorrecht der Klöster und Klosterbrauereien. Alle anderen Biergewürze stellten in den Augen der Obrigkeit heidnische Götterpflanzen und somit schädliche Teufelswerke dar. Das Reinheitsgebot, das nicht zufällig aus der Hochzeit der Hexenverfolgung stammt, war ein frühneuzeitlicher Schachzug der Christen gegen die letzten Heiden.

In den meisten Büchern zur Geschichte des Bieres[3] wird das Bier der Ahnen als geschmacklich unzureichend und primitiv dargestellt. Im Gegensatz dazu werden die Errungenschaften der modernen, fabrikmäßigen Brautechnologie hoch gelobt. Der Gebrauch von verstärkenden Zusatzstoffen gilt als verwerflich oder bestenfalls als kulturgeschichtliche Kuriosität.

In dieser geheimen Geschichte des Bieres sollen die Vorzüge der alten Biere und die Bedeutung der Bierrituale gezeigt und das Bier in ein neues Licht gerückt werden. Für Bier – sei es nun gehopft oder gehanft oder sonstwie gepeppt – gilt alles, was auch für jede andere Droge gilt: Wenn man es zum richtigen Zeitpunkt, am geeigneten Ort, in einer wohlüberlegten Dosis einnimmt, kann man die daraus resultierenden Erfahrungen sinnvoll und gewinnbringend in sein Leben integrieren.

*„Bakchos den Säulenumwinder,
Den Spender der Trunkenheit rufe ich an ...
Komm in die freudeschwellenden Herzen ..."*
Orphische Hymne[4]

Bier als Rauschmittel

Der Wunsch nach Berauschung ist ein biologisches Grundbedürfnis des Menschen,[5] das mit dem Wunsch nach Liebe und Erotik auf der gleichen Ebene steht. Was aber ist ein Rausch?

Der Großteil der Menschen unserer Zeit kennt als einziges Rauschmittel den Alkohol, und glaubt, daß der Suff allen anderen Räuschen entspricht. Aber das Gegenteil ist der Fall. Keine andere Droge wirkt so wie Alkohol. Der Alkoholrausch zeichnet sich durch anfängliche Erregung und Heiterkeit aus, wird aber bald zu einem Delirium, in dem sich die Eigenwahrnehmung auflöst und der Kontakt zur Außenwelt abbricht. Der Alkoholrausch ist eine Betäubung mit nachhaltigen Gehirnschäden; bezeichnenderweise heißt ein alkoholreiches Ale einer walisischen Brauerei *Brain Damage* (Gehirnschaden). Andere Drogen – wie Hanf, Opium, Zauberpilze, Bilsenkraut usw. – stimulieren das Gehirn, sie sind psychoaktiv, d. h., sie aktivieren gewöhnlich unbewußte Inhalte der Psyche und führen dadurch zu einer Steigerung der Wahrnehmung vom eigenen Bewußtsein. Räusche sind keine „künstlichen Paradiese",[6] sondern *natürliche Paradiese*, denn sie sind als Möglichkeiten menschlicher Erfahrung im Bewußtsein tief verankert. Viele natürliche Räusche zeichnen sich durch kosmische Visionen, tiefe Erfahrungen neuer und anderer Dimensionen, weitreichende Erkenntnisse, Glückseligkeitsgefühle und Ekstasen aus.

In den alten Kulturen wurden Pflanzen,[7] die derart psychedelische, d. h. bewußtseinserweiternde Wirkungen haben, als heilig verehrt, „Pflanzen der Götter" genannt und rituell zum Nutzen der Menschen eingesetzt.[8] Die durch diese Pflanzen ausgelösten Visionen trafen auf kulturelle Muster, die es den Menschen ermöglichten, ihre einzigartigen Erfahrungen sinnvoll in das eigene spirituelle Wachstum zu integrieren. Viele Völker konnten mit diesen Drogen umgehen und bewerteten sie dementsprechend positiv. Drogen an sich sind wertfrei, sie sind weder gut noch böse. Lediglich der Gebrauch der Drogen bestimmt, ob ihr Einsatz zum Nutzen oder Nachteil des Menschen führt.

Die alten Völker erkannten in den mit starken Rauschmitteln versetzten Bieren Ritualtränke göttlicher Herkunft, die den Menschen in die Mysterien der Natur einweihten. Selbst jene Biere, die nicht mit psychedeli-

schen Zusätzen aufgebessert worden waren, wurden in einigen alten Kulturen als ein göttliches Rauschmittel betrachtet und mit Respekt rituell zum Wohle der Götter getrunken.

Aber in einer Welt, deren kulturelle Wurzeln durch Christianisierung, Industrialisierung und Überbevölkerung zerrüttet sind, können die Menschen weder mit dem psychedelischen Bier noch mit dem allein durch den Alkoholgehalt berauschenden Bier umgehen. Die meisten Drogentoten der modernen westlichen Welt sind keine Heroinopfer, sondern Alkoholiker. Wenn ein Rauschmittel außerhalb eines kultischen Kontextes mißbraucht wird, hat es fast immer negative Auswirkungen. Wer besoffen vorm Fernseher liegt, wird keine göttlichen Offenbarungen erleben. Der westliche Mensch ist durch den gezielten, christlichen Einsatz von Alkohol,[9] einer echten missionarischen Waffe, zu einem psychedelischen Analphabeten degeneriert. Es wäre an der Zeit, daß man den Rauschbedürftigen dieser kaputten Gesellschaft eine richtige Drogenberatung zukommen ließe. Vielleicht kann man damit anfangen, im Bier wieder ein Geschenk der Natur zu sehen und damit die eigene ökologische Abhängigkeit erkennen.

Viele moderne Bieretiketten greifen Themen und Motive aus der Mythologie und Geschichte des Bieres auf oder spielen auf die Wirkungen des Rauschtrankes an.

Das belgische Starkbier *Delirium tremens* offenbart die Wirkung einer chronischen Überdosierung.

Anfang der 80er Jahre wurde im kalifornischen Untergrund erstmals wieder Marijuanabier gebraut. Der Name *Hi-Brew* deutet die dadurch ausgelöste euphorische Hochstimmung an.

Bier war in vielen Kulturen sowohl eine Opfergabe an die Totengeister als auch ein Trankopfer für die Liebesgöttin. Daran erinnern die Etiketten vieler Starkbiere: *Trompe-la-mort* ist ein „von den Toten Auferstandener" oder ein „Draufgänger"; die „Pariser Nächte" versprechen Lust und Erotik; zuviel Bier kann aber auch den Verlust des Kopfes (wie durch die *Guillotine*) bedeuten.

Oben und Seite 11: Die Assoziation von Bier und Erotik findet sich nicht nur in den alten Quellen, sondern auch auf den modernen Bieretiketten. Einige Biere, so etwa das belgische Lambic-Bier *Pécheresse*, sollen aphrodisische Qualitäten besitzen. Das Pin-up-Bier *La Bière Amoureuse* soll – Details sind streng geheim – sogar fünfzehn Kräuter mit aphrodisischer Wirkung enthalten. Name und Etikett des holländischen Bockbieres *De Verboden Vrucht*, „Die verbotene Frucht", erinnern an die Zeit, als das Bier noch ein psychedelischer Erkenntnistrank war und die „Früchte vom Baum der Erkenntnis" enthielt.

Bier als Aphrodisiakum

Aphrodite war die griechische Göttin der körperlichen Liebe, der zügellosen Verführung, der sinnlichen Genüsse und der liebreizenden Schönheit. Sie schenkte den Menschen eine große Zahl von Mitteln, die die Freuden der körperlichen Liebe steigern, die erotische Phantasie erregen, die wollüstigen Gefühle stimulieren und sexuelle Kraft und Ausdauer verleihen. Diese zauberhaften Mittel wurden der Göttin zu Ehren Aphrodisiaka genannt.[10]

Seit alters her werden nun solche „Pflanzen der Liebe" den Bieren zugesetzt, um aus ihnen wollüstige Tränke und Liebeszauber zu machen. Solche Biere wurden erst den Göttern geopfert und dann von den Menschen genossen. Die anregende Wirkung führte die Menschen liebend zusammen, und diese rituelle Vereinigung ehrte die Göttin. So wurden Erotik, Mystizismus und der bewußte Einsatz von magischen Kräutern zum Quell für ein erfülltes, beglücktes Leben.

Mit dem Reinheitsgebot wurde jedoch der Zusatz von heidnischen Aphrodisiaka verboten und an dessen Stelle trat der Hopfen, ein allbekanntes Anaphrodisiakum.[11] Aber die Erinnerung an die einstmals aphrodisischen Biere ist noch geblieben, zumindest auf den Bier-Etiketten.

Früher spielte Bier auch im ländlichen Liebeszauber eine Rolle. „Wenn in Kottbus das Mädchen heimlich ins Bierglas des Geliebten speit, so gewinnt sie ihn für sich; gießt in Böhmen ein Bursche Fledermausblut ins Bier, das ein Mädchen trinkt, so ist ihm das Mädchen verfallen."[12]

Im Elsaß werden heute wieder Kräuterbiere gebraut, denen eine gewisse aphrodisische Wirkung zugesprochen wird. Besonders das in schmale Flaschen gefüllte *Bière Amoureuse 3615 Pécheurs*, das unter Zusatz von Mangomark und 15 weiteren geheimgehaltenen Kräutern gebraut ist (4,6 Vol.% Alkohol), genießt diesen Ruf. Ein Bierhändler meinte allerdings zu diesem Elsässer Bier, bis man seine aphrodisische Wirkung spüren würde, hätte man schon so viel Alkohol intus, daß man überhaupt nichts mehr merken könnte.

„Himmlische, liederreiche, holdlächelnde Aphrodite! ...
Freundin festlicher Liebesstunden ...
Komm, o selige Göttin ... Hör mich, ich rufe dich an
mit reiner Seele und heiligen Worten!"
Orphische Hymne

Bier als Heilmittel

„Bier ist kein schlecht Geträncke
sondern mit zu eine Artzeney
denn es alterirt und verändert die Leibe
der Menschen
das eine Wirckung der Artzney ist
So vermehret es auch die Substantz
und wird Blut darauß
Deshalben so ists auch ein Nutriment
und Nahrung."

Das schrieb 1614 der berühmte und einflußreiche Schweizer Arzt, Philosoph und Alchemist Paracelsus (1493–1541) über das Bier.[13] Ihm wird auch der Ausspruch „Cerevisia malorum divina medicina", „Das Bier ist eine wahrhaft göttliche Medizin", zugeschrieben. Paracelsus vertrat eine recht modern anmutende Haltung, indem er energisch für eine vorbeugende Lebensweise und Medizin plädierte. Er war auch der erste, der die Bedeutung der Dosierung erkannte: „Alle Dinge sind Gift und kein Gift; allein die Dosis macht, daß ein Ding ein Gift ist."

Bier gilt aber nicht erst seit Paracelsus als Heilmittel. Schon in den frühesten Nachrichten über Bier wird dessen Heilkraft und Bedeutung für die Heilkunde genannt. Bereits im alten Mesopotamien und Ägypten ist Bier, vor allem die Bierhefe, als Heilmittel belegt.[14] Diese Auffassung hat sich bis in die Gegenwart hinein erhalten. Oftmals erklärte man sich die Heilkraft des Bieres aus der Hefe oder anderen Schimmelpilzen, die in der Maische vorhanden waren. „Schimmel, Fäulnis und Gärung erwiesen sich in unzähligen Fällen als Produzenten der Leben und Gesundheit bewahrenden Heilsubstanzen. Mit erstaunlicher Klarheit haben die Ägypter das erkannt und genützt."[15] In vielen Fällen ist die Heilkraft des Bieres aber wiederum auf die Gewürze und Zusätze zurückzuführen, wobei das Bier nur als Lösungsmittel für die „Pflanzen der Medizin" genutzt wurde.

Heute noch ist die Ansicht weit verbreitet, daß ein gemäßigter Biergenuß der Gesundheit zuträglich ist, daß Bier als Schlaf- oder Schlummertrunk bei nervösen Leiden hilft und daß es den Magen reinigt. Dem Bier wurden sogar lebensverlängernde und verjüngende Eigenschaften zugeschrieben. So hieß es, wer in der Fastnacht viel Bier trinkt, der verlängert sein Leben. Wer am Neujahrstag Bier trank, erhoffte sich davon eine allgemeine Verjüngung.[16] Wer jedoch zuviel Bier trinkt, dem schwinden die Sinne. Wer zuviel säuft, der schädigt seine Leber, das Organ, in dem nach alter Vorstellung der Keim des Lebens und der Gesundheit sitzt.

Unten: Die Chinesen sehen im Bier ein gesundheitsförderndes oder medizinales Getränk, sofern das rechte Maß eingehalten wird. Malz gilt seit alters her als Tonikum und Heilmittel bei Magen-Darm-Problemen.

Rechts: Die halluzinogene Tollkirsche *(Atropa belladonna)* wurde in vergangenen Zeiten oft als Bierzusatz verwendet. Das damit bereitete Bier hatte eine stark berauschende Wirkung, die auf den Gehalt an Atropin, ein noch heute verwendetes Heilmittel, zurückgeht.

Seite 12, von links nach rechts:
Paracelsus war einer der ersten Ärzte, der die Heilkraft des Bieres lobte. (Das sogenannte „Rosenkreuzer-Bildnis" von Franz Hogenberg, 1566.)

Im Altertum wurde viel Dinkelbier gebraut; heute gibt es nur eine einzige Sorte, die das von Hildegard von Bingen hochgelobte und gesunde Dinkelgetreide als Gärstoff verwendet.

Der Name des *Ettaler Doppelbocks* soll auf dessen angebliche Heilkraft verweisen. *Curator* ließe sich als „Heiler" übersetzen.

Noch zu Beginn der Neuzeit wurden eine Reihe von *medicinalischen Heilbieren* gebraut und empfohlen[15]:

Wermutbier	„es stärket den Magen, macht Lust zu essen, treibt die Bilem [= Galle] durch, den Urin ab, vertreibt die Verstopfung der Leber und Miltzes, vertreibt und tödtet die Würm mit seiner Bitterkeit ..."
Salbeyenbier	„stärket Haupt und Magen, nimbt das Zittern der Kniescheiben"
Beifußbier	„ist gut für Frauenleiden"
Rosmarinbier	„ist den Melancholicis und Cordiacis sehr gut"
Lavendelbier	„stärket das Mark im Rückgrat und die Nieren"
Melissenbier	„machet aus traurigen und melancholischen Leuten fröhliche Leute"
Haselwurzbier	„ist gesund den Geelsüchtigen und Podagrischen [gichtigen] Leuten, den es nimbt den Tartarium [Salz, Ablagerung] der sich zwischen der Gelenke gelegt hat"
Wacholderbier	„ist gut zu Mängel der Nieren und Blasen und provozieret den Weibern menstrua gewaltig"

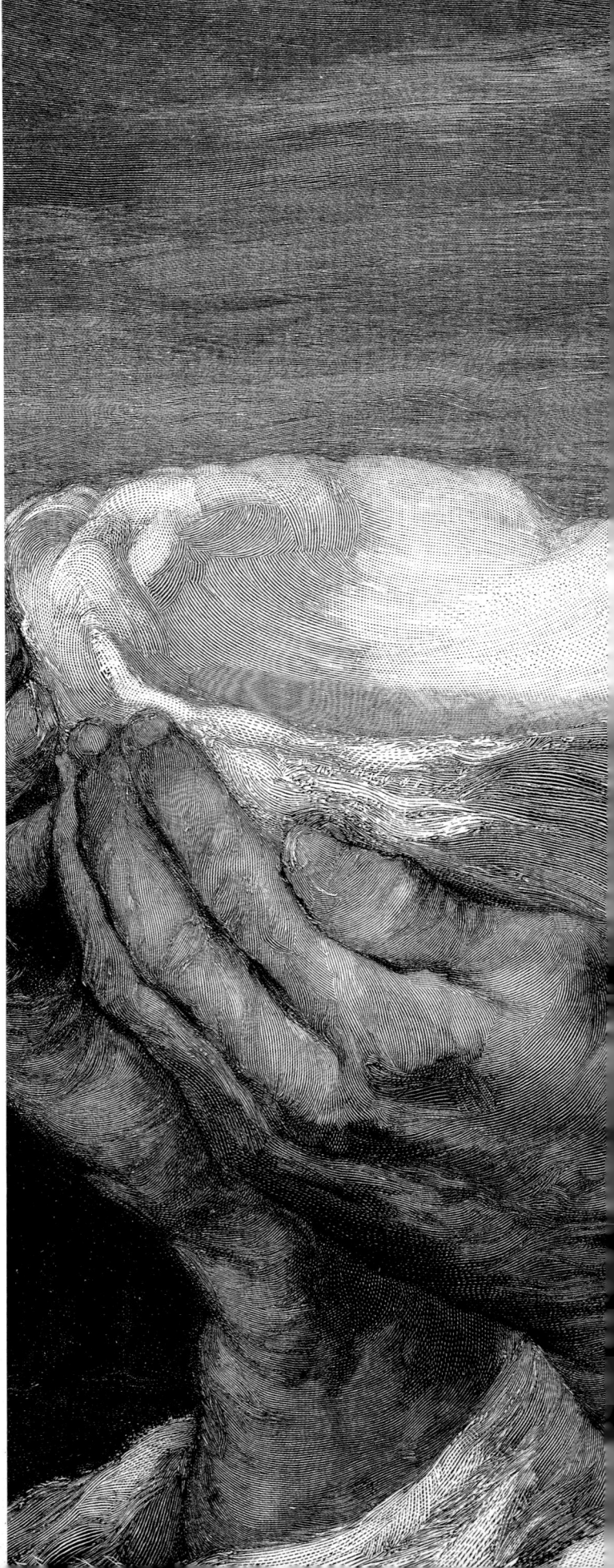

Die ältesten bekannten Trinkgefäße waren große Muschelschalen und Tierhörner. Der Gebrauch von Muscheln für bierartige Ritualtrünke hat sich bei einigen Naturvölkern bis heute erhalten. („Ein Göttertrunk", Stich von E. Harburger.)

Die Früchte der Erde

*„Hehre Göttin der Sterblichen,
Viele Gestalten hast du,
Heiligprangende, Blühende!
Komm, du Selige, Ewig-reine,
Mit des Sommers Früchten beladen;
Führe den Frieden, die liebliche Ordnung,
Reichtum, Fülle des Segens
Und Gesundheit, die Königin!"*

Orphische Hymne an Demeter

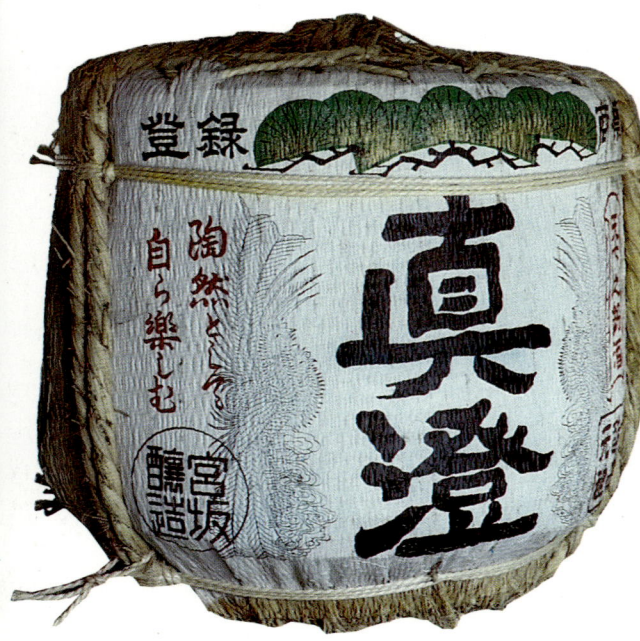

Oben: In Japan wurde früher aus Reis auch Bier gebraut. Meist wird der Reis aber zu Sake („Reiswein") vergoren. Sake ist nicht nur das beliebteste japanische Getränk, es wird in großen Fässern auch als Opfergaben an die Tempel geliefert. Die alkoholstarke Sake soll das Lieblingsgetränk vieler Naturgottheiten, Kobolde sowie der langnasigen *Tengus* (Fliegenpilzgeister) sein.

Links: Überall auf der Welt werden Biere aus Getreiden gebraut. Reis wird heute nur noch selten zum Bierbrauen verwendet. Manchen asiatischen und amerikanischen Bieren wird Reis als Gärstoff zugesetzt. (Reisfeld auf Bali, Indonesien.)

Die Saat: Getreide

„Göttliche Erde, Gaia,
Mutter der seligen Geister und der sterblichen Menschen...
Du trägst in kreißenden Wehen
Die vielgestaltige Frucht...
Tiefbusige Spendrin des Glücks...
Du erfreust mit duftender Saat!"
Orphische Hymne

Noch im Mittelalter stand der Getreideanbau unter dem Schutz der römischen Göttin Ceres. (Spätmittelalterlicher Holzschnitt.)

Seite 20/21: Blick über ein riesiges Gerstenfeld, das für die Bierbrauerei angelegt wurde. Die Gerste ist heutzutage international das wichtigste Braugetreide. Das aus der Gerste gewonnene Malz verleiht dem modernen Bier seinen unverwechselbaren Geschmack und die kräftige Würze.

Die Erde schenkt dem Menschen alles, was er zum Leben braucht: Pflanzen, die ihn nähren, stärken, heilen, wachmachen, betäuben, erregen und berauschen. Zu allen Zeiten nutzte der Mensch die Pflanzen als Nahrung, Medizin und Rauschmittel. Manche Pflanzen können roh verzehrt werden, andere müssen durch Schälen, Auslaugen, Kochen, Erhitzen oder Gären so verwandelt werden, daß sie für den Menschen genießbar sind. Manche Pflanzen können wild gesammelt, andere nur angebaut werden.

Das Getreide, die Saat, ist das besondere Geschenk der Erdgöttin an die Menschen. In der Antike war diese unter dem Namen Ge, Gaia, Demeter, Ceres, Terra Mater, Bona Dea, Hathor, Kybele, Große Mutter, Ischtar, Atargatis, Ceridwin oder Isis bekannt. Viele Erdgöttinnen wurden zu Getreide- und Biergöttinnen, die in vielen antiken Mysterienkulten verehrt, und in Dankbarkeit mit einem Trankopfer von Bier geehrt wurden.

Getreide ist die Grundlage aller Biere und bierartigen Getränke, aber auch von Brot und Teigwaren. Da alle heute noch angebauten Getreidearten nur kultiviert vorkommen, kann man auf ein sehr hohes Alter des Getreideanbaus schließen. Alle bekannten Getreidearten stammen von Wildgräsern ab und gehören zur Familie der Gräser *(Gramineae)*. Die Geschichte des Bieres beginnt mit der Geschichte des Getreidebaus. Denn der wichtigste Gärstoff, aus dem Bier gebraut wird, sind die Getreidekörner. Die Körner enthalten hauptsächlich Stärke. Damit die Stärke zu Alkohol vergären kann, muß sie vor der Gärung in Zucker verwandelt werden. Das geschieht, wenn die befeuchteten Körner keimen, d. h., wenn sie von neuem Leben erfüllt sind. Dieser Prozeß heißt Mälzen. Die gekeimte Saat wird gedarrt und heißt dann Malz. Der Malzzucker ist wasserlöslich und wird zur Würze. Geht die Lösung der Würze in Gärung über, entsteht Bier.

Getreide war schon im Neolithikum bekannt. Es gibt aus der Zeit der Rentierjäger mehrere Funde, die Gebrauch und Verehrung des Getreides belegen. In verschiedenen Höhlen in den Pyrenäen wurden in Rentierhorn geschnitzte Getreideähren gefunden.[1] Über die Jahrtausende menschlicher Kultur haben sich viele Getreidearten und -variationen herausgebildet. Manche dieser Arten haben sich als besonders ergiebig erwiesen und lange bewährt. Andere Arten sind mittlerweile in Vergessenheit geraten.

Es gab und gibt Biere aus vielen verschiedenen Getreidearten: Gerstenbier, Weizenbier, Roggenbier, Haferbier, Maisbier, Reisbier, Emmerbier, Spelzbier, Hirsebier, Dinkelbier. Es gab und gibt aber auch Biere, deren Malz aus verschiedenen Getreidearten gemischt (Mischmehl, Mischmalz) wird. Heute kennt man vor allem Gersten- und Weizenbier. Der Zusatz von Mais oder Reis gilt in der modernen deutschen Brauerei – grundlos und unverständlicherweise – als verwerflich.

Gerste
Hordeum vulgare

Die größte Bedeutung als Biergetreide hat heute die Gerste, die von der Wildgerste (*Hordeum spontaneum*) abstammt. Die vier- oder sechszeilige Gerste (*Hordeum tetrastichum, Hordeum hexastichum*) wurde zu einer speziellen zweizeiligen Braugerste (*Hordeum distichum*) gezüchtet, die zwar etwas weniger ertragreich ist, dafür aber eine weitaus bessere Qualität besitzt. Sie enthält nämlich mehr Stärke und mehr Mineralstoffe als die vier- und sechszeilige Gerste. Die Gerste wurde vor rund zehntausend Jahren in Mesopotamien kultiviert und hat sich von dort aus vor mehr als fünftausend Jahren schnell über Europa und Asien verbreitet. Die Gerste gehört somit zu den ältesten Kulturpflanzen überhaupt. Zweizeilige Gersten sind mehr als neuntausend Jahre alt, wie archäologische Grabungen in Jarmo im Irak beweisen.[2] Gerstenkörner und -mehl wurden im alten Griechenland als Opfergaben und Räuchermittel (z. B. in Delphi) verwendet.[3] In der mittelalterlichen Welt wurde aus Gerste Brot, Brei, Graupen und Grütze bereitet. Heute dient zweizeilige Gerste fast nur noch zum Bierbrauen.

Weizen
Triticum-Arten

Der Weizen ist vor allem für die Bäcker von Bedeutung. Immer noch besteht das meistgegessene Brot aus weißem Weizenmehl. Der wilde Weizen stammt aus den Steppengebieten Eurasiens. Der Kulturweizen wurde bereits im siebten Jahrhundert in Mesopotamien angebaut. Viele durch Kreuzungen entstandene Arten, etwa das Einkorn (*Triticum monococcum*), wurden schon früh als Gärstoff zum Bierbrauen verwendet. Der moderne Kulturweizen (*Triticum aestivum*) wurde bereits von den Babyloniern, Ägyptern, Kelten und Germanen zur Bierbereitung benutzt.

Im Altertum wurden verschiedene Weizenarten dem Donnergott Jupiter geopfert, indem man die Körner oder das Mehl auf seinen Altären ins Opferfeuer warf. Weizenpflaster spielten in der Volksmedizin als Heilmittel bei Furunkeln, Geschwüren und Hautunreinheiten eine bestimmte Rolle.[4] Noch heute sagt man, daß das Trinken von Weizenbier eine schöne Haut mache und den Magen reinige.

Emmer
Triticum dicoccum

Emmer oder Emmerkorn ist eine domestizierte Weizenart, die sich durch bespelzte Körner auszeichnet. Emmer wurde zusammen mit der Gerste in Mesopotamien kultiviert. Schon vor siebentausend Jahren war der Emmer in Ägypten weit verbreitet. Dort wurde er zur Herstellung von Broten, Bierbroten und Bier verwendet. Die alten Ägypter schrieben den auffälligen Körnern auch prophetische Eigenschaften zu. Ägyptische Ärzte verwendeten Emmerkörner als kontrazeptive Mittel. Diese Prozedur ist nicht ganz durchsichtig: Zunächst wurden die Genitalien der Frau mit glühenden Emmerkörnern beräuchert. Anschließend mußte sie einen Auszug mit Öl, Selleriesamen und süßem (mit Honig versetztem) Bier trinken.[5]

Der Emmer war im Altertum in Äthiopien, Arabien und Indien eines der am häufigsten angebauten Getreide. Heute ist diese Getreideart am Aussterben. Bier wird kaum noch aus Emmer gebraut.

Dinkel
Triticum spelta

Das Dinkel, Speltz, Spelt, Amelkorn oder Ammelkorn genannte Getreide entstand durch eine Kreuzung zwischen Emmer und Ziegenweizen *(Aegilops tauschii)*. Der Spelz hat beim Reifen noch die die Saatkörner umschließenden Spelzen bewahrt, die beim Saatweizen völlig fehlen. Spelz ist ein Getreide, das sich gut an nördliche, gemäßigte und kühlere Klimazonen anpaßt. Er wurde in Germanien, besonders in der Rheingegend, und in Vorderasien kultiviert.[6]

Im Mittelalter war er ein wichtiges Biergetreide. Es gibt aber sehr frühe Verordnungen, durch die sein Gebrauch als Gärstoff verboten wurde. Gründe dafür sind nicht bekannt.

Roggen
Secale cereale

Im Gegensatz zur Gerste und den Weizenarten ist der Roggen eine sekundäre Kulturpflanze, die ursprünglich als „Unkraut" auf den Gersten- und Weizenfeldern wuchs. Viele seiner alten Namen lauten „Unkraut in der Gerste".[7] Da der Roggen aber für Klimaschwankungen und Schädlinge nicht so empfindlich wie Gerste und Weizen ist, galt er bald als Ersatzgetreide. Im Altertum war er dann schon als vollwertiges Getreide bekannt. Der Roggen setzte sich als wichtigstes angebautes Getreide besonders in den nördlichen Ländern Europas und in Asien durch. Die Eigenschaft des Roggenbrotes, lange haltbar zu sein, verhalf dem Roggen zum Durchbruch, denn dieses Brot eignete sich zur Schaffung von Wintervorräten. Der Roggen wurde aber nicht nur zu Brot verbacken, sondern auch gemälzt und zu Bier verbraut.

Allerdings war der Roggen im Mittelalter meist durch Mutterkorn vergiftet; so hat er in Brot- und Bierform zu verheerenden Plagen und Epidemien geführt.[8] Heute ist der Roggen fast völlig als Biergetreide verschwunden, wogegen das Roggenbrot hoch im Kurs steht.

Hirsen

Der Name der Hirse wird recht frei für viele verschiedene wilde und kultivierte Getreidegräser, die in aller Welt vorkommen, verwendet. Es gibt Rispenhirsen, *(Panicum)*, Perlhirsen *(Penisetum)*, Kolbenhirsen *(Setaria)* und Sorghum-Hirsen *(Sorghum)*.[13] Im Altertum und im Mittelalter gehörten die unterschiedlichen Hirsen zum meistangebauten Getreide. In der frühen Neuzeit sind sie nach der Einfuhr der Kartoffel und des Maises fast verschwunden. Im Altertum waren verschiedene Hirsen beliebte Opfergaben für die Götter. Aus ihnen wurde Grütze gekocht und Bier gebraut. In China ist die Hirse seit 5000 Jahren bekannt. Heute werden fast nur noch in den entlegenen Gebieten Afrikas und Asiens Hirsen angebaut und zu Bier verbraut. Besonders im Himalayagebiet hat sich die Tradition erhalten, aus verschiedenen Sorten schwachalkoholische Biere für den Hausgebrauch, aber auch als Opfergaben für die Götter zu brauen.

Hafer
Avena sativa

In Eurasien und Nordafrika sind viele wilde Haferarten, die sich durch die auffälligen Rispen deutlich von anderem Getreide unterscheiden, beheimatet. Der Kulturhafer taucht erstmals während der Bronzezeit in Mitteleuropa auf. Früher glaubte man, daß Weizen bei schlechter Witterung zu Hafer degeneriert. Zur Römerzeit war der Hafer das wichtigste Getreide der Germanen.[9] Hafer eignet sich kaum zum Brotbacken, wohl aber als Brei, Grütze (Haferflocken) und zum Bierbrauen. In Deutschland wurde das Bierbrauen mit Hafer schon im ausgehenden Mittelalter verboten, wohl weil er „sticht", d. h. den Geschlechtstrieb anregt. Hafer gilt in der Volksmedizin als Aphrodisiakum[10] und fiebervertreibendes Sympathiemittel. Der Fiebernde soll einige Haferkörner unter die Achsel nehmen. Wenn sie durch den Schweiß eingeweicht und gekeimt sind, sollen sie eingepflanzt werden. So wird das Fieber durch den Hafer „verpflanzt" und geheilt. Ein grüner Hafertee fördert die Ausscheidung von Harnsäure, unterstützt die Entwässerung, hat tonisierende und die Verdauung regulierende Eigenschaften.

Ernährungswissenschaftliche Untersuchungen in den USA haben gezeigt, daß Haferextrakte bei Versuchspersonen eine Steigerung der sexuellen Begierde, eine Kräftigung der sexuellen Organe, eine erhöhte Ausdauer und tiefere erotische Empfindungen erzeugen.[11] Um diesen aphrodisischen Effekt zu erzielen, muß man täglich Hafer einnehmen.[12]

Reis
Oryza sativa

Reis gehört wie der Hafer zu den Rispengetreiden. Er ist das älteste ostasiatische Getreide, das nur in Feldern, die ständig unter Wasser stehen, gedeihen und reifen kann, so daß besondere Anbaumethoden ersonnen werden mußten, die zu den malerischen Reisterassen Asiens führten. Als einer der ersten Reisbauern gilt der legendäre chinesische Kaiser Shen-Nong, der den Menschen auch den Hanf gebracht haben soll (ca. 2800 v. Chr.). Reis war aber schon früher in Ägypten und Indien bekannt. Er wird unter den sechs Getreidepflanzen der Chinesen an erster Stelle genannt und wurde das wichtigste Nahrungsmittel dieses Volkes. Reis sollte als „Tonikum für die fünf Eingeweide und als Adstringens für Magen und Darm" wirksam sein.[14] Reiskörner sind noch heute in vielen asiatischen Ländern eine wichtige Opfergabe.

Reis wurde in Asien früher auch zur Bierbereitung verwendet. Heute wird in China und Japan meist ein Reiswein (Sake) gebraut. In den USA und Japan werden der Bierwürze oft Reisprodukte beigemengt.

Mais
Zea mays

Der Mais wurde vor mehr als siebentausend Jahren im Hochland des heutigen südlichen Mexiko und Guatemalas kultiviert. Er stammt von einer Mutation des Teosinte-Grases ab, das bereits von den Paläoindianern als Wildgetreide geerntet wurde. Es hat jedoch an die 5000 Jahre der Domestikation gebraucht, um die heutige Kolbengröße zu erreichen.[15]

Hunderte verschiedener Maissorten unterscheiden sich in Ertrag, Wachstumsgeschwindigkeit und Qualität der Kolben. Es gibt Sorten, die weiße, gelbe, blaue, rote, violette, schwarze und orangefarbene Körner ausbilden. Den Ackerbau treibenden Indianervölkern ist der Mais eine besonders heilige Pflanze, weil er das Grundnahrungsmittel darstellt. Zahlreiche Mythen bezeugen die innige Beziehung zwischen Mais und Menschen. Nach manchen Überlieferungen wurden die Menschen aus Maismehl erschaffen. Den Körnern wurden auch divinatorische und dämonenabwehrende Kräfte zugeschrieben.[16] Viele Indianer leben noch heute in der Hauptsache von Mais und brauen ihr Bier daraus.

"Mein Vater Atum [der Schöpfergott von Heliopolis] hat mir gegeben und hat mir errichtet mein Haus auf Erden, mit Gerste und Spelt darin ohne Zahl, für mich bereitet, für meine Feste, von meinem eigenen Sohn.

Möget ihr mir ein Totenopfer geben – Brot, Bier, Weihrauch und Salbe, alle guten und reinen Dinge, von denen ein Gott lebt, und ein wahrhaftes Sein bis in Ewigkeit in jeder Gestalt, die ich wünsche."
Ägyptisches Totenbuch, Spruch 72

Darstellung der altägyptischen Getreideernte (vermutlich Emmer oder zweizeilige Gerste) auf einer Grabmalerei aus der Zeit der 18. Dynastie von Theben. Das Getreide war dem Totengott Osiris heilig und galt als ein Symbol des Lebens nach dem Tode. Man glaubte, daß aus der Mumie des verstorbenen Osiris vor dessen Wiedergeburt das Getreide emporgewachsen ist.

Das Geheimnis: Die Zusätze

Unten: Dem Bier wurden zu allen Zeiten verschiedene Kräuter zugesetzt, die es aufbessern oder geschmacklich variieren sollten. Heute wird fast ausschließlich der Hopfen als Zusatz verwendet. Doch läßt sich auch mit Hanf, dem botanischen Geschwister, ein berauschender Trunk brauen. (Stich 19. Jh.)

Heutzutage ist der einzige international übliche Zusatz zum Bier der Hopfen. Aber in den frühesten Aufzeichnungen und Quellen zur Herstellung des Bieres werden ganz andere Zusatzstoffe oder Gewürze genannt, die dem Malz oder der Maische beigemischt wurden.[1] Diese Zugaben, häufig pflanzlicher aber auch tierischer und mineralischer Herkunft, wurden meist zur Verbesserung der Bierwirkung benutzt. Sie sollten das Bier stärker und berauschender machen. Die Gewürze, in alten Texten oft Grut[2] genannt, wurden aber auch aus geschmacklichen, hygienischen oder medizinischen Gründen zugesetzt. Einige Stoffe wirken antibakteriell und konservierend und machen das Bier länger haltbar. Zahlreiche andere Zusätze sollten dem Bier magische Kräfte verleihen, hingegen hatten manche Zusätze eine mehr symbolische Funktion. Indem man bestimmten Göttern geweihte Blätter, Zweige oder Wurzeln ins Bier gab, sollte die verehrte Gottheit darin Platz nehmen. Das Bier wurde aus der Profanität ins Sakrale gerückt, es wurde vom täglichen Erfrischungs- oder Schlummertrunk zum heiligen Trankopfer.

Im Altertum wurden oft die „Pflanzen der Götter", jene magischen Gewächse, die das kosmische Bewußtsein erwecken, in die Trünke der Götter gegeben. Viele der alten und berühmten Zaubertränke waren Biere mit psychedelischen oder halluzinogenen Zusätzen. Da der Gebrauch der Pflanzen der Götter nur im Ritual gestattet war, wurden die Zusätze der Trankopfer oft geheimgehalten. Das Geheimnis sollte vor Mißbrauch und schlechten Trips schützen. So kann die geheime Geschichte des Bieres auch als Geschichte der Pflanzen der Götter gelesen werden: „Der Genuß von halluzinogenen Pflanzen war während Jahrtausenden Teil des menschlichen Lebens; in Europa und den Vereinigten Staaten wurde indessen erst in jüngster Zeit erkannt, in welchem Maße diese Pflanzen die Geschichte der ursprünglichen, ja sogar der höher entwickelten Kulturen geprägt haben."[3]

Im Altertum waren diese Pflanzen und die mit ihnen gewürzten Zauberbiere der direkte Weg zu den Göttern, in die „berauschende Welt unbeschreiblicher und himmlischer Wunder"[4]. Diese Pflanzen stellten die Verbindung von Himmel und Erde her, sie verbanden das Individuum mit dem Kosmos und ließen die gesamte Welt in harmonischer Eintracht zusammenfließen. Ihre Kräfte lösten machtgierige Ego-Strukturen auf, vermittelten tiefe Erkenntnisse über die inneren Zusammenhänge von Raum und Zeit und zeigten dem Menschen seinen Platz im Universum. Kein Wunder, daß diese heiligen Pflanzen als Lehrer geschätzt wurden. Sie beantworteten die brennenden Fragen: Woher komme ich? Wer bin ich? Wohin gehe ich? Sie enthüllten das Mysterium des Lebens.

Schamanen, Zauberer, Wahrsager und Priester versuchten diese Kräfte weise und würdevoll und vor allem

*„Trunk mag frommen,
wenn man ungetrübt sich den Sinn bewahrt."*
Edda

Rituelles Trinkgelage des assyrischen Königs Sargon III. (721–705 v. Chr.) im Palast von Dus Scharrukin (Chorsabad).

zum Nutzen der Menschen einzusetzen.[5] Dieses esoterische Wissen ist heute weitgehend verschwunden, da es von Staat und Kirche unterdrückt und bis aufs Blut bekämpft wurde. Die christliche Hybris und Arroganz maßte sich an, Gottes Werk zu korrigieren und Pflanzen, die Er geschaffen hat, als illegal zu erklären. Die psychedelischen Pflanzen und deren Inhaltsstoffe wurden als Staatsfeinde gesetzlich verboten.[6] Noch in diesem Jahrzehnt tobt in den USA, neben anderen Kriegen, der *War on Drugs*, der hysterische Kampf gegen die heiligen Pflanzen unserer Ahnen. Dabei ist es höchste Zeit, den Frieden zwischen Mensch und Pflanze wieder herzustellen.

Das Recht auf beglückende Räusche wird den Menschen nicht mehr zugebilligt. Zuerst wurden die bewußtseinserweiternden Pflanzen im Bier verboten und durch den bewußtseinsdämpfenden und -einengenden Hopfen ersetzt. Jetzt wird sogar überall für alkoholfreies Bier Werbung gemacht. Natürlich ist es für den Autofahrer sicherer, keinen Alkohol zu trinken. Aber wenn dem Bier mechanisch auch noch die durch alchemistische Verwandlung geläuterte Seele, der Alkohol, entzogen wird, hat es sich endgültig aus den Händen der Götter zurückgezogen[7], und versickert langsam im Abfallhaufen westlicher Zivilisation. Der einzelne Mensch, schon lange verloren in einer dumpfen Masse, vollführt im Alltagstrott und mit geschrumpftem, naturentfremdetem Restbewußtsein seine winzige Aufgabe in der gewaltigen und gewalttätigen Zivilisationsmaschine, die langsam Gaia und ihre Kinder verschlingt.

In der Geschichte des Bieres spiegelt sich also auch die Geschichte unseres Bewußtseins. Die Bedeutung der Bierzusätze geht so weit, daß man nach ihrer historischen Verwendung die abendländische Biergeschichte in Zeitalter[8] aufteilt: das Grutzeitalter, das Hopfenzeitalter, neu hinzu kommt das Hanfzeitalter ...

Verzeichnis der Pflanzen

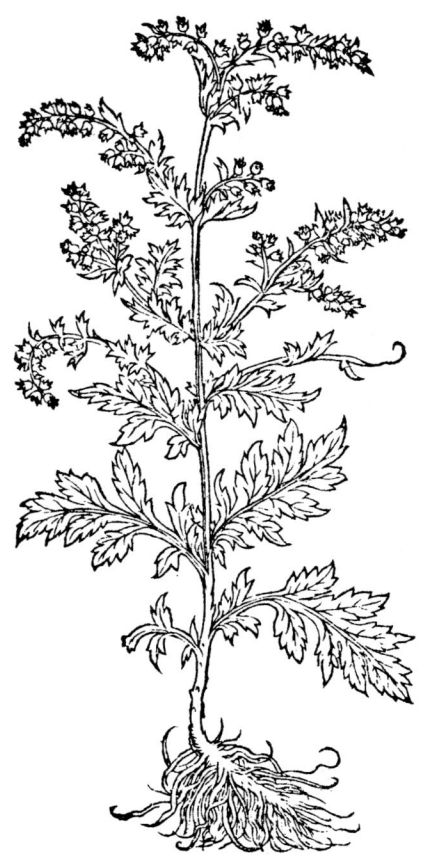

Der Beifuß *(Artemisia vulgaris)* wurde von den alten Germanen als Bierzusatz verwendet. Er hieß auch *Rote Buck* („Roter Bock") – vielleicht war er ein geheimer Zusatz zum Ur-Bock-Bier. (Holzschnitt aus dem *Kreutterbuch* von Hieronymus Bock, 1577.)

Name	Inhalts-/ Wirkstoff(e)	Wirkung	Kultur Region/Zeit/Biertyp
Akazie *(Acacia campylacantha)*	Alkaloide Tryptamine	erregend	Afrika *Dolo*-Bier
Alant *(Inula helenium)*	ätherisches Öl	schleimlösend	Neuzeit
Aloewurzel *(Aloe sp.)*	Aloin Bitterstoffe	vermutlich narkotisch	Afrika Honigbier (Massai)
Alraune *(Mandragora)*	Tropan-Alkaloide	narkotisch aphrodisisch	Ägypten *Hek*-Bier
Ampfer *(Rumex crispus)*			Neuzeit, England
Andorn *(Marrubium vulgare)*	Marrubiin Bitterstoff Gerbstoff, Harz	galletreibend appetitanregend	Neuzeit
Anis *(Pimpinella anisum)*	ätherisches Öl (Anethol)	appetitanregend	Rom, Mittelalter frühe Neuzeit *Xmas Beer*
Aronstab *(Dracunculus hortensis)*	Aronin	hautreizend toxisch	alter Orient
Bachminze *(Mentha aquatica)*	ätherisches Öl	anregend psychoaktiv	Kykeon Griechenland
Bayberry *(Myrica cerifera)*	ätherisches Öl Gerbstoffe	tonisierend stimulierend	Nordamerika
Beifuß *(Artemisia abrothanum)* *(Artemisia vulgaris)*	ätherisches Öl	anregend galletreibend menstruationsfördernd	Germanien Neuzeit
Bertram *(Anafcyclus pyrethrum)*	Harz ätherisches Öl Gerbstoff	tonisierend	frühe Neuzeit
Besenginster *(Sarothamnus scoparius)*	Spartein Bitterstoff Gerbstoff	blutungshemmend leicht berauschend	Neuzeit
Bilsenkraut *(Hyoscyamus niger)*	Tropan-Alkaloide	narkotisch aphrodisisch	Germanien, Ägypten „Pilsener" Maisbier *(Seri)*
Birkensaft *(Betula pendula)*	Flavonide	blutreinigend	Germanien
Bitterholz *(Quassia amara)* *(Picrasna exelsa)*	Bitterstoffe	magenstärkend	Neuzeit Nordamerika (Hopfenersatz)

Name	Inhalts-/Wirkstoff(e)	Wirkung	Kultur Region/Zeit/Biertyp
Bohnenkraut (Satureja hortensis)	ätherisches Öl	verdauungsfördernd aphrodisisch	Mittelalter, Neuzeit
Brennessel (Urtica urens)	Nesselgifte Acetylcholin	stoffwechsel-anregend	England, Frankreich Neuzeit Nesselbier
Brombeere (Rubus fruticosus)	Vitamine	stärkend	Babylonien
Bucheckern (Fagus sylvatica)	Guajacol	kräftigend	Mittelalter Germanien
Buchsbaum (Buxus sempervirens)	Alkaloide	erregend dämpfend	Neuzeit
Centaurien (Centaurea centaurium)	Bitterstoffe	magenstärkend	frühe Neuzeit
Chilli-Pfeffer (Capsicum sp.)	Scharfstoffe	anregend aphrodisisch	Frankreich
Conyza (Sorbum acidum) (Erigeron graveolens) (Erigeron viscosum) (Inula viscosa)			Vorderer Orient Thrakien
Costus (Tanacetum balsamita)			Mittelalter
Datteln (Phoenix dactylifera)	Zucker (Gärstoff)		Mesopotamien
Eberesche (Sorbus aucuparia)	Vitamine Gerbstoffe	kräftigend	Germanien
Eberwurz (Carlina acaulis)	ätherisches Öl Carlinaoxyd Gerbstoff	antibiotisch	Mittelalter
Efeu (Hedera helix)	Saponine Glycoside Minerale	antibiotisch pilzhemmend	Altengland
Eiche (Quercus robur)	Gerbstoffe	stopfend	Germanien
Eicheln	Gerbstoffe	adstringierend	Mittelalter
Engelstrompete (Brugmansia sp.)	Tropane	halluzinogen narkotisch aphrodisisch	Südamerika *Chicha*

Die Früchte der Brombeere (*Rubus fruticosus*) wurden im alten Babylon als Zusätze zum Bierbrauen verwendet. Noch heute ist es in manchen Gegenden (z.B. England) verbreitet, Brombeersaft zu einem Fruchtwein zu vergären. (Holzschnitt aus dem *Kreutterbuch* des Hieronymus Bock, 1577.)

Der Fenchel ist eine alte Ritualpflanze, die bei landwirtschaftlichen Fruchtbarkeitsfesten verwendet wurde. In der alten Zeit wurden verschiedene aromatische Kräuter und Hirsegräser *(Panicum spp.)* unter dem Namen „Fenchel" zusammengefaßt, deshalb ist die botanische Identität mancher historischer Bierzusätze nicht eindeutig erkennbar. (Holzschnitt des „wilden Fenchels" aus dem *Kräuter-Buch* des Tabernaemontanus, 1731.)

Name	Inhalts-/ Wirkstoff(e)	Wirkung	Kultur Region/Zeit/Biertyp
Engelsüß *(Polypodium vulgare)*	Glycyrrhizin Polypodin	hormonal galletreibend	Mittelalter, Neuzeit
Engelwurz *(Angelica archangelica)*	ätherisches Öl Bitterstoffe	magenstärkend	Mittelalter
Enzianwurzel *(Gentiana lutea)*	Bitterstoffe	magenstärkend tonisierend	Neuzeit
Erdbeere *(Fragaria vesca)*	Aromastoffe Vitamine, Minerale		Germanien *Lambic*
Erdkyffer *(Chamaepitis)*		konservierend	Mittelalter/Neuzeit
Eschenlaub *(Fraxinus excelsior)*	Gerbstoffe Flavonide Bitterstoff	diuretisch blutreinigend	Germanien
Espingo *(Trifolium sp.)* *(Quararibea sp.)* *(Gnaphalium dysodes)* *(Artemisia sp.)*	Alkaloide Furanone	heilend berauschend psychedelisch	*Yale (Chicha)* Küstenvölker Perus
Färberdistel *(Carthamnus trictorius)*	Öl, Farbstoff	färbend	Altägypten
Farne			Germanien, Mittelalter
Fenchel *(Foeniculum vulgare)*	ätherisches Öl	auswurffördernd	Germanien Mittelalter, Neuzeit
Fichtensprossen *(Pinus sylvestris)*	ätherisches Öl	harntreibend schweißtreibend	Germanien Finnland
Fliegenpilz *(Amanita muscaria)*	Muscimol	psychedelisch	Sibirien
Gagel *(Myrica gale)*	ätherische Öle	mild berauschend anregend	Germanien Grutbier
Galgant *(Alpinia officinarum)*	ätherisches Öl	anregend	Mittelalter
Germer *(Veratrum album)*	Alkaloide	berauschend toxisch	Neuzeit
Gescho *(Rhamnus prinoides)*	Bitterstoffe	adstringierend	Abessinien
Giftsumach *(Rhus toxicodendron)*	Glycoside	toxisch hautreizend	Altengland

Name	Inhalts-/ Wirkstoff(e)	Wirkung	Kultur Region/Zeit/Biertyp
Grewia flavescens	Alkaloide		Afrika *Dolo*-Bier
Gundelrebe (*Glechoma hederaceae*) (*Menyanthes trifoliata*)	Bitterstoffe	blutreinigend	Altengland
Hagebutten (*Rosa canina*)	Vitamine	Abwehrkräfte stimulierend	Mittelalter
Hanf (*Cannabis*)	THC Haschisch Cholin	mild psychedelisch aphrodisisch phantasieweckend	alter Orient *Hi-Brew* Skythen-Met
Harze		anregend	Germanien
Haselnuß (*Coryllus avellana*)	Bitterstoffe	adstringierend	Germanien
Haselwurz (*Asarum europaeum*)	ätherisches Öl Asaron Gerbstoff	berauschend menstruationsfördernd abtreibend	Germanien Mittelalter
Heidekraut (*Calluna vulgaris*)	Arbutin Alkaloide Saponine, Glycoside	diuretisch	Altengland
Heidelbeere (*Vaccinium myrtillus*)	Gerbstoff	desinfizierend	Germanien
Herbstzeitlose (*Colchicum autumnale*)	Colchizin	hochtoxisch	Neuzeit, Frankreich
Hibiskus (*Hibiscus esculentus*)	Fruchtsäuren	gesundheitsfördernd	Afrika *Dolo*-Bier
Himbeere (*Rubus idaeus*)	Vitamine Gerbstoff	adstringierend	Mittelalter *Lambic* Rußland
Hirschzunge			Mittelalter
Holcus spicatus			Inneres Afrika
Holunder (*Sambucus nigra*)	ätherisches Öl Glykoside	schweißtreibend	Germanien Mumme
Hopfen (*Humulus lupulus*)	Bitterstoffe ätherisches Öl Harze	beruhigend hormonal	heute weltweit
Ingwer (*Zingiber officinalis*)	ätherisches Öl	appetitanregend aphrodisisch	Mittelalter, Neuzeit Ginger-Ale

Der Holunder oder Hollerbusch (*Sambucus nigra*) war ein heiliger Baum der germanischen Liebesgöttin (Freia, Holda, Frau Holle). Die schweißtreibenden Holunderbeeren wurden von den Germanen zum Bierbrauen, aber auch als Heilmittel verwendet. (Holzschnitt aus dem *Kreutterbuch* des Leonhart Fuchs, 1543.)

Name	Inhalts-/Wirkstoff(e)	Wirkung	Kultur Region/Zeit/Biertyp
Johannisbeere (Ribes nigrum)	Vitamine	kräftigend	Rußland, Neuzeit
Johannisbrot (Ceratonia siliqua)	Gerbstoff	auswurffördernd	Südamerika *Chicha*
Johanniskraut (Hypericum perforatum)	Hypericin ätherisches Öl Harz	antidepressiv tonisierend	Dänemark (20. Jh.)
Kalmus (Acorus calamus)	ätherisches Öl	tonisierend	Mittelalter, Neuzeit
Kamille (Matricaria chamomilla)	ätherisches Öl	antibiotisch	Mittelalter
Kaminruß	Kohlenstoff	absorbierend	Mittelalter/Neuzeit
Kardamom (Elettaria cardamomum)	ätherisches Öl	anregend aphrodisisch	Neuzeit *Xmas Beer*
Kardobenediktenkraut (Cnicus benedictus)	Bitterstoff (Cnicin)	appetitanregend tonisierend	Germanien Neuzeit, Mumme
Karotte (Daucus carota)	Vitamine	gesundheitsfördernd	Mittelalter
Kassia (Cinnamomum cassia)	ätherisches Öl	anregend stimulierend	Babylon
Keuschlamm (Vitex agnus-castus)	ätherisches Öl Hormone	anaphrodisisch	Cauchi-Stamm
Khenpa (Artemisia sp.)	ätherisches Öl	tonisierend	Sherpa *Chhang*-Bier
Kiefernsprossen (Pinus sp.)	ätherisches Öl Harz	erkältungshemmend	Mittelalter, Neuzeit *Sprucebeer*
Kirschen (Cornus sp.)	Vitamine		Mittelalter *Lambic*
Koka (Erytroxylon coca)	Kokain	zentral stimulierend	Maisbier, Anden
Kokkelskerne (Anarmita cocculus)		berauschend	Mittelalter, Neuzeit
Koriander (Coriandrum sativum)	ätherisches Öl	aphrodisisch verdauungsfördernd	Altägypten Mittelalter, Neuzeit
Kornblume (Centaurea cyanus)	Bitterstoff	diuretisch	Altengland Neuzeit

Der Keuschlammstrauch *(Vitex agnus-castus)* war der heilige Baum der keuschen Hera, der griechischen Göttin der Ehe. Im Mittelalter wurden seine würzigen Früchte Mönchspfeffer genannt und von den Klosterbrüdern zur Unterdrückung ihres Sexualtriebes in großer Menge verschlungen. Heutzutage wird Keuschlamm in der Homöopathie zur Regulierung des Hormonhaushaltes verordnet. (Holzschnitt aus dem *Kräuter-Buch* des Tabernaemontanus, 1731.)

Name	Inhalts-/Wirkstoff(e)	Wirkung	Kultur Region/Zeit/Biertyp
Kreuzdorn (Rhamnus catharticus)	Anthrachinon	abführend	Mittelalter
Kümmel (Carum carvi)	ätherisches Öl Gerbstoff	verdauungsfördernd	Germanien Mittelalter, Neuzeit
Labkraut (Gallium aparine)	Gerbstoffe	wassertreibend	Neuzeit, England *Dandelion Stout*
Lavendel (Lavandula angustifolia)	ätherisches Öl	beruhigend	Mittelalter, Neuzeit
Löwenzahn (Taraxacum officinale)	Bitterstoffe	blutreinigend enzymatisch	Neuzeit *Dandelion Stout*
Lorbeer (Laurus nobilis)	ätherisches Öl Bitterstoff Säuren	anregend durchblutungsfördernd leicht berauschend	frühe Neuzeit
Lungenflechte (Lichen pulmonarius)	Enzyme	enzymatisch	Sibirien
Lupine (Lupinus termis) (Lupinus digitatus) (Lupinus angustifolius)	Alkaloide	toxisch psychotrop	Gallien ägyptisch-römisch Babylonien
Majoran (Origanum majorana)	ätherisches Öl Bitterstoff	anregend blähungstreibend aphrodisisch	Kelten Mittelalter, Neuzeit
Mango (Mango mangifera)	Vitamine		Elsässer Kräuterbier *Lambic*
Meadow Sweet (Filipendula ulmaria)	Salicylate	harntreibend	Neuzeit, England Nesselbier
Meerträubel (Ephedra sp.)	Ephedrin	stimulierend aphrodisisch	alter Orient
Melisse (Melissa officinalis)	ätherisches Öl	nervenberuhigend	Mittelalter
Minze (Mentha piperita) (Mentha silvestris)	ätherisches Öl	anregend	Gallien alter Orient Kwaß-Bier, Rußland
Mohn (Papaver somniferum)	Opium	narkotisch aphrodisisch	Ägypten, *Argila*-Bier Babylon Mittelalter, Neuzeit
Molle (Schinus molle)	ätherisches Öl	anregend	Paraguay Maisbier

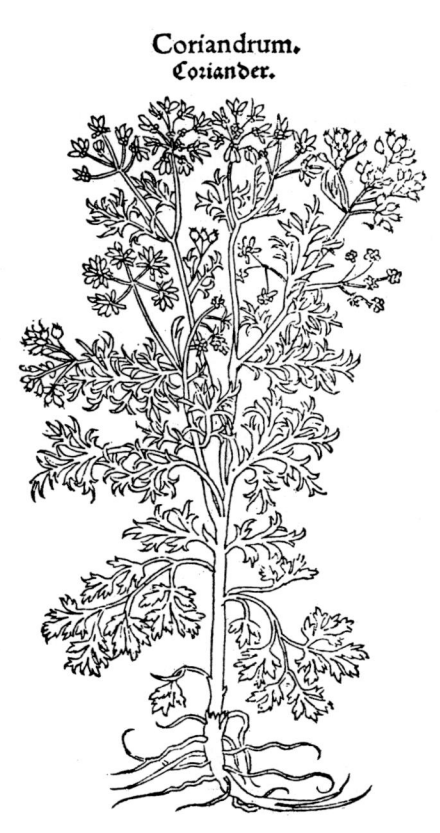

Korianderfrüchte *(Coriandrum sativum)* sind heute ein in aller Welt verbreitetes Gewürz mit eindeutig verdauungsfördernder Kraft. Sie werden auch zu Aphrodisiaka und Liebestränken verarbeitet. (Holzschnitt aus dem *Kreutterbuch* des Leonhart Fuchs, 1543.)

Capsicon rubeum & nigrum.
Roter vnd brauner Calecutischer Pfeffer.

Der „Calcutische Pfeffer" *(Capsicum sp.)* stammt nicht aus Indien, sondern aus der Neuen Welt. Er gehört auch nicht wie der Echte Pfeffer zu den Pfeffergewächsen, sondern zu den Nachtschattengewächsen. Er wurde und wird von Indianern zum Schärfen des Maisbieres benutzt. (Holzschnitt aus dem *Kreutterbuch* des Leonhart Fuchs, 1543.)

Name	Inhalts-/ Wirkstoff(e)	Wirkung	Kultur Region/Zeit/Biertyp
Muskatnuß *(Myristica fragrans)*	ätherisches Öl	berauschend aphrodisisch	Mittelalter, Neuzeit
Muskateller-Salbei *(Salvia sclarea)*	ätherisches Öl	aphrodisisch	Mittelalter frühe Neuzeit
Myrobalanen *(Balanites aegyptica)*	Öl		Ägypten (?) Afrika *Dolo*-Bier
Myrte *(Myrtus communis)*	ätherisches Öl	anregend	Mittelalter
Nachtschatten *(Solanum nigrum)* *(Physalis somniferum)*	Alkaloide		Altertum alter Orient Mittelalter
Nelken *(Syzygium aromaticum)*	ätherisches Öl	anregend aphrodisisch	Mittelalter, Neuzeit
Ololiuqui *(Turbina corymbosa)*	Lysergsäure	psychedelisch aphrodisisch	Altmexiko Maisbier
Petersilie *(Petroselinum crispum)*	ätherisches Öl Apiol	stimulierend	Ägypten Germanien
Pfeffer *(Piper sp.)*	ätherisches Öl	anregend	alter Orient
Pfefferbaum *(Schinus molle)*	ätherisches Öl	anregend	Südamerikanische Indianer, *Chicha*
Pfirsich *(Prunus persica)*	Vitamine	sedativ harntreibend	*Lambic*
Pilze	Alkaloide	psychotrop	Germanien
Pimpinelle *(Pimpinella sp.)*	ätherisches Öl	entzündungshemmend	Neuzeit, Mumme
Poleiminze *(Mentha pulegium)*	ätherisches Öl	berauschend	Mittelalter, Mumme Kykeon
Pomeranze *(Citrus sp.)*	ätherisches Öl Bitterstoff	anregend	Altägypten Babylon
Quebracho *(Aspidosperma quebracho-blanco)*	Alkaloide (Yohimbin)	erregend aphrodisisch	Südamerika, Paraguay *Chicha*
Quendel *(Thymus serpyllum)*	ätherisches Öl	entzündungshemmend krampflösend	Neuzeit, Mumme

Name	Inhalts-/ Wirkstoff(e)	Wirkung	Kultur Region/Zeit/Biertyp
Rainfarn (*Chrysanthemum vulgare*)	ätherisches Öl (Thujon etc.)	wurmwidrig	Rußland, Neuzeit
Rauschbeere (*Vaccinium uliginosium*) (*Empetrum procumba*)	Arbutin Glycoside	leicht berauschend desinfizierend	Sibirien Neuzeit
Raute (*Ruta graveolens*)	ätherisches Öl Alkaloide Harmalin	beruhigend abtreibend antidepressiv	Südeuropa Mittelalter, Neuzeit alter Orient
Rettich (*Rhaphanus sp.*)	ätherisches Öl	anregend tonisierend aphrodisisch	Ägypten
Rosenblätter (*Rosa sp.*) (*Rosa cinnamomea*)	Duftstoffe		Mittelalter Rußland, Neuzeit
Rosmarin (*Rosmarinus officinalis*)	ätherisches Öl	tonisierend	Mittelalter Neuzeit
Safran (*Crocus sativus*)	ätherisches Öl	berauschend aphrodisisch	Mittelalter, Neuzeit Ägypten
Salbei (*Salvia officinalis*) (*Salvia horminium*)	ätherisches Öl	desinfizierend krampflösend	Germanien Mittelalter
Sassafras (*Atherosperma moschatum*)	Safrol	berauschend	Tasmanien
Schafgarbe (*Achillea millefolium*)	ätherisches Öl Bitterstoff	appetitanregend antiseptisch	Germanien, Finnland Island
Scherbentangen (*Laserpitium siler*)			Mittelalter Germanien
Schierling (*Conium sp.*)	Alkaloide	toxisch berauschend	Böhmen
Schlehen (*Prunus spinosa*)	Vitamine Glycoside Bitterstoff	abführend diuretisch	Mittelalter
Seidelbast (*Daphne mezereum*)	Mezerein Daphnetoxin	hochtoxisch	Neuzeit
Senf (*Brassica nigra*)	Glucosid	anregend aphrodisisch	Germanien Kaffern (Afrika)
Sesam (*Sesamum indicum*)	Öle	leicht abführend	alter Orient Babylonien

Schlehenfrüchte (*Prunus spinosa*) wurden in erster Linie wegen ihrer medizinischen Wirkung dem Bier zugesetzt. Sie heißen im Volksmund auch „Bockbeerli" – möglicherweise waren sie mit dem Bockbier assoziiert. (Holzschnitt aus dem *Kreutterbuch* des Leonhart Fuchs, 1543.)

Name	Inhalts-/Wirkstoff(e)	Wirkung	Kultur Region/Zeit/Biertyp
Sonnentau (Drosera sp.)	Droseron	krampflösend	Neuzeit, Mumme
Spicant (Blechnum spicant)			Neuzeit Frankreich
Stechapfel (Datura sp.)	Tropan-Alkaloide	narkotisch halluzinogen aphrodisisch	Afrika, Dolo-Bier Chicha frühe Neuzeit
Süßholz (Glycerrhiza glabra)	Hormone	hormonal	Neuzeit England
Sumpfporst (Ledum plaustre) (Ledum latifolium)	Ledol	berauschend wassertreibend desinfizierend	Germanien Grutbier
Tabak (Nicotiana rustica)	Nikotin ß-Carboline	anregend	Amazonien Chicha, Jíbaro
Tamariske (Tamarix germanica)	Tannin	adstringierend	Kimbern, Tataren Skandinavien
Taumellolch (Lolium temulentum)	Alkaloide	berauschend	keltisches Gallien Mittelalter, Neuzeit
Tausendgülden (Centaurium erythraea)	Bitterstoffe	magenstärkend	Neuzeit
Tollkirsche (Atropa belladonna)	Tropane	narkotisch halluzinogen	Altertum, Mittelalter Slawen
Tollkraut (Scopolia carniolaca)	Tropane	narkotisch	Osteuropa Mittelalter
Tuscarora (Zizania sp.)			Südamerika Chicha
Venushaar (Adiantum capillus veneris)	Bitterstoff	hustenlindernd aphrodisisch	Germanien
Vilca (Anadenanthera sp.)	DMT	psychedelisch	Anden Maisbier
Wacholder (Juniperus communis)	ätherisches Öl	anregend abtreibend	Germanien, Finnland Mittelalter
Weidenblätter (Salix)	Salicylate Gerbstoffe	schmerzlindernd	Mittelalter, Neuzeit Germanien
Wermut (Artemisia absinthum)	ätherisches Öl Thujon	anregend berauschend	Mittelalter Altengland

Die stimulierenden Samen des Gartensenfs (Brassica nigra) gelten seit dem Altertum als Aphrodisiaka und wurden vielfach zum Würzen von Liebestränken verwendet. Den scharfen Samen wurden auch dämonenabwehrende Kräfte nachgesagt. Zu diesem Zweck werden die Senfsamen noch heute im Himalaya bei magischen Riten verwendet. (Holzschnitt aus dem Kreutterbuch des Leonhart Fuchs, 1543.)

Name	Inhalts-/ Wirkstoff(e)	Wirkung	Kultur Region/Zeit/Biertyp
Wildraute *(Thalictrum aquilegifolium)*			Mittelalter
Wintergrün *(Pyrola uniflora)*	Arbutin Bitterstoff	tonisierend diuretisch	Rußland Neuzeit
Wolgemut (?)			Mittelalter
Ysop *(Hyssopus officinalis)* *(Hyssopus betonica)*	ätherisches Öl	anregend	Mittelalter
Zimt *(Cinnamomum zeylanicum)*	ätherisches Öl	anregend aphrodisisch	Mittelalter, Neuzeit *Xmas Beer*
Zitronenblätter *(Citrus limon)*	ätherisches Öl	verdauungsfördernd	alter Orient
Zitwer *(Artemisia cina)*	Bitterstoff Harze	wurmtreibend	Mittelalter, Neuzeit
Zuckerrohr *(Saccarum officinarum)*	Saccharose	(Gärstoff)	Amerika, Afrika
Zuckerwurzel *(Sium sisarum)*			Altägypten

Nach Hartwich 1911, Maurizio 1933, Tabernaemontanus 1731 u. a.

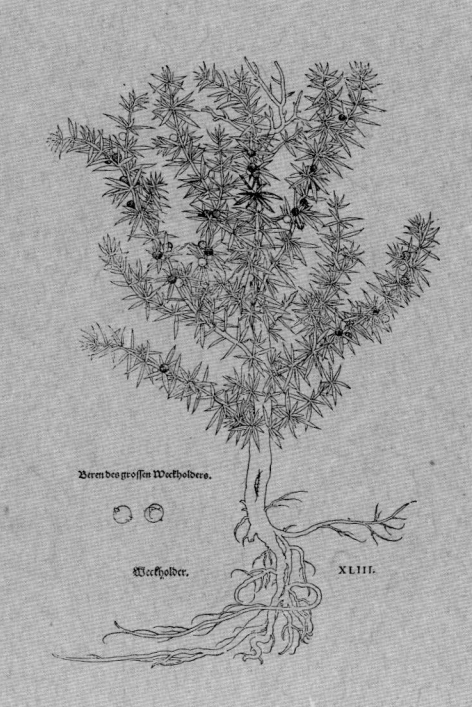

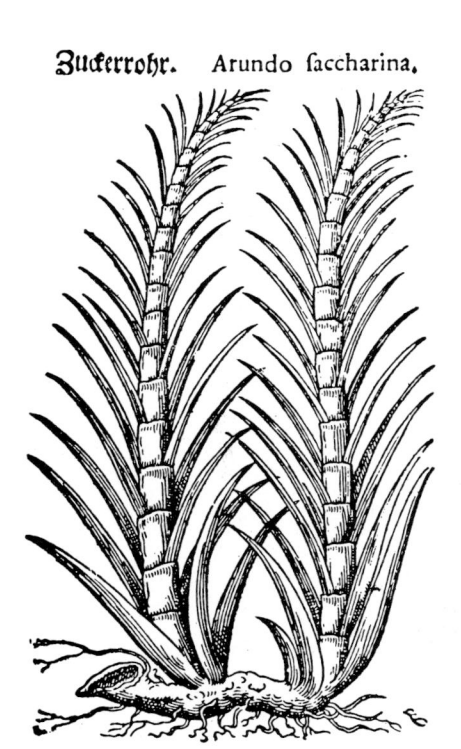

Oben: Früher wurde der Biermaische auch Zuckerrohrsaft beigemengt, damit das Bier nach der Gärung mehr Alkohol enthält. Aus vergorenem Zuckerrohrsaft werden heutzutage vor allem Schnäpse (Rum, Aguardente) destilliert. Wenn Zuckerrohrsaft mit Wasser vermischt wird und fermentiert, entsteht ein bierartiges, schwach alkoholisches Getränk.

Links: Der Wacholder *(Juniperus communis)* war ein heiliger Baum der alten Germanen, Finnen und vieler asiatischer Völker. Seine Nadeln wurden verräuchert und von Schamanen inhaliert, um in eine hellseherische Trance zu verfallen. Die Beeren wurden in Finnland als Bierwürze genutzt.

Verzeichnis der Mineralien

Name	Funktion im Bier	Kultur
Hämatit	Farbpigment (rot)	Eisenbier, Ägypten
Kreide	zur Entsäuerung Bleichen	Mittelalter frühe Neuzeit
Salz	konservierend (?)	Mesopotamien Ägypten
Schwefel	konservierend, entkeimend	16. Jh., Ale (Gallien)
Walkenerde	entgiftend	Ägypten

Verzeichnis der tierischen Produkte

Name	Funktion im Bier	Kultur
Ambra	Duftstoff, Aphrodisiakum	alter Orient
Fledermausblut	Liebeszauber	Rumänien
Honig	Gärstoff, Antibiotikum	weltweit; Met, Honigbier
Kröte (*Bufo marinus*)	psychedelisch Aphrodisiakum	Mittelamerika (Honigbier)
Moschus	Aphrodisiakum	Orient, Mittelalter
Spanische Fliege (*Lytta vesicatoria*)	Aphrodisiakum	Nordafrika
Speichel (menschlicher)	Ferment (Diastase)	Südamerika
Urin (menschlicher)	magische Bedeutung Lösungsmittel	Zentralasien
Wachs	?	alter Orient

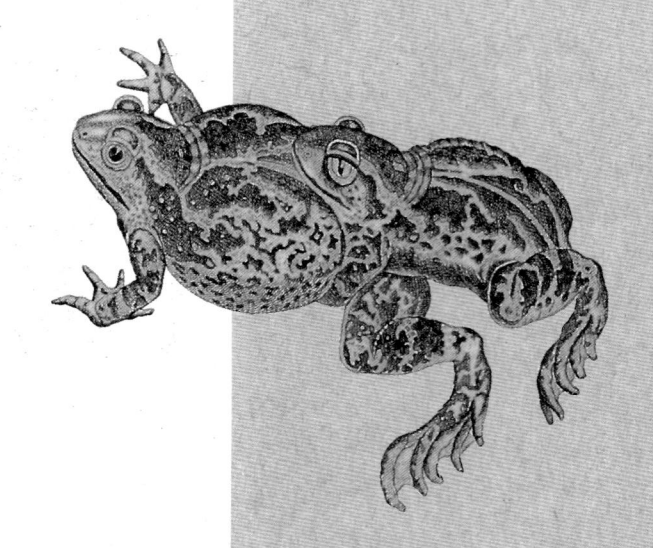

Links: Kröten waren vielen alten Kulturen heilig. Oft wurden aus ihnen Zaubertränke gebraut. Manche Kröten enthalten psychoaktive Wirkstoffe in ihrem Hautsekret.

Seite 41: Dieses etruskische Trinkgefäß aus Ton (5. Jh. v. Chr.) wurde wahrscheinlich für rituelle Anlässe verwendet. Am oberen Rand sind Efeuranken dargestellt. Efeublätter (*Hedera helix*), im Altertum ein beliebter Wein- und Bierzusatz, standen mit dem Kult des Dionysos-Bacchus und den Mänaden, den „rasenden Frauen", in Verbindung.

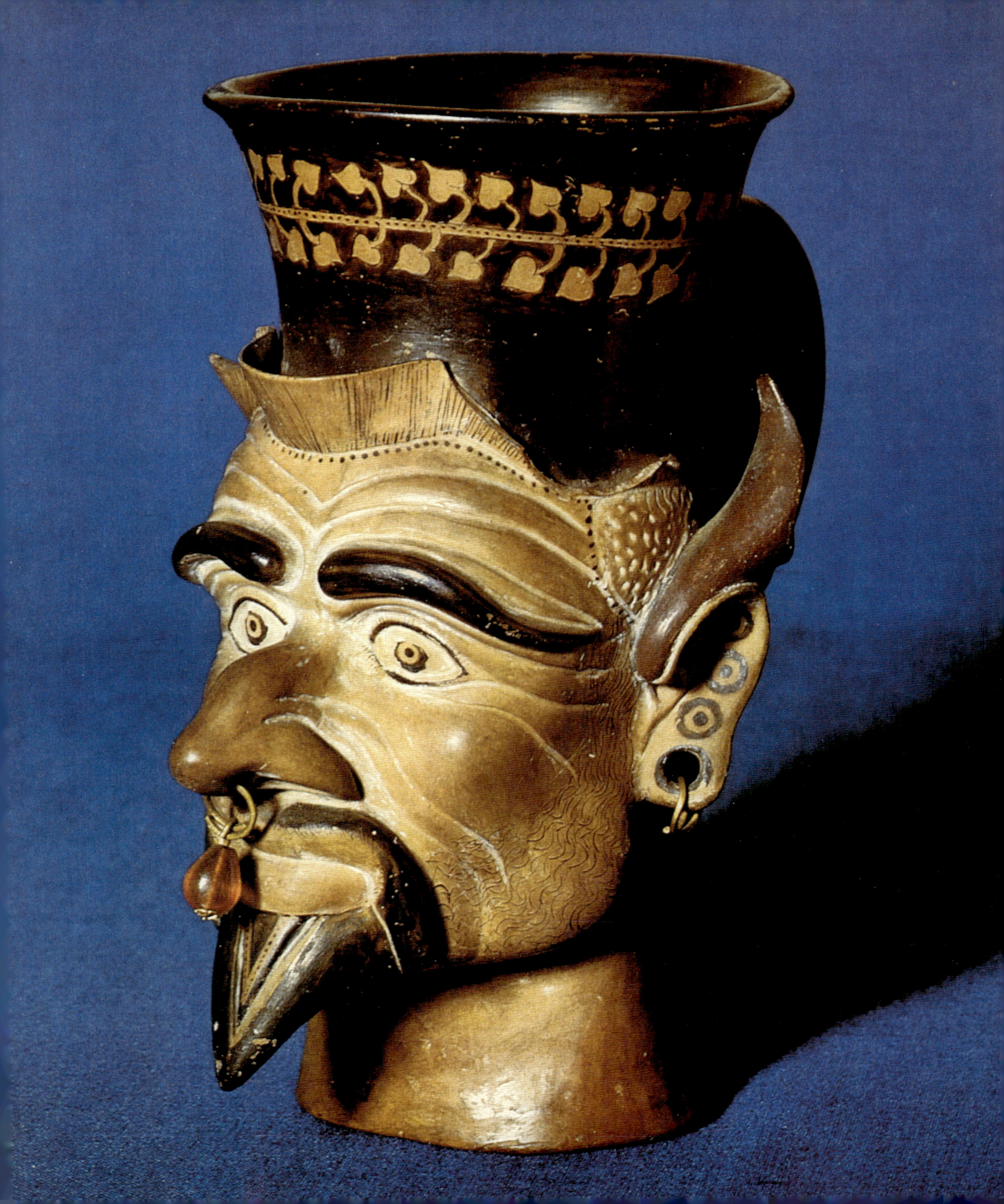

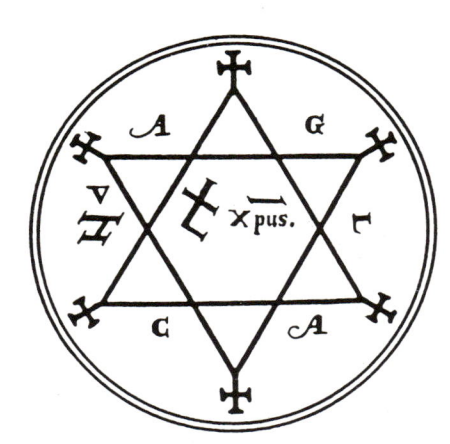

Oben: Der sechseckige Braustern ist ein Element im Emblem der Theosophischen Gesellschaft, die sich auf altägyptische und mittelalterliche Geheimlehren beruft.

Rechts: Bären stehen seit alters her mit dem Met, der Bierbrauerei und anderen alkoholischen Getränken in einem symbolischen Zusammenhang. Der Bär ist in Europa schon in der Steinzeit ein heiliges Geschöpf gewesen und galt als „Schamane unter den Tieren".

Der Speichel des Bären: Hefe

Die Gärung

Im Bier findet sich der Kristallisationspunkt von Himmel und Erde. Der Himmel schenkt das Wasser und die Erde das Getreide, aus denen dank der göttlichen Schöpferkraft das Bier entstand. Den alten Völkern erschien die Verwandlung der Natur als etwas Wunderbares, worin sich das Mysterium des Lebens ausdrückte. In der germanischen Mythologie sah man im Speichel Odins das Geheimnis der Gärung, die Verwandlung der Materie. Die germanische Bierbrauerin spuckte in die Maische, um durch Imitation den göttlichen Speichel anzulocken und das Gebräu zum Gären zu bringen. Sie erkannte aber auch die Bedeutung der Hefe für die Gärung und nannte daher die Hefeausfällungen oder Rückstände im Bier den „Speichel des Bären"[1], der die notwendige Transmutation, die Verwandlung der Materie, von nahrhafter zu geistiger, berauschender Materie bewirkte. Das Brauen wurde als ein alchemistischer Prozeß erkannt.

Die Gärung (Fermentation) wurde schon im Altertum als ein organischer Umwandlungsprozeß betrachtet. Die alten Griechen nannten Pilze die „Gärung der Erde" und sahen darin das „vollkommene Symbol für die Wiedergeburt aus dem kalten Reich der Fäulnis, der modrigschimmligen Unterwelt"[2]. Für sie war die Fäulnis eine Gärung, eine Verwandlung der Materie. Der von Apollon erschlagene delphische Drache (Python) ging in Gärung über und verwandelte sich in bewußtseinserweiternde Dämpfe, die später von der Pythia, der delphischen Wahrsagepriesterin, eingeatmet wurden, um eine prophetische Trance auszulösen.[3] Die Gärung, als ein göttliches Grundprinzip der Natur, machte aus Gerstensaft Bier, aus gekelterten Trauben Wein und aus Honig herben Met.

Der Braustern

Bier ist ein alchemistisches Gebräu, in ihm vereinen sich die vier Elemente Erde (Getreide, Gärstoff), Wasser (Brauwasser), Luft (Kohlensäure, Schaum) und Feuer (Sieden, die eigentliche Gärung). Bier stand mehr als alle

Ein Braumeister mit den typischen Insignien und Attributen seines Berufsstandes. Um den Kopf trägt er den sechseckigen Braustern, der die Verwandtschaft zum Alchemisten zeigt. (Kupferstich von Martin Engelbrecht, 18. Jh.)

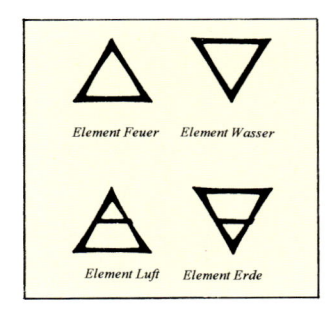

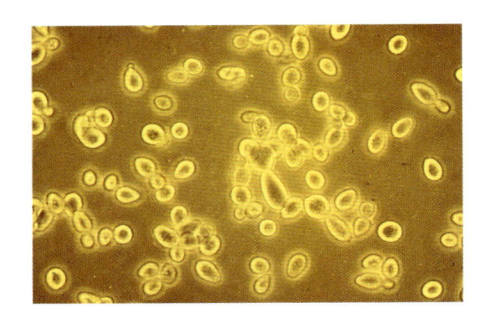

anderen gegorenen Getränke in der Tradition der Alchemie, und daß der Bierbrauer vom Alchemisten abstammt, spiegelt sich noch im Volksglauben wider:

„Nach schwäbischem Aberglauben hat jeder Bierbrauer einen Biermolch bei sich, der das Bier säuft, es wieder von sich gibt und es so berauschend macht; noch 1873 wurde ein Ravensburger Braumeister deswegen verrufen und mußte sich in der Zeitung wehren."[4] Der Biermolch ist nichts anderes als der „Brennende Salamander", der das Symbol für die alchemistische Verwandlung und Reinigung der Materie ist.[5]

Bezeichnenderweise wurde das Zeichen der Alchemisten, der sechszackige, aus zwei übereinandergelegten Dreiecken bestehende Stern, auch zum Zeichen des Bierbrauers. In vielen mittelalterlichen und frühneuzeitlichen alchemistischen Handschriften findet sich ein sechs- oder siebenzackiger Stern als Symbol für die Fermentatio, die Gärung.[6] Mitunter steht der Stern auch für die Transmutation selbst. Auf den Porträts berühmter Alchemisten, wie Basilius Valentinus (17. Jh.) – so auf dem Kupferstich von Matthias Scheit –, deutet der sechszackige Stern auf die große Kunst der Verwandlung.

Der Braustern ist genauso wie das Alchemistenzeichen ein talismanisches und alchemistisches Symbol der Antike. Er stammt ursprünglich aus dem alten Indien, wo die beiden übereinanderliegenden Dreiecke das Symbol für die kosmische Vereinigung von Männlichem und Weiblichem und das Zeichen der tantrischen Sexualmagie waren.[7] Zudem ist der Braustern identisch mit dem Siegel Salomonis dem „Juden- oder Davidstern": „Das Dreieck mit der Spitze nach oben soll Gott, das mit der Spitze nach unten das Böse, den Teufel, bedeuten; in der christlichen Religion repräsentieren die drei oberen Spitzen die Dreieinigkeit Vater, Sohn und Heiliger Geist ... ferner als Liebe, Wahrheit und Weisheit gedeutet. Das Dreieck mit der nach unten gerichteten Spitze sollte die Welt des Materiellen darstellen, die profane Welt, das sündige Fleisch und den Teufel, das Ganze aber wohl den Sieg des Geistes über die Materie."[8] Diese Symbolik wurde von Alchemisten und Bierbrauern mit der Lehre der vier Elemente verschmolzen. Die vier Elemente Erde, Feuer, Luft und Wasser wurden mit den vier Jahreszeiten, den vier Himmelsrichtungen und den vier Tageszeiten in einen kosmologischen Zusammenhang gestellt. Der Braumeister konnte in dem Braustern die innere Verbindung der Elemente, die er zu Bier braute, wiederfinden und den mit der Brauerei und den Bierfesten verbundenen Jahreslauf erkennen. Auch war der Stern Symbol des Merkur, des antiken Gottes, der den Menschen die Alchemie brachte, und daneben Zeichen des germanischen Ekstasegottes Odin/Wotan („Wotansstern")[9], der von römischen Autoren immer wieder mit Merkur gleichgestellt wurde.

Durch die vier Elemente wurde das Bier auch mit den ihnen entsprechenden Elementarwesen belebt. Im Wasser schwammen die Nymphen oder Undinen, in der Erde hausten die Gnomen oder Pygmäen, in der Luft tummelten sich die Sylphen oder Waldleute, im Feuer aber loderten die Vulkani oder Salamander.[10] Das Bier wurde aus der Wildheit der Natur durch menschliche Kunst zu einem alchemistischen Elixier der verfeinerten Kultur destilliert.

Obergärig oder untergärig

Die Hefe ist ein mikroskopischer Pilz, der in Kolonien gedeiht. In einem halben Liter dickflüssiger Bierhefe befinden sich etwa 1,5 Billionen Hefezellen. Die Hefepilze ernähren sich von Zucker, den sie bei der Verdauung in seine Spaltprodukte Alkohol und Kohlendioxid zersetzen, die beide in die Nährlösung abgegeben werden. Es gibt sehr viele Arten von Hefen, die sich wiederum in Stämme aufteilen lassen. Aber nicht alle dieser Hefearten lassen sich in der Brauerei verwenden.

In prähistorischer Zeit kannte man vor allem die spontane Gärung. Sie wurde durch verschiedene wilde Hefen, die sich in der Luft befinden, ausgelöst. Es gibt noch heute Biere, die durch spontane Gärung entstehen: die belgischen Lambic-Biere.[11] Da aber nicht alle wilden Hefen den Zucker zu Alkohol vergären, sondern manche ihn zu Essig umwandeln, kam es in alten Zeiten häufig vor, daß das Bier umkippte, also sauer wurde. Um das Umkippen zu verhindern, darf man nur gute, d. h. geeignete

*„Die Hefe frisst den Zucker, verdaut ihn,
scheisst ihn als Alkohol aus und furzt die Kohlensäure dazu."*

Galan O. Seid, Die neue Alchemie

„Ich will euch sagen, wovon sie leben: (die Gralshüter) leben von einem Steine, der von ganz eigener Art ist ... Er heißt Lapsit exillis. Durch dieses Steines Kraft verbrennt der Phönix zu Asche. Die Asche macht ihn aber flugs wieder lebendig. Diese Erneuerung aus der Asche ist beim Phönix dasselbe, was bei anderen Vögeln die Mauserung ist. Danach beginnt er hell zu strahlen und wird wieder schön wie zuvor. Dieselbe Kraft wie beim Vogel Phönix gewährt der Gral bei den Menschen ..."

Wolfram von Eschenbach, Parzival

Seite 44, links: Der in die vier Elemente zerlegte Brau- oder Alchemistenstern.

Seite 44, rechts: Die Bierhefe unter dem Mikroskop. Hefe hat die alchemistische Kraft, in der sogenannten *fermentatio* Materie zu verwandeln.

Links: Der Braumeister Hertel steht beim Biersieden unter einem Galgen, an dem ein Braustern hängt. (Miniatur, Nürnberg, 1403.) Die Bierbrauer vergangener Zeiten waren verwandt mit den Alchemisten, die nach dem „Stein der Weisen" oder dem Gral suchten.

Hefe benutzen, die aus wilden Hefen kultiviert werden mußte. Die Domestikation der Bierhefe begann anscheinend bereits vor mehr als siebentausend Jahren in Mesopotamien. Die sumerischen und babylonischen Bierbrauer(innen) erkannten, daß das Bier besser gerät, wenn man den Bodensatz aus alten Bierkrügen nimmt und damit die neue Maische impft. So entstanden die ersten Bierhefekulturen, zu deren Verfeinerung und Reinhaltung die Brauer im Laufe der Zeit immer bessere Verfahren entwickelten. Durch magische Rituale sollte die Hefe geschützt und die Gärung gewährleistet werden. So wurde die trockene Hefe, bevor man sie in die Maische verpflanzte, mit einem grünen Eichenzweig bestrichen.[12] Um die gewünschte Gärung zu erzielen, sollte man Centaurien- und Bertramkraut ins Bierfaß hängen oder Rainfarn, Wacholderbeeren, Geisteswurzel, Kardobenediktenkraut und Eier auf das Faß legen.[13]

Viele Brauereien werben heute damit, daß ihre Spezialbiere obergärig gebraut sind. Meist heißt es noch: „nach alter Brauart". Altbier bedeutet „Bier nach alter Brauart".[14] Die meisten heute getrunkenen Biere werden aber untergärig gebraut. Ob ein Bier ober- oder untergärig gebraut wird, hängt von der verwendeten Hefe ab.

Es gibt zwei sich botanisch unterscheidende Bierhefen.[15] *Saccharomyces cerevisiae* ist die obergärige Hefe, die bei wärmerer Temperatur (10–25°C) gärt und in Kolonien während der Gärung obenauf schwimmt. *Saccharomyces uvarum* ist die untergärige Hefe, die bei kühleren Temperaturen (5–10°C) gärt und sich am Schluß der Gärung am Boden absetzt. Die obergärige Hefe, die auch zum Brotbacken geeignet ist, ist seit dem Altertum verwendet worden. Die untergärige Hefe wurde in Münchner Brauereien der Neuzeit kultiviert.[16] Ursprünglich konnten in den Brauereien nur obergärige Hefen verwendet werden, da es früher keine geeigneten Kühlsysteme gab. Bei obergärigen Hefen, die seit der Industrialisierung und zunehmenden Technisierung des Brauereigewerbes bevorzugt werden, ist die Gärung meist nach zwei bis drei Tagen abgeschlossen. Je nach Konzentration der Stammwürze zieht sich die Hauptgärung mit untergärigen Hefen über acht bis vierzehn Tage hin.[17] Sowohl ober- als auch untergärige Hefe verursachen nach der

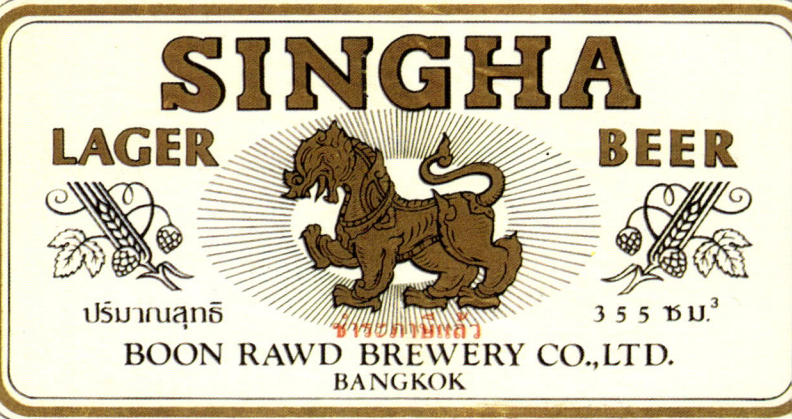

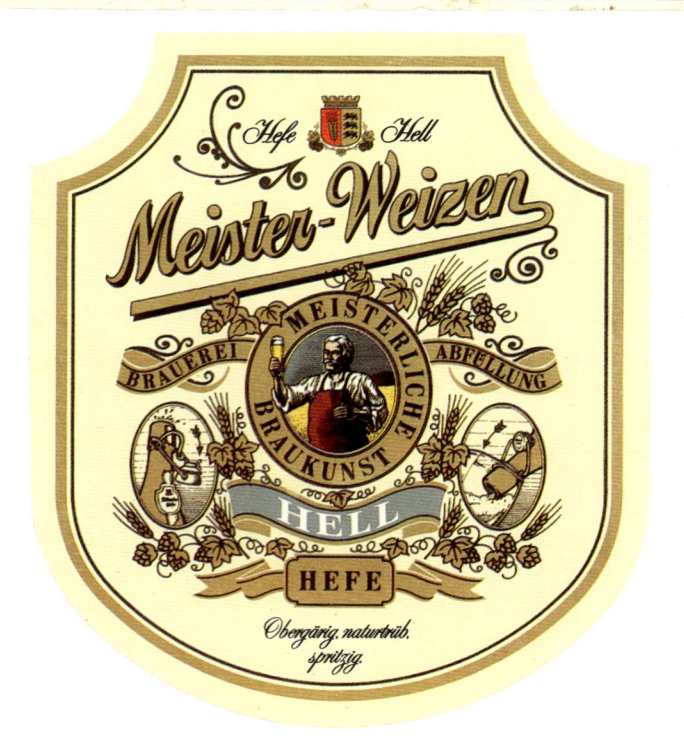

Seite 46: Trotz der Modernisierung der Brauverfahren werden immer noch obergärige Biere, wie das englische *Wicked Ale* („sündhaftes Bier"), gebraut. Vor allem in den Tropen hat sich das Brauen untergäriger Biere, wie das thailändische *Singha*, wegen der besseren Haltbarkeit durchgesetzt. Bei Weizenbieren gibt es neben den Brauereiabfüllungen auch durch Flaschengärung entstandene hefehaltige Biere; sie sollen besonders heilkräftig sein.

kurzen Hauptgärung eine längere Nachgärung, die dazu führt, daß verschlossenes Bier beim Öffnen des Gefäßes aufschäumt.

Die beiden Hefen liefern verschiedene Geschmacksrichtungen. Obergärige Biere sind in der Regel etwas säuerlich und wirken frisch im Geschmack. Untergärige Biere sind vollmundiger, schwerer. Obergärige Biere sind meist alkoholärmer, untergärige Biere sind besser und länger haltbar.

Die Heilkraft der Bierhefe

Die Heilkraft der Bierhefe ist altbekannt, oft vergessen und immer wieder entdeckt worden. Schon im alten Mesopotamien und Ägypten wurden die hefereichen Rückstände in den Biergefäßen, Gärbottichen und Tonkrügen als Heilmittel verwendet. Man sammelte die Rückstände, löste sie in süßem Bier und trug sie auf erkrankte Hautpartien auf oder nahm sie als einfaches Stärkungsmittel.[18]

Bereits im Mittelalter wußte man um die kosmetische Wirkung hefereichen Bieres. So wurden die Hamburger Frauen oft als ein besonders schönes Geblüt beschrieben und diese Tugend auf reichlichen Weizenbiergenuß zurückgeführt. Bierhefe wurde zu einem wichtigen Hausmittel des inneren und äußeren Gebrauchs; sie wurde bei Harnverhalt und Darmträgheit erfolgreich eingesetzt und als inneres und äußeres Reinigungsmittel geschätzt.[19]

Da man in der Hefe jene geheimnisvolle Substanz erkannte, die das Getreide in Bier verwandeln konnte, sah man darin auch ein kräftiges Zaubermittel. Es ist ein alter Zauber zur Immunisierung gegen die Wirkungen des Alkohols überliefert: „Wer am Charfreitage vor Sonnen Aufgang drei Messerspitzen von Hefen isset, dem schadet selbiges Jahr kein Trunk, er mag saufen, wie er will."[20]

Die Zigeuner stellen mit Bierhefe einen aphrodisischen Kräuterwein aus Zitrusfrüchten, Zucker und Schlüsselblumen her. Dieses Gebräu, „Kuckuckswein" genannt, soll in der Lage sein, „den jungen Männern die Manneskraft zurückzugeben, falls diese zuviele Schürzen und Röcke umgaukeln und zu viele Mädchen auf Frühlingswiesen und Klee locken."[21]

Bierhefe
100 g enthalten durchschnittlich:

Eiweiß	53 g	Biotin	0,1 mg
Fett	1 g	Folsäure	0,3 mg
Kohlenhydrate	32 g	Inosit	Spuren
Vitamin B1	12 mg	Ergosterin	Spuren
Vitamin B2	3,8 g	Cholin	350 mg
Vitamin B6	4 mg	Mineralstoffe	Spuren
Vitamin B12	Spuren	(P, K, Mg, Ca, Cr,	
Pantothensäure	3 mg	Se, Fe, Mn, Cu, Z)	
Niacin	35 mg		

Die Heilkraft der Bierhefe wurde in den letzten Jahren wiederentdeckt und auch in der Schulmedizin vielseitig verwendet. Die medizinische Wirkung der Hefe geht auf ihren Vitamingehalt, besonders an Vitaminen aus dem B-Komplex, und andere Stoffe und Spurenelemente zurück. Hefen bilden als Stoffwechselprodukte flüchtige Stoffe, die antibiotisch oder hemmend auf den Wachstumsprozeß von Bakterien einwirken können. In der Brauhefe wurde sogar ein Hemmstoff gegen den Tabakmosaik-Virus gefunden.[22] Bierhefe wurde erfolgreich in der Therapie von Hepatitis (Gelbsucht), Diabetes (Zuckerkrankheit), Krebstumoren, Furunkeln, Ekzemen, Schuppenflechte und der Alzheimer Krankheit eingesetzt.[23]

Die Bierhefe unterstützt ganz allgemein die Funktionen des menschlichen Stoffwechsels, besonders den der Leber. Sie baut den Körper auf, verhindert verfrühte Alterserscheinungen und schützt in gewissen Grenzen vor Umweltgiften. Sie fördert die Entschlackung und Entgiftung des ganzen Körpers. Die Hefe bewirkt auch eine bessere Alkoholverträglichkeit. Sie hilft sozusagen dabei, den schädlichen Alkohol zu entgiften. Das heißt aber nicht, daß besonders hefehaltiges Bier weniger Alkoholwirkung entfaltet.

Die Geburt der Welt: Wasser

Seite 49: In England werden noch heute die Wasser aus alten heiligen Brunnen oder Quellen zum Bierbrauen verwendet. Indianer benutzen oft das unberührte oder „jungfräuliche" Wasser, um damit ihr Maisbier zu brauen.

In allen Mythologien war am Anfang das Wasser, ein Urozean, eine Ursuppe. Aus dem Wasser ist das Leben gekommen.[1] Aus dem Geiste des Wassers wurde die Welt geboren.

Wasser gibt Leben. Es befruchtet die Erde, läßt die Pflanzen austreiben, erfrischt Mensch und Tier. Heiliges Wasser weiht die Götter, vertreibt die Dämonen, heilt die Kranken[2] und schützt die Gesunden.

Wasser ist das älteste Getränk der Menschheit, dann kam der Met, dann das Bier, später der Wein, dann der Schnaps und schließlich die Coca-Cola.

Wasser ist der Hauptbestandteil des Bieres. „Das ideale Brauwasser ist rein, weich und neutral im Geschmack. Früher ließ sich nur dort gutes Bier brauen, wo es auch geeignetes Wasser gab. Aus der Art des am Ort vorkommenden Wassers wurden sogar direkt gewisse Biertypen abgeleitet, so das Pilsner aus sehr weichem oder das dunkle Münchner aus hartem Wasser."[3]

Mit Auswahl und Gebrauch des Brauwassers waren oft magische Riten verbunden. Meist wurde das Brauwasser aus heiligen Quellen geschöpft. Dazu mußte der darin lebenden Quellnymphe oder Nixe ein entsprechendes Opfer dargebracht werden. Die Nixen schenkten den Menschen manchmal sogar die zum Biersieden nötigen Braupfannen[4] und erhielten dafür Opfer von Brot und Bier. Man gab der Natur das zurück, was nur der Mensch aus ihr heraus und durch sie zustande brachte.

Die alten Germanen kannten regelrechte Bierquellen, deren Wasser schon in Farbe, Geruch und Geschmack an Bier erinnern, ja, sogar berauschend wirken sollte! Auf Island heißen die natürlichen Sauerbrunnen „Bierquellen". Ihr Wasser soll besonders wohltuend sein: „Es füllt den Magen nicht so wie anderes Wasser, sondern es setzt sich und geht in den Körper über wie Bier. Die beste und berühmteste Bierquelle liegt im Hítárdalr. Ihr Wasser schmeckt wie Bier und ist angenehm zu trinken, und es heißt, daß es auch berauscht, wenn man genügende Mengen trinkt."[5]

In Dänemark glaubte man: „Wasser, das man zum Brauen braucht, soll man nicht Wasser heißen, sonst wird das Bier schlecht, man muß es ‚Lon' heißen."[6]

Viele moderne Brauereien werben mit dem besonderen Brauwasser, das nur ihnen zur Verfügung steht. Oft sind es alte keltische oder germanische Heiligtümer und Orte der Kraft, aus denen das Brauwasser sprudelt. Mitunter kommt das Wasser aus klaren Gebirgsbächen oder unterirdischen Brunnen. Manche Brauereien müssen das Wasser antransportieren lassen oder das örtliche Wasser langwierig aufbereiten, um ihm Härte, Chlor, Salz oder Umweltgifte zu entziehen. Diese und ähnliche Probleme kannte schon der Basler Arzt Tabernaemontanus (16. Jh.).

Im Artikel über Bier schreibt er in seinem Kräuterbuch, dem umfangreichsten Werk in der Geschichte der Kräuterkunde: „Sonst werden die Bier je nach Gelegenheit der Landschafften anders oder anderst gemachet / etliche nemmen frisch Brunnenwasser / die andern Bachwasser oder fliessend Wasser / die andern stillstehende Wasser aus unsaubern Lachen und Pfützen / darinn allerhand Wust und Unsauberkeit geschüttet und getragen wird / welches nicht durchaus zu oben ist / und obwol die besten und beständigsten / langwährenden Bier aus altem faulem Wasser gemachet werden / so sind sie darum nicht alle gesund / und zu trinken nützlich / denn dieselbigen generieren ihrer Art nach auch ein unsauber Geblüt / daher der Aussatz / Schorbock / und andere unreine Krankheiten erwachsen / dann wie der Saft ist / darauß das Bier gemachet wird / also werden auch die Feuchten und das Geblüt in den Menschen / so solche Bier trinken."[7]

So heißt es von den alten Hamburger Brauereien, sie hätten einfach das unreine Wasser aus den vielen Kanälen und Fleeten der Stadt zum Brauen benutzt. Die in diesem Wasser stark angereicherte Harnsäure soll als eine Art natürliches Konservierungsmittel funktioniert haben. Daher konnte die Hanse, jener mächtige norddeutsche Handelsbund, das damals vielgerühmte Hamburger Bier auf weite Reise schicken und in alle Winkel der mittelalterlichen und frühneuzeitlichen Welt exportieren.

Dieser Zusammenhang von Wasser, Bier und Urin drückt sich auch im Deutschen Volksglauben aus: „Wer Bier holet, soll sein Wasser nicht abschlagen, sonst bekömmt man die kalte Pisse."[8]

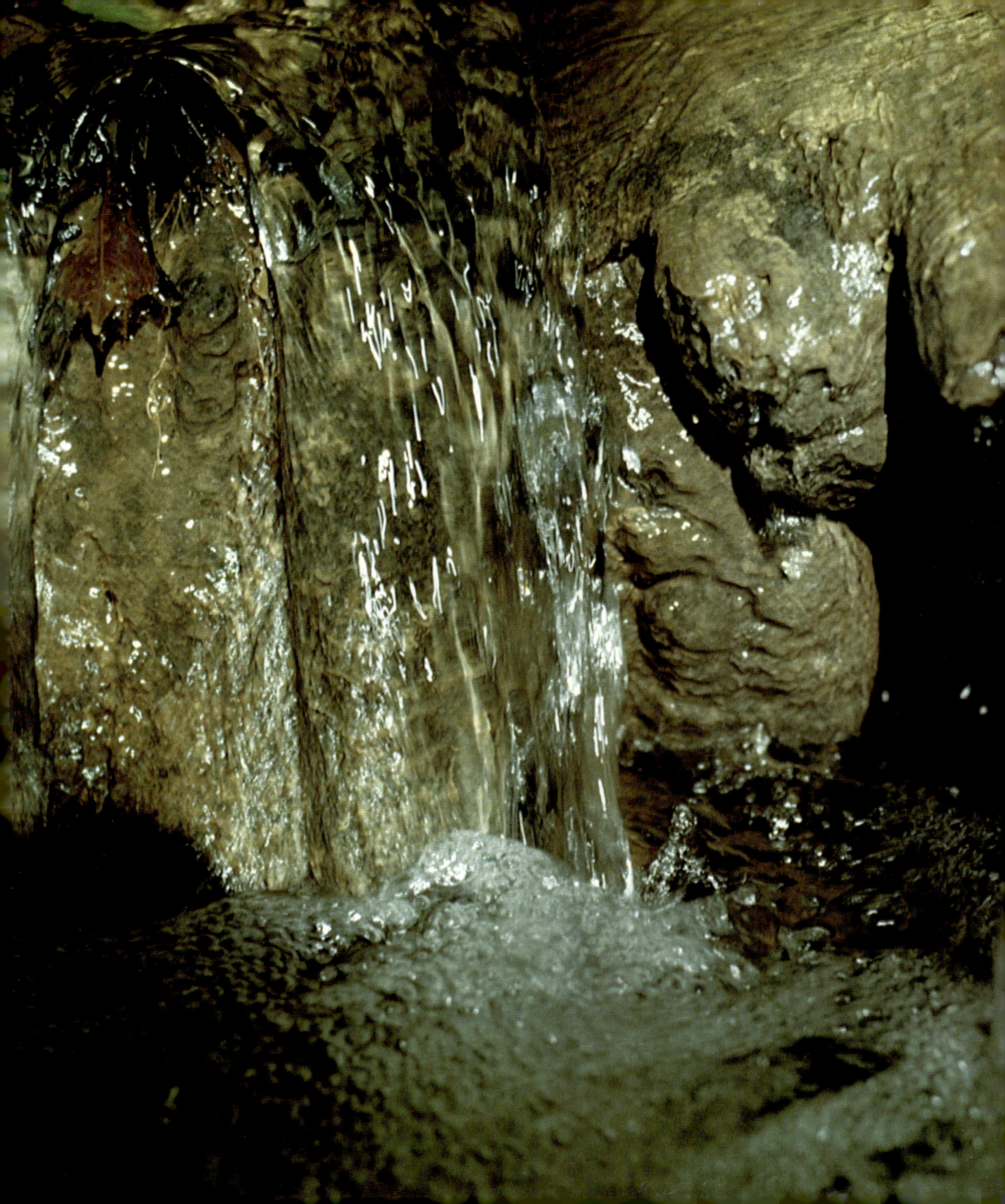

Die Trünke der Götter

„Die Menschen haben immer ihre Götter nach sich gebildet und im Leben und Treiben der göttlichen Gestalten ihre eigenen Wünsche und Triebe idealisiert. Wenn daher die alten Babylonier die ewigen Bewohner des heiligen Götterberges zur Erhaltung ihrer Unsterblichkeit auf den Genuß eines tüchtigen Biertrunkes angewiesen sein lassen, der quantitativ dem Genuß an fester Nahrung mindestens gleich kommt, so können wir ohne weiteres dieses Wertschätzungsverhältnis aus den himmlischen Gefilden auf das Alltagsleben der Menschen jener Zeit übertragen. Was die Götter an Nahrung und Trank zu sich nahmen, war sicher die Norm für Essen und Trinken der Menschen – wenn auch nicht der absoluten Menge nach, so doch in der Auswahl und relativen Einschätzung der Genußmittel. Demnach liefert uns auch die Verwendung des Bieres bei den Babyloniern als sakrales Trankopfer einen wertvollen Beitrag für die Erkenntnis der Bedeutung des Bieres im Leben des ältesten Kulturvolkes der Welt."

E. Huber, Bier und Bierbereitung im alten Babylonien

Seite 51: Der heilige Respekt vor den berauschenden Trünken der Götter zeigt sich oft in kostbaren Trinkgefäßen, wie diesem Prachtexemplar von Hamadan bei Teheran aus der Achämidenzeit (6.–3. Jh. v. Chr.).

Der Rauschtrank aus dem Zweistromland

Vor mehr als zehntausend Jahren entstanden an den Ufern von Euphrat und Tigris, im sogenannten Zweistromland, die ersten Siedlungen. Die Ufergebiete boten eine paradiesische Fruchtbarkeit und waren ideal für eine intensive Landwirtschaft, durch die das ganze Land zu einer riesigen Kornkammer wurde, deren Getreidefelder bis an den Horizont reichten. Die goldenen Ähren von Emmer und Gerste wurden zum Sinnbild der Kultur. Die ursprünglich friedlichen Menschen verehrten die Große Muttergöttin und lebten von Brot und Bier. Sie produzierten aber mehr Nahrung, als sie essen konnten. So entstand ein Handel mit den Früchten der Erde, die Siedlungen wuchsen zu Städten, die fruchtbarkeitschenkenden Schreine an den Feldern wurden zu großen Tempeln. Die Städte mußten verwaltet, die Tempel gepflegt, der Handel kontrolliert, die ersten Zivilisationskrankheiten geheilt werden. Die anarchische Urgemeinschaft zersplitterte in ein hierarchisches System. Königinnen oder Könige regierten mit Unterstützung einer großen Beamtenschaft. Ihr Hofstaat basierte auf der Arbeit von Dienern und Sklaven. Die täglichen Opfer der Bauern an die Große Mutter genügten nicht mehr, ein ganzes Heer von Göttern und Göttinnen mußte öffentlich nach geregeltem Plan verehrt werden. Dafür brauchte man ein noch größeres Heer an Priesterinnen und Priestern. Um den riesigen Staatsapparat am Leben halten zu können, mußten Steuern, oft in Form von Abgaben an Getreide, Brot und Bier, erhoben werden. Damit die Handelsleute nicht von wilden Räuberbanden überfallen werden konnten, brauchte man Krieger, die zudem der Stadt Schutz boten, das Markttreiben beaufsichtigten und, sofern es nötig wurde, in den Krieg ziehen konnten. Um das ganze komplexe Treiben besser kontrollieren zu können, brauchte man eine Möglichkeit, Buch zu führen: die Keilschrift wurde erfunden. Damit das Volk die Arbeit für die notwendige Mehrproduktion willig leistete, mußte für Un-

"Bierpanscher werden in ihren Fässern ertränkt oder so lange mit Bier vollgegossen, bis sie ersticken."
Biergesetz des Hammurabi[1]

Rechts: Die rituelle Heilbehandlung mit Bier gehörte schon während der Hammurabizeit zu den wesentlichen Methoden der altbabylonischen Medizin. (Siegelzylinder-Abdruck.)

Unten: Altbabylonisches Bierritual, bei dem der Rauschtrank vom Priester gesegnet wird. Über dem Bierkrug schwebt ein Bock zwischen Sonne und Mond.

terhaltung gesorgt werden. So entstanden die ersten Schenken oder Wirtshäuser. Das Volk, das in diesen Städten lebte, ist uns unter dem Namen Sumerer bekannt. In ihrer mythischen Überlieferung, besonders im Gilgamesch-Epos, wird der Beginn der Zivilisation nachvollzogen.

Im Gilgamesch-Epos, der ältesten schriftlich erhaltenen Geschichte der Menschheit[2], wird der wilde Mann Enkidu beschrieben, der in der Steppe lebt. Er ernährt sich wie ein Tier, er ist noch ganz Natur. Aber der zu zwei Dritteln göttliche König von Uruk, der sumerischen Stadt, dem Sinnbild der Kultur, will den Wilden zum Freund gewinnen, er will ihn zivilisieren. Das gelingt ihm mit Hilfe einer Tempeldienerin der Ischtar, die den Wilden verführt und in die höchsten Geheimnisse heiliger Erotik einweiht. Dann läßt sie ihn vom heiligen Rauschtrank – einem Bier – kosten. Auf der Keilschrifttafel heißt es weiter:

„Nicht weiß Enkidu Brot zu essen.
Rauschtrank zu trinken, versteht er nicht!
Die Tempeldienerin tat den Mund auf und sprach zu Enkidu:
Iß das Brot, Enkidu, das gehört zum Leben!
Trink den Rauschtrank, wie's Brauch ist im Lande. –
Brot aß Enkidu, bis er gesättigt war,
Trank den Rauschtrank – der Krüge sieben!
Frei ward sein Inneres und heiter,
Es frohlockte sein Herz, und sein Antlitz erstrahlte! –
Mit Wasser wusch er seinen haarigen Leib:
er salbte sich mit Öl und ward zum Menschen."[3]

Durch Brot und Bier wird Enkidu zum Menschen. Auf Brot und Bier sind Kennzeichen der Stadt erbaut. Liebe und Rausch markieren den Übergang von der Wildnis zur Zivilisation.

Am Anfang der Zivilisation erkannte man in der Großen Göttin oder Großen Mutter die Schöpferkraft, die neues Leben entstehen ließ.[4] In frühsumerischer Zeit wurde sie Nin-giir-su, die „die das Getreide gedeihen läßt", oder Nin-ur-ta, deren Attribute eine Dattelrispe, eine Mohnkapsel und Emmer- und Gerstenähren sind, genannt.[5] Später bekam sie den Namen Nidaba, die als Göttin des Emmers die göttliche Bierbrauerin wurde. Als die Sumerer von semitischen Völkern unterworfen wurden, ist Nidaba mit der semitischen Liebesgöttin Astarte zu Ischtar, in ihrem Aspekt als Biergöttin, verschmolzen worden.

Die Muttergöttin Ischtar, die auch die Göttin der körperlichen Liebe, der Verführung und der Trunkenheit, aber auch der grausamen Kriegskunst war, wurde freimütig angerufen:

„Ischtar der Länder, Starke der Göttinnen,
dieses ist dein Gemach, freue dich und jauchze!
Komm, tritt ein in unser Haus,
mit dir möge eintreten dein schöner Beischläfer,
dein Liebhaber und dein Buhlknabe!"[6]

Die verführerische und aufreizende Göttin sagte zu ihrem Volk:

„Iß Brot, trinke *kurunnu*-Bier,
veranstalte Freudenmusik (und) preise meine Gottheit!"[7]

Ischtar, der Großen, wurde täglich in ihren Tempeln und an ihren Schreinen Getreide und Bier geopfert:

„Goldfarbigen Emmer, Bier, klares, helles Bier
opferte ich in reicher Fülle!"[8]

Es versteht sich von selbst, daß die Große Göttin nur die Seele des Bieres trinkt. Das eigentliche Opferbier wird natürlich von den Verehrern selbst getrunken.

Links: Bier-Opferszenen wurden häufig auf babylonischen Siegelzylindern dargestellt und zeigen die zentrale Bedeutung des Rauschtrankes.

*„Wer das Bier nicht kennt, weiß nicht, was gut ist;
Das Bier macht ein Haus angenehm."*
Sumerisches Sprichwort[9]

Oben: Ein Offizier wird in einem Lager von einem Diener mit einem Krug Bier begrüßt. Die Bewirtung Fremder gehörte schon damals zu den höflichen Umgangsformen. (Assyrisches Relief aus der Zeit Sanheribs.)

Unten: Der berühmte Gemarkstein (Kundurru) des mesopotamischen Königs Melishipak II. (2. Jahrtausend v. Chr.) zeigt im dritten Register links die Spitzhacke des Gottes Marduk, der als Schutzherr der Brauer verehrt wurde. Die Spitzhacke ist das älteste bekannte Brauerei-Emblem der Welt.

Seite 55, links: Bierlibation vor einer Gottheit, dargestellt auf einem altbabylonischen Siegelzylinder (ca. 2500 v. Chr.).

Seite 55, rechts: In Mesopotamien wurde das Bier immer mit einem Saugrohr oder Strohhalm direkt aus dem Krug getrunken, wie auf diesem hethitischen Siegelzylinder (ca. 2000 v. Chr.) dargestellt.

Auf zahlreichen Reliefs und Tontafeln sind Opferszenen und Libationen („Bier-Einschenken") dargestellt. Der Ischtar wurden Bierkrüge und Ziegenböcke auf ihren Altären dargebracht. Das Bier wurde oft vor die Statuen gegossen, aber auch von den Tempeldienerinnen, in der Literatur oft Tempeldirnen, Huren oder heilige Prostituierte genannt, und Priestern auf das Wohl der Göttin getrunken. Viele Tempel hatten einen derart großen Bierbedarf, daß sie eigene Tempelbrauereien unterhalten mußten. An den Festtagen kamen die Menschen bei den Tempeln zusammen, aßen Brot und tranken Bier. Genauso taten es die Götter; auch sie saßen zusammen und vergnügten sich. Es hieß, die Götter würden ihre Furcht verlieren, wenn sie vom Bier berauscht seien, und könnten dann den Menschen besseren Schutz gewähren. In vielen Keilschrifttexten wird auf die enthemmende Wirkung des Tempelbieres angespielt.[10] Diese Wirkung machten sich die Tempeldienerinnen bei ihren erotischen Ritualen zu Ehren der großen Göttin zunutze. Ischtar sagt von sich selbst: „Wenn ich im Tor vor der Schenke sitze, bin ich die liebende Dirne, die die Männer kennt."[11] Die Tempel der Ischtar wurden auch Schenken genannt. Die Schenke war ein Freudenhaus, Ort des Rausches und der erotischen Lustbarkeiten, genauso wie der Tempel der Liebesgöttin. Im einen wirkte die Schenkin als Vermittlerin der Lebensfreude, im anderen die Priesterin als Botin der Göttin. Die Schankwirtin stand hoch im Ansehen, denn sie schenkte Bier aus und dazu alle erdenklichen Freuden. So heißt es in einer Hymne:

„Mein Gott! Der Schenkin Rauschtrank ist süß,
Wie ihr Bier ist ihr Schoß süß, ist ihr Bier süß.
Wie ihre Rede ist ihr Schoß süß, ist ihr Bier süß,
Ist ihr *kaschbir*-Bier süß, ist ihr Bier süß."[12]

Es ist sogar eine Geschichte aus der Frühzeit Mesopotamiens überliefert worden, derzufolge die sumerische Schankwirtin Kubaba zur Königin der Stadt Kish in der Nähe Babylons aufstieg und diese mit viel weiblicher Weisheit und ritueller Trunkenheit lange Zeit glücklich und friedlich regierte.[13]

Bei den rauschhaften Gelagen in Tempeln und Schenken wurden Trinklieder für die Biergöttin gesungen:

„Im *buninu*-Faß ist süßes Bier!

Mundschenk, Diener und Brauer sollen herantreten,
Während ich mich dem Überfluß an Bier zuwende,
Mich herrlich fühle, mich wundervoll fühle.
Beim Bier bin ich glücklich,
Beim Rauschtrank bin ich froh!
Mein Herz jubelt, meine Leber ist voll Glück.
Wenn mein Herz voller Freude ist
Trägt meine Leber ein Kleid, einer Königin würdig!
Das Herz der Inanna [d. i. Ischtar] ist wieder froh,
Das Herz der Himmelskönigin ist wieder froh."[14]

Aber nicht nur das Volk ehrte die große Göttin der Liebe durch den Rauschtrank. Auch der König verehrte sie bei einem großen öffentlichen Fest, dem sumerischen Neujahrsfest, das mit dem Klang der Tempelhörner eingeleitet wurde. In luftige Schleier gehüllte Tempeldienerinnen versammelten sich um die Oberpriesterin, in der sich während des Rituals die Liebesgöttin Inanna-Ischtar verkörpern sollte, und bereiteten sie auf das große Ereignis vor:

„Man wäscht die Göttin [=Oberpriesterin] für den heiligen Schoß, man badet sie für Iddingangas [Beiname der Göttin] Schoß. Ein Bett bereitet man der Heiligen Inanna [=Ischtar], besprengt mit Duft von Zedernholz den Boden. Erhobenen Hauptes geht der König nun zum Heiligtum, zum Schoße der Inanna. [Er] legt sich hin zu ihr, der König koset ihren heilgen Leib."[15]

Der König wurde vom Oberpriester für dieses wichtige, fruchtbarkeitbringende und die Felder segnende Ritual ermuntert:

„Wisse, o du mein Herr, daß süß schmeckt der Göttin Rauschtrank, süß wie ihr Rauschtrank ist auch ihr Schoß, wie ein Rauschtrank süß."[16]

Der König erhielt nun einen Krug süßen, mit Aphrodisiaka angereicherten Bieres. Nachdem er ihn geleert hatte, legte er sich im Heiligtum zur Oberpriesterin und vollzog mit ihr die Heilige Hochzeit.

Obwohl bekannt ist, daß im Zweistromland an die zwanzig verschiedene Biersorten – Dünnbier, Starkbier, Nachbier, Mischbier, Rotbier, Holzbier usw.[17] – gebraut wurden, wissen wir nicht genau, wie sich der süße Rauschtrank für die erotischen Rituale der Biergöttin zusammengesetzt hat. In einer Hymne an die altsumerische Biergöttin Ninkasi, die ebenfalls in Inanna und Ischtar aufgegangen ist, heißt es:

„Du bist die, die Teig bereitet und mit einem großen Löffel bäckt,
Das Bierbrot in einem Kessel mit süßen Kräutern mischt.
Du bist die, die das Bierbrot im großen Ofen bäckt,
Die die Haufen bespelzten Getreides in Ordnung hält."[18]

Aus dem Getreide wurde durch Befeuchten mit Wasser Grünmalz („Gehörntes Malz") gewonnen, das zusammen mit einer Kombination von *schim*, „Gewürzkraut", zu den genannten Bierbroten verbacken wurde. Die Bierbrote mußten in Wasser geweicht und gekocht werden. Diese Maische wurde mit Hefe aus dem Bodensatz alter Bierkrüge zur Gärung gebracht. Es ist zwar bekannt, daß der Maische Dattelmus, Honig, Hirse, Sesam, Kassia-Zimt, Ingwer und Lupinen zugesetzt wurden, aber über einen wirklich aphrodisischen und stark berauschenden Zusatz schweigen die Quellen. Die in den medizinischen Keilschrifttexten angeführte *azallû*-„Pflanze, die die Sorgen vergessen läßt", war wahrscheinlich der Hanf, der oft im Zusammenhang mit der Behandlung von Potenzstörungen genannt wird.[19] Obwohl die Liebesgöttin mit Mohn und Opium assoziiert wurde, ist der Gebrauch von Opium im süßen Bier auszuschließen, denn Opium ist extrem bitter. Wahrscheinlicher ist der Zusatz von Nachtschattengewächsen. Zum einen ist in zahlreichen medizinischen Texten davon die Rede, daß dem Bier Nachtschatten zugesetzt wurde, um es medizinisch, d. h. auch magisch wirksam zu machen. Zum anderen haben im Vorderen Orient viele Nachtschattengewächse, wie die Alraune, der schwarze und süße Nachtschatten, die Schlafbeere, das Bilsenkraut und die Tollkirsche eine sehr lange Tradition als Aphrodisiaka.[20]

„Wenn ein Mensch Rauschtrank getrunken hat und sein Kopf ihm ‚gepackt' ist, er seine Worte vergißt, während seines Redens sie ‚auswischt', seinen Verstand nicht festhält, ... seine Augen starr sind, sollst du zu seiner Genesung Süßholzsaft ... Bohnen, Oleander ... in eins zerreiben, er soll es mit Öl und Rauschtrank vor dem

Rechts: Die mit dem Gesetzesbuch beschriftete Stele zeigt den Herrscher Hammurabi vor dem Sonnengott.

Oben: Der Liebesgöttin Ischtar werden Tiere und Bier geopfert. (Siegelzylinder aus der Hammurabizeit.)

Herankommen der Gula, am Morgen, ehe die Sonne aufgeht und ehe jemand ihn geküßt hat, trinken, so wird er genesen."[21]

Die hier genannten Symptome (Gedankenflucht, sinnloser Redetrieb, Bewußtseinstrübung und Veränderung der Pupillen) sind charakteristisch für Nachtschattenvergiftungen, für die auch der Gebrauch von Süßholzsaft als Antidot spricht, denn dieser gilt im ganzen Orient als Antidot bei Stechapfel- und Tollkirschenvergiftungen.[22] Auf jeden Fall hätte der Zusatz von Hanf oder einem Nachtschattengewächs den Rauschtrank zu einem starken Aphrodisiakum, zu einem „süßen" Trank, gemacht.

Die Liebes- und Biergöttin war bei den Sumerern auch die „oberste der großen Ärzteschaft"[23]. Durch ihre innige Beziehung zur Natur waren ihr alle Pflanzen, Tiere und Mineralien und deren Wirkungen bekannt. Sie wurde von Ärzten und Priestern bei Heilungen unter Beschwörungen angerufen. Sie sollte Krankheiten verbannen und bösen Zauber lösen. Ganz allgemein schrieb man dem Bier, ihrem heiligen Getränk, eine große Heilkraft zu. Außerdem wurden praktisch alle geeigneten Drogen zerkleinert und in Bier gelöst oder darin aufgeschwemmt und dann als Trank oder Klistier verabreicht. Gegen Fieber wurde folgendes Rezept genannt: „Stinkgurke, Steineichensaft, Hahnenfuß und Nachtschatten sollst du zusammen zerstoßen, in Bier werfen, auf den Herd stel-

*„Alles, was das Leben lebenswert macht, überschreitet Grenzen;
deshalb gleicht es auch so sehr dem Rausch."*

Kostis Papajorgis, Der Rausch

len; am Morgen kochen, seihen. Honig und gereinigtes Öl dazu tun, und das kalt in des Kranken After leiten; dann wird er gesund."²⁴

Im Zweistromland, in Sumer, Babylon und Akkadien, wurden sogar Hautkrankheiten wie Lepra und Hauttuberkulose mit Bier geheilt. Noch der Talmud wußte von den Heilkräften des babylonischen Bieres. Viele Krankheiten, die in anderen Ländern des Vorderen Orients zahlreiche Opfer forderten, waren in Babylon unbekannt, weil das Bier offensichtlich eine Prophylaxe bildete, was nach der Einschätzung moderner Forscher auf die wilden und kultivierten Hefen und Schimmelpilze zurückzuführen ist.²⁵

Im alten Mesopotamien, dem Geburtsort der westlichen Zivilisation, war das Bier schon Rauschmittel,

Das sogenannte „Blaue Monument" gilt als das älteste Schriftstück der Menschheit. Darauf wird das Enthülsen des Emmers für die Bierbereitung, sowie das Tier- und Bieropfer an die Göttin Nin-Harra gezeigt (7. Jahrtausend v. Chr.).

Aphrodisiakum und Medizin. Aber im Unterschied zu heute hatte es noch die Aura des Mystischen. Der mesopotamische Rauschtrank war ein Geschenk der Götter und wurde ihnen wiederum als Trankopfer dargebracht. Der ökologische Zusammenhalt von Mensch und Gott war noch solange intakt, bis die ersten Religionskriege die Zerstörung und Verwüstung des Zweistromlandes besiegelten.

Das Alraunenbier der alten Ägypter

Im archaischen Ägypten wurde als höchster Gott die Sonne angebetet. Sie galt als Ursprung, Spender und Erhalter des Lebens. In frühdynastischer Zeit wurde das Gestirn zum Sonnengott Re, der einen Falkenkopf trug. Re galt fortan als der Vater der Pharaonen, zeugte aber auch weitere Göttergeschlechter. Zusammen mit seiner Mutter und Gemahlin, der Himmelsgöttin Nut, der Herrin der Sterne, zeugte der Sonnengott die liebliche und anmutige Hathor, in die er sich sogleich verliebte. Sie erfreute ihren Vater oft dadurch, daß sie sich vor ihm entblößte. Mit Hathor, die er gern sein „Auge" nannte, erzeugte er Ihi, den Gott der Musik.

Als der Sonnengott alterte, wendeten sich die Ägypter von ihm ab und verehrten jüngere und strahlendere Gottheiten. Darüber war Re sehr erbost und empört. Er rief die Götter der vier Elemente Schu (Luft), Tefnut (Feuchtigkeit), Geb (Erde) und Nut (Himmelsfeuer) herbei, sowie sein „Auge" Hathor. Ihnen klagte er sein Leid. Sie rieten ihm, er solle sein „Auge" aussenden; Hathor würde die undankbaren Menschen vernichten und eine neue Ordnung schaffen.

Als Hathor vom Himmel stieg, verließen die Menschen ihre Siedlungen entlang des Nils und flüchteten in die Wüste. Aber sie konnten der wilden und unerbittlichen Göttin nicht entkommen, die einen nach dem anderen tötete. Nach dem schrecklichen Gemetzel kehrte Hathor zu ihrem Vater zurück, der sie hochbeglückt willkommen hieß. Doch als die junge Göttin erschöpft eingeschlafen war, wurde Re von Gewissensbissen geplagt. Er wollte zwar die Menschen strafen, ohne sie jedoch der vollkommenen Vernichtung preiszugeben. Also befahl Re seinen Sklavinnen, daß sie ein „berauschendes Bier von roter Farbe, gleich wie Menschenblut" – aus Gerstenbrot, zermahlenen Alraunen von Elephantine und pulverisiertem Hämatit, dem Blutstein – brauen sollten. Dann wurden siebentausend Krüge mit dem zauberkräftigen Trank gefüllt und auf das Schlachtfeld geschüttet. Als die wütende Göttin mit der aufgehenden Sonne dorthin zurückkehrte, spiegelte sie sich in einem gewaltigen See aus – so dachte sie und täuschte sich – Menschenblut. Da wurde sie durstig und trank das ganze Bier, bis sie trunken wurde und müde zu Boden sank. So vergaß sie ihr grausames Vorhaben und mordete an diesem Tag keinen einzigen Menschen. Als sie vom Rausch erschöpft zu ihrem Vater zurückkehrte, war dieser über den Erfolg seiner List hocherfreut. Die Göttin Hathor aber wurde durch das berauschende Bier von ihrem zerstörerischen Zorn befreit und wurde zur Göttin der Liebe, der Lust, des Vergnügens, des Singens, Tanzens und Lachens. Sie wurde oft als lebensspendende Himmelskuh dargestellt und galt als treue Freundin der Verstorbenen auf ihrem Weg ins Jenseits. Ihr war die Sykomore, der Baum des Lebens, heilig, in dessen Schatten später die Verliebten bei einem Krug Bier Zuflucht finden sollten.[1]

Dieser Mythos zeigt, wie sich durch ein bewußtseinserweiterndes und aphrodisierendes Bier Zorn, Wut und Zerstörungstrieb in Liebe, Lust und Heiterkeit wandeln können. Ebenso spiegelt der Mythos wider, daß die archaischen Blutopfer durch unblutige Trankopfer ersetzt wurden.

Die Menschen, die nun wieder Re ehrten, brauten aus Dankbarkeit für ihre Errettung und als Opfergabe für die neue Liebesgöttin ein rostbraunes Eisenbier nach göttlichem Rezept. Es wurde aus eingeweichten Gerstenbroten, Wasser, zermahlenem Hämatit und berauschenden Alraunenwurzeln hergestellt. Die Gerste war neben dem Emmer das wichtigste Brot- und Biergetreide im alten Ägypten. Der Hämatit oder Blutstein, ein Eisenerz von metallischem Glanz, war ein geschätzter Zauberstein. Aus ihm wurden Amulette geschnitten, die den Mumien unter den Kopf gebunden wurden, damit sie die Menschen sicher ins Jenseits begleiteten. Im Hämatit sah man das zu Stein gewordene, geronnene Blut der Sonne.[2] Zu Pulver zermahlen färbt er Wasser blutrot.

Die Alraune war die wichtigste ägyptische Zauberpflanze. Die besten, d. h. wirkungsvollsten Alraunen stammten von der Nilinsel Elephantine[3], die beim heuti-

Seite 59: Goldene Alraunenfrüchte *(Mandragora officinarum)* und köstlich duftende Knospen vom Blauen Lotus *(Nymphaea caerulea)* waren im alten Ägypten nicht nur heilige Pflanzen der Götter, sondern auch die Gaben Liebender. (Pharaonenpaar, um 1350 v. Chr.)

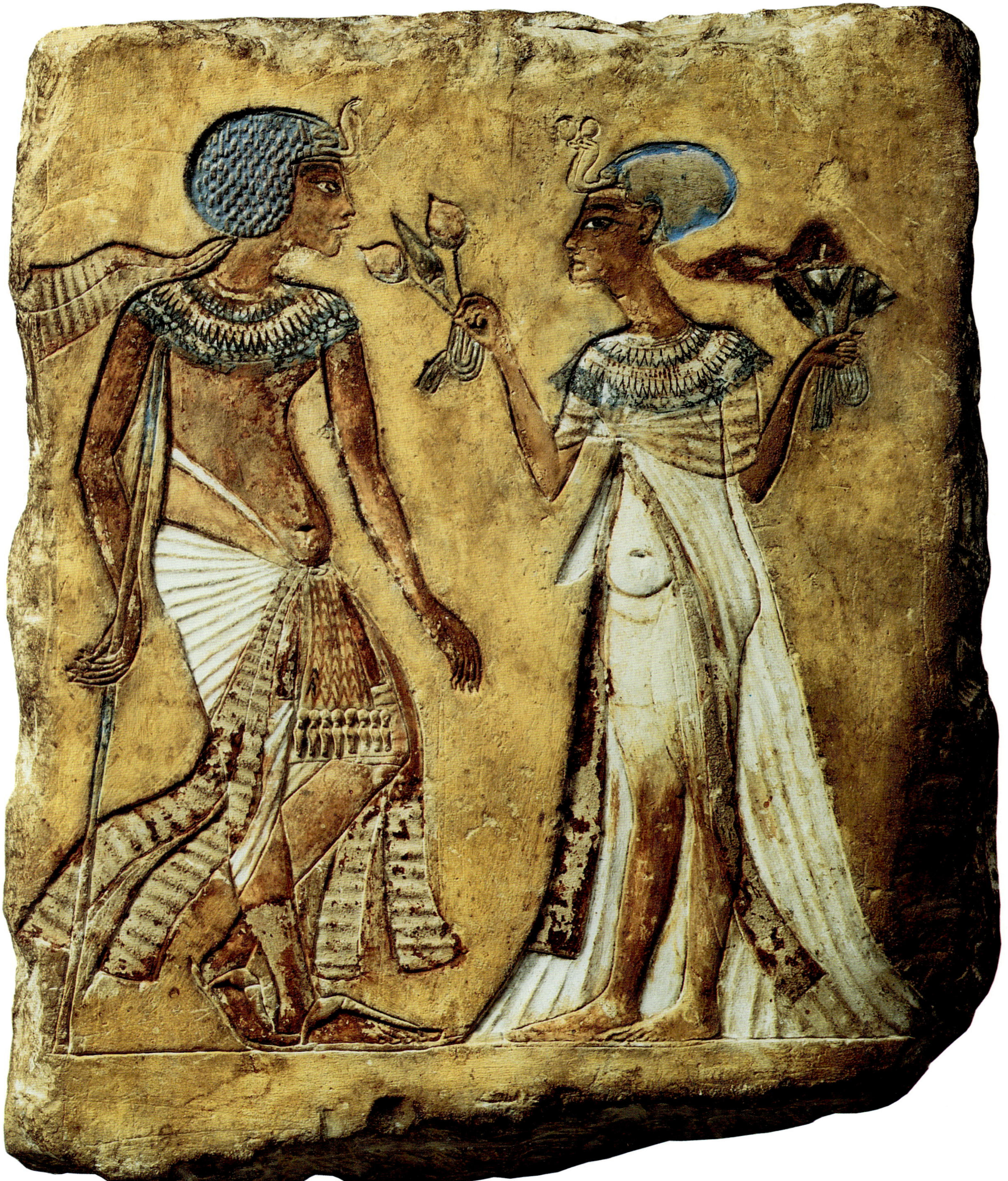

Seite 60/61: In Ägypten standen das Bier und der Brauereiprozeß unter dem Schutz der Liebesgöttin Hathor *(ganz rechts).* In der Kunst wurden die Brauschritte und das Biertrinken oft dargestellt. *Von links nach rechts:* Ein Brauer an der Maiskufe, Brauer beim Zerstoßen von Getreide und beim Kneten der Maische; das fertige Bier wird von einem Ehepaar getrunken.

„*Die Gesamttechnik des ägyptischen Brauereiprozesses verlief in folgenden technologischen Einzelvorgängen:*

1. *Sieben des Schrotes für die Brauerei oder*
1a. *Herbeibringen der gequollenen Emmer- und Gerstenähren.*
2. *Entkörnen der Ähren.*
3. *Zerstampfen der Ähren (des Getreides) im Mörser.*
3a. *Mahlen des Getreides.*
4. *Kneten und Formen des Teiges zu Bierbroten.*
5. *Formen der Brote.*
6. *Erhitzen der Backformen.*
7. *Anbacken der Bierbrote auf dem Ofen mit flachen Steinen.*
7a. *Anbacken der Bierbrote in glühenden Formen.*
8. *Entnahme der gebackenen Bierbrote aus dem Ofen.*
9. *Zerteilen der angebackenen Bierbrote in vier Teile.*
10. *Aufweichen und Gären drei zerschnittener Bierbrote in einem mit Wasser gefüllten Krug.*
11. *Die Braumasse wird nach beendeter Gärung aus dem Gefäße genommen und in die Kufe geworfen.*
12. *Die gegorene Masse wird in der Kufe mit den Füßen (mit Keulen) zerstampft.*
13. *Aus der Kufe heraus wird die dicke Braumasse auf flachen Mulden in große Bottiche geleert, wo sie mit Wasser verdünnt stehen bleibt.*
14. *Die ausgetretene, mit Wasser verdünnte Maische wird in Körben zum Läuterbottich gebracht.*
15. *Seihen der Maische, das heißt Durchkneten derselben unter erneutem Wasseraufguß durch ein Sieb in einen Bottich mit Ausguß.*
15a. *Die in einer einzigen Kufe gestampfte Maische wird von Arbeitern an zwei Sieben geläutert (Beschleunigung des Arbeitsganges?).*
15b. *Die Maische (der Treber) wird gegessen.*
16. *Das geläuterte Bier wird aus dem Bottich unter dem Sieb in einen weiteren großen Krug umgegossen und bleibt stehen.*
17. *Kleine Lagerkrüge werden ausgewaschen und zum Austropfen, die Öffnungen nach unten, in eine Wanne gestellt.*
18. *Herrichten der Tonmasse zum Beschmieren der Krüge, die das Lagerbier aufnehmen sollen.*
19. *Die Lagerkrüge werden mit Ton (Pech?) innen beschmiert.*
20. *Die Lagerkrüge werden gefüllt.*
21. *Die Krüge werden mit spitzen Tonkegeln (mit flachen Deckeln) verschlossen.*
22. *Die Deckel werden verschnürt und versiegelt.*
23. *Die gefüllten, luftdicht verschlossenen und versiegelten Krüge werden registriert und im Keller eingelagert.*

Diese 23 einzelnen technologischen Vorgänge stellen für unsere heutige Kenntnis die Technik der ägyptischen Biebrauer dar."

Dr. E. Huber, Bier und Bierbereitung bei den Ägyptern

*„Wir jauchzen,
wenn wir dich sehen alle Tage.
Unsere Herzen frohlocken beim
Anblick deiner Majestät.*

gen Assuanstaudamm liegt. Die Alraune wurde häufig in der sakralen Kunst dargestellt; sie galt als Aphrodisiakum und wurde mit Opium vermischt den Hierophanten vor dem initiatorischen Tempelschlaf eingeflößt.[4] Die Pflanze war der Hathor heilig und wurde zum Sinnbild der Liebe. Das Bier, das man mit ihr braute, wirkte durch seine aphrodisischen und bewußtseinsverändernden Kräfte wie ein Liebestrank.[5]

Das starke Eisenbier[6] wurde in den Tempeln der Hathor das wichtigste Trankopfer. Die Priesterinnen und Tempeldienerinnen der Hathor erschienen bei diesen Banketten mit Rasseln, einem Attribut der Liebesgöttin. Sie waren lediglich mit einer Schnur um die Hüften bekleidet, daran hingen mit kleinen Steinen gefüllte hohle Perlen. Sie waren geschminkt und mit köstlichen Wohlgerüchen parfümiert. Sie tanzten zur Freude der Göttin einen verführerischen Tanz, wippten auffordernd mit den Hüften[7] und entblößten sich vor den Hierophanten, so wie es dereinst Hathor vor ihrem Vater Re getan hatte. Die erotischen Riten der Göttin erforderten neben dem gemeinsamen Rausch auch die gemeinsame geschlechtliche Liebe[8], denn beides ehrte die Göttin. Und beides wurde durch das aphrodisische Alraunenbier begünstigt. Der Alkohol des Bieres enthemmte die Menschen, die Zauberwurzel erregte ihre fleischliche Lust und öffnete das Bewußtsein für das Himmlische. Das wichtigste Fest der Hathor begann im Mai und dauerte fünf Wochen. Es wurde mit Biertrinken, Singen, Tanzen und Lieben begangen. Es hieß, die „Göttin ist eine Frau, die trunken vor ihrem Haus sitzt, und ihre Locken fallen über ihre schöne Brust".[9] – Es verwundert nicht, daß die Griechen Hathor mit ihrer Liebesgöttin Aphrodite identifizierten.[10]

Den Quellen zur ägyptischen Kultur und Geschichte zufolge war das Volk der Pharaonen ein Volk von Biersäufern. Obwohl der Wein[11] bekannt war und von der Oberschicht auch gerne getrunken wurde, spielte doch das Bier in allen kulturellen und gesellschaftlichen Bereichen eine wichtige Rolle. Sklavinnen, Arbeiter und Pyramidenbauer wurden mit Bier bezahlt. Pharaonen, Wesire, Beamte, Priester und Bauern labten sich an dem starken Gebräu. Die Studenten[12], die Architektur, Schreibkunst und Recht studierten, waren, ähnlich wie heutige Studen-

*Denn du bist die Herrin des Kranzes,
die Herrin des Tanzes,
die Herrin der Trunkenheit ohne Ende."*
Ägyptische Hymne an die Göttin Hathor

ten, hartgesottene Saufbrüder. Es sind Inschriften überliefert, die die studentische Jugend vor übermäßigem Biergenuß warnen und das nächtliche Herumziehen durch die Schenken verurteilen: „Übernimm dich nicht beim Biertrinken! Du fällst hin mit schwankenden Beinen und keiner reicht dir die Hand. Deine Genossen sagen: Gehe heim, der du genug getrunken hast! Wer kommt und dich sucht, um etwas zu besprechen, der findet dich im Staub liegen wie ein Kind. Und deine Freunde gehen weiter und sagen: Weg mit diesem – er ist besoffen!"[13]

Die Ägypter kannten neben dem Alraunenbier noch mehrere andere Sorten: Dünnbier, Stark- oder Doppelbier;[14] manchen Sorten wurde Safran, Saflor, Dattelmus, Rettich, Raute, Anis, Wolfbohne, Opium, Nieswurz, Hanf oder Haschisch und Bilsenkraut zugesetzt.[15] Das Bier für den Hausgebrauch wurde zu Hause gebraut. Das Bier für

Oben: Eine Ägypterin, die im Bottich steht und die Maische für die Bierbereitung zertritt.

Seite 63: Ein Syrer der königlichen Leibwache des Pharaos trinkt mit einem Saugrohr Bier aus dem Krug. (Bemalter Kalkstein aus Tel al-Amarna, 18. Dynastie, ca. 1350 v. Chr.)

Trankopfer, Herrscher, öffentliche Feste, Schenken und für den Export wurde in staatlich monopolisierten Brauereien erzeugt. Außerdem wurden gute Biere aus Babylonien und syrisches Bier aus Kadi importiert. Das Bier wurde meist aus flachen Schalen oder schlanken Gefäßen und Krügen geschlürft oder mit Strohhalmen getrunken.

Das Bier trug verschiedene Namen, manche konnten als babylonische Lehnworte andere als rein ägyptisch erkannt werden. Der Sammelname für die verschiedenen Biere lautete *heket*[16]. Dieser Oberbegriff ist identisch mit dem Namen der froschgestaltigen Göttin Heket, die eine Göttin der Fruchtbarkeit und Geburtshilfe war. Nun heißt *heka* aber auch Zauber, Zauberkraft und *idt* ist der Name des Gottes der Zauberei[17].

Die Ägypter glaubten, daß in dem Bier ein Dämon verborgen ist, der vom Herzen des unmäßigen Zechers Besitz ergreift und ihn in den Wahnsinn stürzt. Es hieß: „Wenn du trinkest, bis der Dämon dein Herz ergreift, bist du des Wortes deiner Zunge nicht mehr Hüter, unvorsichtige Reden können deine Karriere vernichten, zumindest wirst du den nächsten Tag arbeitsunfähig sein."[18] Man benutzte Amulette, Talismane und Zaubersprüche, um diesen Dämon zu bannen oder sich dienstbar zu machen. Man glaubte, sich vor ihm am besten schützen zu können, indem man vor dem Biertrinken gekochten Kohl aß.[19]

Im Mittleren und Neuen Reich stand das Bier unter dem besonderen Schutz der Göttin Isis, die viele Aspekte der Hathor übernommen hat. Sie war die Schwester des Osiris, der laut Diodor von Sizilien[20] den Ägyptern die göttliche Braukunst geschenkt hat, die besonders in dem Küstenort Pelusium (Tell el-Farama) gepflegt wurde. Isis war nicht nur die Göttin des Getreides und des Bieres, sondern auch der Zauberkräuter, der Magie und Erotik. In spätdynastischer Zeit wurde sie als Schlange, die sich um einen Strauß aus Getreidehalmen und Opiumkapseln windet, dargestellt.[21] Sie wurde von den Griechen mit der Korngöttin Demeter, aber auch mit der Liebesgöttin Aphrodite identifiziert und von den griechischen Hetären, den erotischen Tempeldienerinnen[23], kultisch verehrt. Der Isis, deren Kult sich im Altertum über ganz Europa bis hin in germanische Gebiete verbreitete, wur-

„Die Pharaonen ließen sich vor Tausenden von Jahren in Bauten bestatten und sind dank des mumifizierenden Bieres bis heute gut erhalten."
Wiener Bierschwefel[22]

den zahlreiche Bieropfer dargebracht. Unter ihrem Schutz wurden auch viele zauberkräftige Biere gebraut, besonders jene, die als Liebeszauber wirksam werden sollten und neben Gerste noch andere, ihr heilige Pflanzen enthielten. Vielleicht wurden bei den orgiastischen Isis-Mysterien auch bierartige Trünke benutzt, um die angestrebte Ekstase und mystische Weihe, bei der man der „Göttin mit den tausend Namen" gegenübertrat, zu erreichen.[24]

Den Ägyptern galten Träume als Visionen der Nacht, die von den Göttern geschickt wurden, um dem Menschen Geheimnisse über die verborgenen Aspekte der Vergangenheit, Gegenwart und Zukunft zu enthüllen. Was man sah, das hatte sich entweder ereignet, geschah zur selben Zeit oder würde bald eintreten. Um im Traum angekündigtes Übel abzuwenden, wurde ein magisches Bierritual ausgeführt. Der Träumer mußte nach dem schrecklichen Erwachen die Göttin Isis mit einem Zauberspruch anrufen. Um die Wirkung des Spruches zu bekräftigen, sollte er ein in Bier getauchtes und mit Myrrhe bestreutes Brot nehmen und sich damit das eigene Gesicht abwaschen.[25]

Das Bier nahm in der ägyptischen Heilkunst[26], die weit über die Landesgrenzen hinaus berühmt war und von der alle antiken Nationen lernten, einen zentralen Platz ein. Es wurde als Lösungsmittel für Heilmittel aller Art benutzt. In den überlieferten medizinischen Papyrus-Texten wird fast in jedem Rezept Bier genannt.[27] Man löste in der Biersorte, die in den Texten Süßbier genannt wird, Pfefferkörner, Pfefferminzblätter, Haselwurz, Gewürznelken, Petersilie, Salbei, Zimt, Zitronen- oder Orangenblätter, Mastixharz, Kardamom, Wermut, Zuckerrohrsaft; aber auch Tier- und Mineralprodukte wie Honig, Moschus, Hämatit, Grünerde, Salz und Ton.[28] Die ägyptischen Ärzte hielten das Bier – bei mäßigem Genuß – für ein sehr gesundes Getränk.

*"... mein Brot ist aus hellem Weizen, mein Bier ist aus gelber Gerste.
Die Nacht- und die Tagesbarke bringen es mir, und ich esse unter den Zweigen."*
Ägyptisches Totenbuch, Spruch 124

Ein arabischer Schriftsteller des Mittelalters beschreibt die Biere Ägyptens, wie sie zu seiner Zeit gebraut und getrunken wurden:

„Es gibt eine Sorte, welche man mit Mehl aus gekeimter, dann getrockneter und gemahlener Gerste bereitet, die man dann durch Zusatz von Krausemünze, Raute, Schwarzkümmel, Zitronenblättern und Pfeffer zur Gährung gebracht hat. Dieses Bier ist warm, austrocknend, oft faulig, mit einem Worte sehr schlecht für den Magen, es bringt Blähungen und Poltern in demselben hervor und greift die Kopfnerven an, worauf es dieses Organ mit dicken, warmen Dünsten, die sich schwer wieder zerstreuen lassen, erfüllt. Manchmal bringt es durch seine Schärfe und Fäule Diarrhöe hervor, und bei denen, welche es gewöhnlich zu trinken pflegen, Krankheiten der Blase und entzündeten Urin. Weniger gefährlich ist das Bier, welches man aus Kornmehl, wohl bereitetem Brode, Petersilie und Mehl aus gekeimter Gerste braut; es bekommt namentlich Personen von hitzigem Temperament, wogegen Leute von milderer Constitution um die Winde, Blähungen und das Kollern im Leibe, welches dieses Getränk hervorbringt, zu vermeiden und überhaupt dasselbe weniger erhitzend und mehr magenstärkend zu machen, Gewürze zusetzen, welche dem Magen zuträglich sind und ihn durch ihr aromatisches Naturell stärken, und seine überflüssige Feuchtigkeit absorbiren, so Spike, Mastix, Zimmt, langen Pfeffer, Moschus, Kardamom, Muscat und Gewürznägelein. Auf 20 Krüge Bier zerreibt man das Gewicht eines Mitscal dieser Gewürze. Will man das Getränk schmackhafter machen, thut man in jeden Krug ein Herz Schwarzkümmel, zwei Zitronenblätter, ein wenig Raute und Krausemünze. Man macht auch eine Art einfaches Bier aus Wasser, in welches man ein Brod aus dem feinstem Mehlauszug eingeweicht hat, man seihet es dann durch und setzt hierauf Moschus und Mastix zu und thut in jeden Krug ein Körnchen oder Herzchen Krausemünze und Schwarzkümmel. Es gibt aber noch eine andere Biersorte, in Ägypten mazar genannt, aus Roggen, Gerste und Hirse bereitet, dieses ist ein Getränk, welches stark berauscht wie gewöhnlicher Wein, obgleich es bei weitem nicht so stark und so zuträglich ist. Indessen erregt es eine heitere, lustige und muthwillige Stimmung und macht wohlriechenden Athem, jedoch in Übermaß genossen verursacht es Übelkeit, Erbrechen, viele Blähungen und Beklemmung."

Oben: Die Raute oder Gartenraute (*Ruta graveolens*) ist ein altes Würzmittel und wurde schon früh als Bierzusatz verwendet. Ein Rautenbier hatte menstruationsfördernde Eigenschaften.

Seite 64: Eine leicht bekleidete Ägypterin trägt in einem Korb auf dem Kopf Brot als Opfergabe. (Brotträgerin, ägyptisch, um 1800 v. Chr.)

Die Menschenwurzel

Die Alraune *(Mandragora officinarum)* wird zu Recht als „berühmteste Zauberwurzel der Menschheit" bezeichnet. Über kaum eine andere Pflanze haben sich so viele Legenden, Sagen und Märchen gesponnen, wie um dieses seltene Nachtschattengewächs. Es gibt auch keine andere Pflanze, über die so viele wissenschaftliche und esoterische Texte geschrieben wurden.[1] Bis in unsere Zeit hinein werden der Wurzel, die oft anthropomorphe Züge trägt, magische Qualitäten zugeschrieben. Sie soll die Liebe in begehrten, aber unerreichbaren Frauen reizen, Reichtum mehren, Glück im Spiel bescheren und wahrsagen können. Es heißt, daß die stengellose Pflanze des Nachts leuchtet, beim Ausreißen schreit, vorübergehend das Loch, in dem sie steckt, verläßt und aus dem Samen, dem letzten Abgang eines Gehenkten, entsteht.[2]

Die Alraune hat Gedichte, Romane und Erzählungen inspiriert. Sie wurde tausendfach künstlerisch verarbeitet, auf romantischen Gemälden wie in Kinofilmen und modernen Comic-Strips.[3] Und sie wurde von mancher Acid-Rock-Band, z.B. Deep Purple (in „Mandrake Root") besungen.

Die Alraune oder Mandragora ist im südlichen und östlichen Mittelmeerraum und in Zentralasien verbreitet. Ihre Blätter entsprießen direkt der Wurzel. Sie bildet kleine grünliche, violette oder hellblaue Blüten und gelbe köstlich duftende Früchte, die an kleine Äpfel erinnern. Die großen Blätter werden gerne von Elefanten als

Die Alraune gedeiht an Wegesrändern und bei alten Tempeln. Ihre Blattrosetten wachsen direkt aus der Wurzel hervor. Die Blätter haben einen tabakähnlichen Geruch und können getrocknet geraucht werden.

Die unscheinbaren Blüten der Alraune wachsen ebenfalls direkt aus der Wurzel hervor. Nach sehr kurzer Blütezeit – oft nur ein paar Tage – reifen die Früchte heran.

Links: Die echte Alraune *(Mandragora)* oder „Menschenwurzel" war schon im Altertum gut bekannt und gehörte zu den gesuchtesten Zauberkräutern und Arzneipflanzen. Die liebeserzeugenden und fruchtbarkeitsfördernden Eigenschaften der Früchte und der Wurzel sorgten im alten Orient dafür, daß die Pflanze der Liebesgöttin geweiht wurde.

Oben: Die gelben, äußerst köstlich duftenden Früchte der Alraune galten in der Antike als die „goldenen Äpfel" der Liebesgöttin Aphrodite, die auch den Beinamen Mandragoritis, „Göttin der Alraune", trug.

Rauschmittel verspeist. Die Früchte, auch als Liebesäpfel bekannt und im Hohelied Salomos besungen, sind aromatisch und genießbar. Sie gelten seit biblischen Zeiten bei allen semitischen Völkern als Aphrodisiakum und Liebeszauber.[4]

alraun man cclviii C   alraun fraw cclviii c

Die Völker des Zweistromlandes, die Syrier, Hebräer, Ägypter und Griechen wußten um die Kräfte der Alraune. Dioskurides, der berühmte griechische Arzt der Spätantike, hat ihr ein langes Kapitel in seiner Arzneimittellehre gewidmet.[5] Er kannte drei Arten der Alraune, die er Mandragora, Dirkaea und Kirkaea (nach der Zauberin Circe) und Morion nannte. Dioskurides gab eine Reihe von Hinweisen auf die medizinischen Eigenschaften, aber auch auf die erotisierenden und narkotischen Wirkungen der Wurzel. Er sagte, „die Hirten, die sie essen, verlieren einigermaßen die Besinnung". Von der Morion genannten Art heißt es weiter: „wer eine Drachme davon genießt oder mit Gerstenkörnern in einem Kuchen oder auch sonst mit Speisen ißt, wird närrisch und verliert den

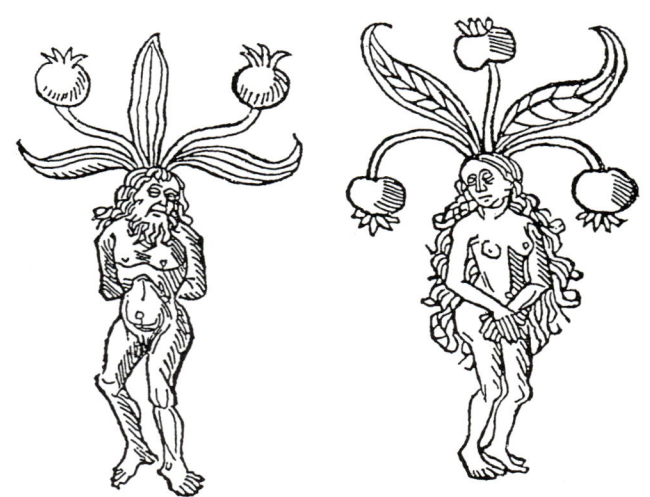

*„Komm, mein Liebster, ins Feld laß uns gehen,
bei Zyprusstauden nächtigen,
früh in die Weinberge ziehen,
sehen, ob der Weinstock gesproßt,
die Knospen geplatzt,
die Granatäpfelbäume erblüht sind.
Dort will ich meine Liebe dir schenken.
Die Liebesäpfel spenden ihren Duft,
an unseren Türen sind allerlei köstliche Früchte,
frische wie auch alte,
dir mein Liebster, hab ich sie aufgespart."*
Hohelied Salomos 7, XXII

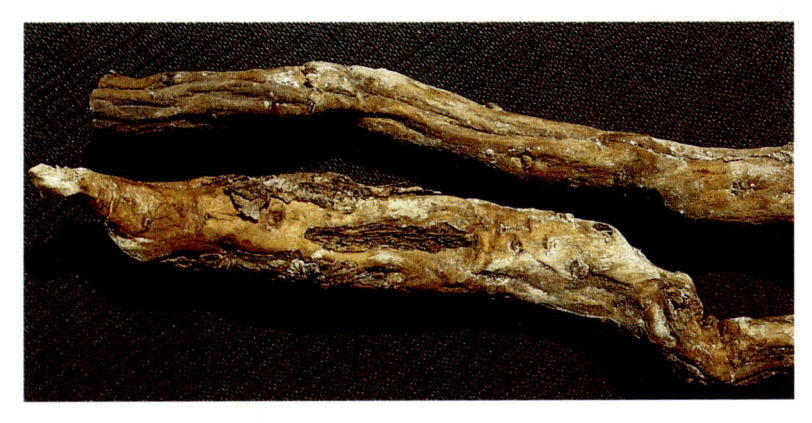

Seite 68, links: Die fleischige Alraunenwurzel ist reich an berauschenden Alkaloiden (Querschnitt).

Seite 68, rechts, von oben nach unten:
Im Altertum und Mittelalter sowie zu Beginn der Neuzeit dachte man, es gäbe eine männliche und eine weibliche Alraune.

Ägyptische Darstellung eines Getreidefeldes; Emmer und Gerste waren die wichtigsten ägyptischen Braugetreide.

Ein ägyptischer Gärtner pflückt Alraunenfrüchte, die als Opfergaben oder Bierzusatz verwendet wurden.

Seite 69, von oben nach unten:
Aus den Wurzeln der Alraune wurden früher Talismane in Menschengestalt hergestellt und bei magischen Ritualen verwendet.

Wenn die Alraune Früchte trägt, vertrocknen die Blätter. Die Lebenskraft zieht sich in die oft meterlange Wurzel zurück.

Aus den botanischen und medizinischen Schriften der Griechen geht hervor, daß in der Antike aus der Wurzelrinde der Alraune ein Liebestrank gebraut wurde.

Unten: Nicht alles Bier, das im alten Ägypten getrunken wurde, war mit der berauschenden Alraune versetzt. Das Alraunenbier war sicherlich in erster Linie ein Ritual- und Festbier. Ein Alltagsgetränk sollte eher erfrischen. Deshalb benutzten die Ägypter auch die gelben Blüten der Färberdistel *(Carthamus tinctorius)* als Bierzusatz. Sie verliehen dem Bier nur eine schöne Farbe. Die Färberdistel oder auch Saflor wurde schon früher als Verfälschungsmittel für den kostbaren Safran *(Crocus sativus)* verwendet.

Ganz unten: Die Samen der Alraune enthalten im Gegensatz zur Wurzel kaum Wirkstoffe.

Verstand. Derjenige, der davon ißt, einerlei in welcher Form er die Wurzel genießt, schläft ein und ist drei oder vier Stunden lang, je nach der Quantität, seiner Sinne nicht mächtig. Jedoch machen Ärzte davon Gebrauch, wenn eine Operation oder Ausbrennung nötig ist. Man sagt auch, die Wurzel sei ein Gegengift bei Nachtschattenvergiftung."

Die Alraunenwurzel enthält eine Reihe von psychoaktiven Tropan-Alkaloiden (besonders Scopolamin, Cuskhygrin und Mandragorin[6]), die betäubende, aber zugleich erregende, erotisierende oder aphrodisierende und visionenerzeugende Wirkungen haben. Sie lösen heftige Tagträume, wahre Halluzinationen aus, aber auch Verwirrtheit, Angst und Schrecken vor allem bei jenen, die nicht auf eine derart starke Wirkung vorbereitet sind. Manche Menschen haben Begegnungen mit vegetativen Geistern, Feen und Zauberwesen, andere erleben ihre inneren Ängste in Gestalt von äußeren Dämonen. Der Pflanzengeist belohnt diejenigen, die sich ihm mit Vorsicht und Zurückhaltung nähern, aber bestraft die, die glauben mit ihm scherzen zu können und die Wurzel bar jeden Respekts aus reiner Genußsucht mißbrauchen.

Platearius disser rynden als groiß als dry keller gewicht gehalten für die schemde der frauwen brenget menstruu vn drikket vß das dot kynt. Diß rynden gestoissen zu puluer vnd genutzet mit eynem clistier machet slaiffen vnd rüwen für alle ander kunst.
Item diß würtzel gesotten in wyn vn vff das gegicht geleyt der glidder ist den wetum stillen.

Mandragora Capitulum
Andrago Die meischen das selbe dogent mit vmb beschribe ich wan als du geschpitel für dissem.

alrun·fraw ccxlviii·
ra muter latine ster sprechen gemey diß alrun habe die der ersten vnd dar nit meen dar von ret haist in dem ca

Von Alraun.
* Alraun. * Mandragora.

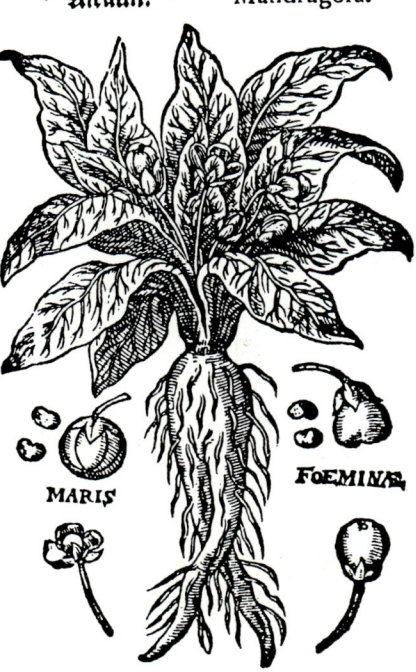

MARIS   FOEMINA

Oben: Erst bei den „Vätern der Botanik" wurde die Alraune botanisch richtig dargestellt; allerdings wurden die Früchte anhand ihrer Form immer noch in „männliche" und „weibliche" unterschieden. (Holzschnitt aus dem *Kräuter-Buch* des Tabernaemontanus, 1731.)

Links: Darstellung der weiblichen Alraune im *Hortus sanitatis,* dem „Hort der Gesundheit", einem der ältesten deutschen Kräuterbücher (Ausgabe von 1485).

Kykeon, der eleusinische Einweihungstrank

Die alten Griechen lobten den Wein in höchsten Tönen und belustigten sich über das „primitive" Bier der Ägypter und die „barbarischen" Trünke der Skythen; dennoch war ein bierartiges Getränk der Schlüssel zum Bedeutendsten der hellenistischen Welt, und das war der *Kykeon*, der eleusinische Einweihungstrank.[1]

Der Kykeon war von zentraler Wichtigkeit und Bedeutung für die Mysterien von Eleusis. Eleusis, der „Ort, an dem immer die Luft von Weihrauch erfüllt ist", liegt in Attika in der Nähe von Athen und war das Heiligtum von Demeter, der griechischen Entsprechung von Isis. Dem bekannten Mythos zufolge, der vom Raub ihrer Tochter Persephone durch Hades und deren jährlicher Wiederkehr berichtet, wurde in Eleusis ein Tempelbezirk errichtet, in dem der Geheimkult der Göttin gefeiert wurde.[2]

Mysterienkulte, in denen die Mysten oder Initianten durch ein- oder mehrmalige Erfahrungen in die Geheimnisse des Universums eingeweiht wurden, waren im Altertum weit verbreitet. In den Mysterien wurden den Menschen Antworten auf die bohrenden Fragen: Woher komme ich, was bin ich, wohin gehe ich? gegeben. In den nächtlichen Feiern erlebten die Mysten die göttliche Schau, Visionen von Himmel und Unterwelt, von Anfang und Ende der Schöpfung, von Sinn und Zweck des Seins.[3] Die Menschen, die ein- oder zweimal in ihrem Leben die Mysterienstätten aufsuchten, wurden durch Fasten, Diäten, Vorträge von Hymnen, Gesängen und Musik[4] auf die innere Erfahrung, die sich im Telesterion, dem Innersten des Heiligtums, einstellen sollte, vorbereitet.

Die Einweihungsfeiern der Demeter fanden zweimal im Jahr statt: die sogenannten „kleinen Mysterien" zum Frühlingsanfang, die sogenannten „großen Mysterien" am Ende des Herbstes, zur Zeit der Ernten. Da Demeter die Göttin des Ackerbaus, der Feldfrüchte und somit der Fruchtbarkeit war, erkannte man in ihr die Natur des Jahreslaufes wieder. Demeter ist, wie die meisten heidnischen Götter und Göttinnen, eine personifizierte Naturkraft oder -erscheinung. In ihr zeigt sich das Absterben und Wiedererwachen der Natur. Die Frühjahrsfeste entsprechen der Geburt: Das Samenkorn wird in die Erde gelegt, keimt und wächst über den Sommer hinweg, bis es im Herbst endlich reift. Es hat sich auf wunderbare Weise vervielfacht. Mit der Ernte stirbt das Getreide. Aber es gibt durch seinen Tod neues Leben, indem es die Menschen im Winter ernährt. In dem geernteten, d. h. getöteten Getreide liegt aber wieder der Keim neuen Lebens. Im nächsten Frühjahr wird das Korn des alten Jahres erneut eingepflanzt und bringt weitere Ähren hervor. Und so geht es fort bis zum Ende der Welt.

Wer in die Mysterien der Demeter eingeweiht wurde, der erkannte die Bedeutung von Leben und Tod, vom Sterben und Erwachen der Natur, von der Abhängigkeit des Menschen von der Natur und der Symbiose mit dem Göttlichen, den ewigen Kreislauf des Lebens. „Die Weihe sollte ein Erlebnis sein, das auf das ganze weitere Leben ausstrahlt, Erfahrung, die die Existenz verwandelt."[5]

Demeter, auch Deo genannt, die „Herrin der Ernte", die Göttin der Jahreszeiten", die Tochter der Rhea, „deren Haar in reichen Flechten wächst, wie nur das Haar einer Göttin es kann", sagte von sich selbst: „Ich bin Demeter, die Hochgeehrte; ich bin die Quelle von Leben und Freude für Sterbliche [Menschen] und Unsterbliche [Götter]."[6]

Die strahlende Göttin mit dem purpurfarbenen Mantel, deren Gewänder süße Düfte verströmen, die von der Aura der Unsterblichen umstrahlt wird und deren goldenes Haar über ihre Schultern fließt, stiftete ihre Mysterien selbst: „Laß dein ganzes Volk mir einen Tempel bauen mit einem Altar davor, neben der Festung der oberen Stadt, die über dem Kallichoron-Brunnen aufragt. Und ich werde selber meine Riten stiften, damit ihr sie ausführen könnt, um meinen Zorn zu besänftigen."[7]

In dem homerischen Hymnos heißt es weiter: „Ihre Mysterien – heilige Riten, die Ehrfurcht gebieten, die niemand verletzen oder enthüllen oder in Worten ausdrücken darf, denn eine überwältigende Ehrfurcht vor den Göttern läßt seine Stimme verstummen. Wer unter den Menschen, die auf der Erde gehen, diese Mysterien gesehen hat, ist selig, aber wer nicht eingeweiht ist und nicht an dem Ritual Anteil hatte, dem wird nicht dasselbe Los beschieden sein wie den anderen, wenn er einmal tot ist und sich im Moder aufhält, wo die Sonne untergeht."[8]

Dieses Schweigegebot – ein typisches Charakteristikum der Mysterienkulte – hat dazu geführt, daß wir heute

Die Kornmutter Demeter *(links)* überreicht dem Kulturheros Triptolemos Getreidehalme, damit er sie den Menschen als Geschenk der Göttin überbringen kann. Hinter Triptolemos steht Demeters Tochter, die Unterweltsgöttin Kore oder Persephone. Das Getreide symbolisiert den Zusammenhang von Leben und Tod. (Antikes Weiherelief von Eleusis.)

kaum noch etwas über Sinn, Gehalt und Wirkung der eleusinischen Mysterien wissen.

Aber es ist klar, daß das Geheimnis in der Wirkung des Kykeon zu suchen ist. Es ist eine Erfahrung, die nonverbal ist und die sowieso nicht in Worte zu fassen möglich ist. Selbst wenn man von der erlebten Erfahrung spricht, so wie es der große griechische Philosoph Platon, dessen Ideen noch heute in unserer Kultur nachwirken, getan hat, wird man das Geheimnis kaum verraten. Denn diese Worte sind zwar eine Beschreibung, aber eine Beschreibung mit Worten, die aus dieser Welt und nicht aus der Erfahrung im Mysterium stammen. Dennoch geben Platons Worte, der – wie alle griechischen Denker – in die Mysterien von Eleusis eingeweiht worden war, einen Hinweis auf die Wirkung des Trankes und der Mysterien: „Damals aber war die Schönheit leicht zu sehen, als wir im seligen Chore ... die Weihe empfingen, die wir mit Fug die seligste nennen – wir feierten sie damals fehllos selbst und unbetroffen von den Übeln, die unser für die Zukunft warteten, mit fehllosen und lauteren und wandellosen und glückseligen Gesichten geheiligt und geweiht in reinem Glanze, rein und nicht beschwert von dem, was wir als Leib mit uns herumschleppen und worin wir wie die Perlen in die Muscheln eingeschlossen sind."[9]

Platon spricht hier von einer außerkörperlichen, also einer im wahrsten Sinne des Wortes ekstatischen Erfahrung[10]. Wie die Seele den Körper verläßt und das Göttliche schaut, beschreibt auch Plutarch, der über vierzig Jahre lang als Oberpriester in Delphi, dem bedeutendsten Orakel der Antike[11], gewirkt hat: „Dann erlebt die Seele etwas von der Art wie diejenigen, die in die großen Mysterien [die herbstlichen Demeterfeiern] eingeweiht werden ...: Umherirren zuerst, ermüdende Umläufe, ängstliches Gehen im Dunkel, das kein Ziel findet; dann unmittelbar vor dem Ende all das Furchtbare, Schauder, Zittern, Schweiß und Staunen. Dann kommt ein wunderbares Licht entgegen, reine Räume, Wiesen nehmen uns auf, es gibt Stimmen, Tänze, Feierlichkeit heiliger Worte und heiliger Erscheinungen: inmitten von ihnen ist der Vollendete, Geweihte frei und gelöst worden, er geht umher, bekränzt, und feiert das Fest in Gemeinschaft mit heiligen, reinen Menschen, und er sieht herab auf die

*„Glückselig ist der von
den Menschen auf Erden,
der das geschaut hat!
Wer nicht in die heiligen Mysterien
eingeweiht wurde,
wer keinen Teil daran gehabt hat,
bleibt ein Toter
in dumpfer Finsternis."*
Homerischer Hymnos[12]

Blick auf das Ruinenfeld von Eleusis bei Athen. Die Tempelmauern gehörten zum Eingangsbereich des Telesterions, der Einweihungshalle für die eleusinischen Mysterien; die Höhle dahinter ist der Eingang zum Hades, zum Reich des Todes. Der Mysterienkult von Eleusis blühte über 2000 Jahre. Hunderttausende oder Millionen müssen hier in die Geheimnisse von Leben und Tod eingeweiht worden sein.

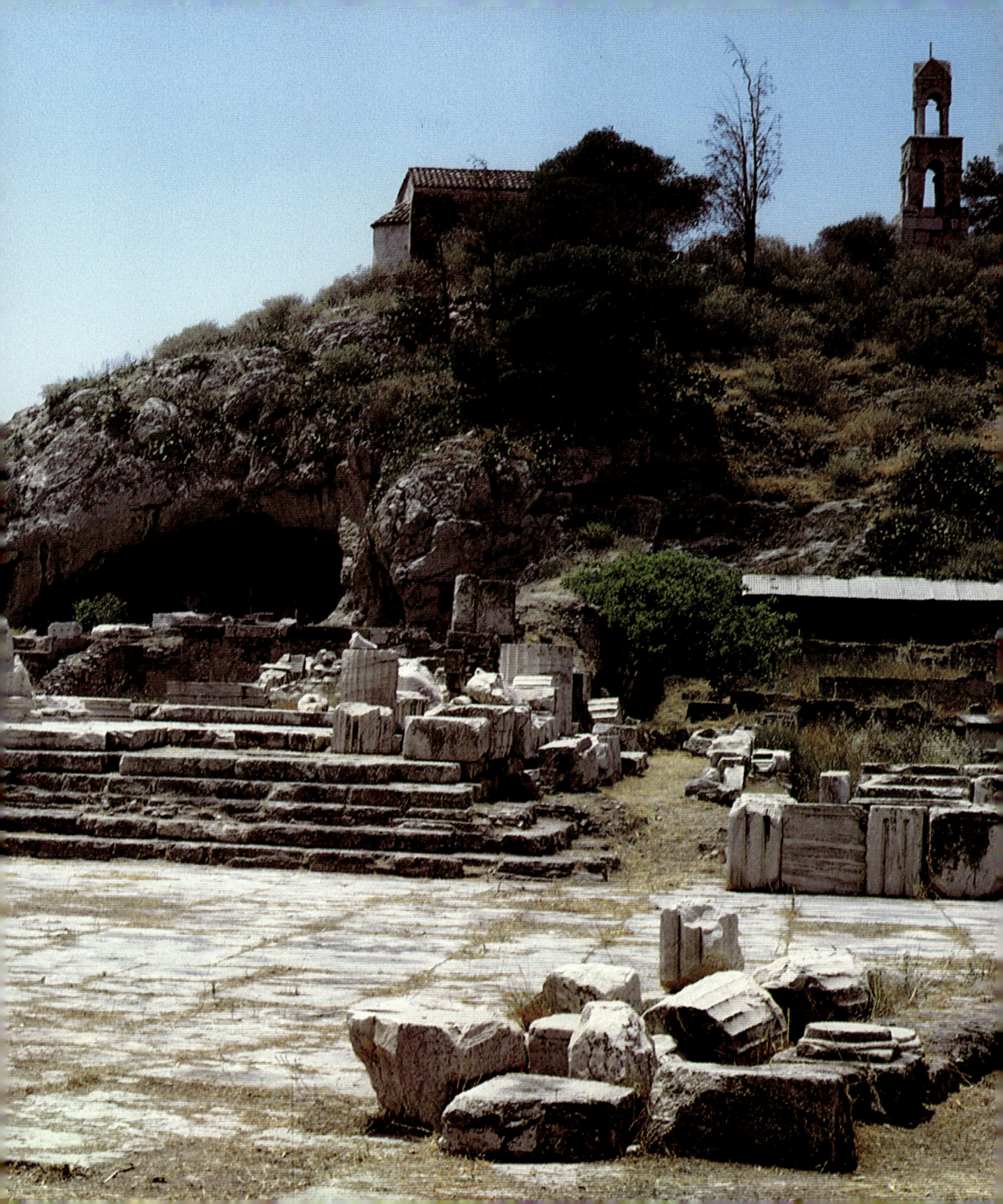

Im Altertum waren verschränkte Hände, Kornähren und Opiumkapseln das Zeichen für Einheit, Fruchtbarkeit und Nachkommenschaft. (Kupferstich eines antiken Siegels, 19. Jh.)

Seite 77: „Die Versuchung des heiligen Antonius" war in der frühen Neuzeit das ideale Bildmotiv, um die durch Mutterkornvergiftungen hervorgerufenen Halluzinationen darzustellen. (Holzschnitt von Lucas Cranach, um 1512.)

ungeweihte, ungereinigte Menge, die in Schlamm und Nebel unter seine Füße getreten wird ..."[13]

Was Plutarch hier beschreibt ist eine typische psychedelische Erfahrung, eine durch bewußtseinserweiternde Essenzen herbeigeführte kosmische Erleuchtung, die an die Erfahrung von Himmel und Hölle bei Aldous Huxley[14] erinnert.

Der Spruch, den jeder Myste nach der Feier sagen mußte, beweist die zentrale Bedeutung des Kykeon: „Ich fastete, ich trank den Kykeon, ich nahm aus der *kiste* [=Deckelkorb], ich werkte und legte dann zurück in den *kalathos* [=offener Korb zum Blumenpflücken] und aus dem *kalathos* in die *kiste*."[15]

Von allen Schamanen und Kräuterkundigen dieser Welt wird empfohlen, vor der Einnahme einer bewußt-

seinserweiternden Droge zu fasten und während der Wirkung an einem Ritual teilzunehmen.[16]

Das Rezept für den Kykeon stammte von der strahlengekrönten Demeter selbst: „Metaneira bot ihr [Demeter] einen Becher mit Wein an, süß wie Honig, doch sie lehnte ihn ab und erklärte, Wein wäre ein Sakrileg. Statt dessen bat sie, sie solle ihr Gerste und Wasser mit zarten Blättern von *glechon* zum Trinken vermischen. Metaneira machte den Trank und gab ihn der Göttin, wie diese erbeten hatte; und die große Deo nahm ihn entgegen zum Vorbild für das Mysterium ..."[17]

Es ist verständlich, daß Demeter, die Kornmutter, den Wein, den Trank des Vaters der Rebe, Dionysos, für ihre eigene Verehrung ablehnt und ein aus Getreide bereitetes Getränk bevorzugt.

Ein derartiges Getränk *muß* ein Bier gewesen sein. Gerste löst sich nicht in Wasser, es sei denn, sie ist in Malz verwandelt worden. Eine wässrige Malzlösung gerät aber aufgrund der in der Luft überall vorhandenen wilden Hefen sofort in Gärung, besonders wenn der Trank in einem warmen Klima aufbewahrt wird. Der aus Gerste (Korn) gewonnene Trunk enthält also die Seele der Demeter – ganz ähnlich, wie der Wein die Seele des Dionysos enthält.

Die *glechon* oder *blechon* genannte Minze (*Mentha pulegium*) ist eng mit der Pfefferminzpflanze verwandt. Ihr Duft ist noch intensiver, die Wirkung ihres ätherischen Öles noch stärker[18]. Die *blechon*-Minze galt zudem als eine Pflanze der Aphrodite und somit als Aphrodisiakum.[19] Sie verleiht dem Trunk den Duft der Göttin der Liebe.

Sehr wahrscheinlich war dem Kykeon auch Opium[20] zugesetzt. Demeter wird auf vielen antiken Darstellungen mit ihren Gaben an die Menschen, den Kornähren und den Opiumkapseln dargestellt. Sie hält beide Pflanzen so innig in einer Hand, daß die Darstellungen wie ein ikonographisches Rezept für den ihr geheiligten Trank erscheinen.

Würde der Kykeon lediglich aus Gerste und Minze bestehen, also ein recht normales Bier sein, wie kann es dann zu der mystischen Schau kommen, die in Eleusis so massenhaft erlebt wurde? Würde ein einfaches Bier die mystische Erfahrung auslösen können, müßten jeden

„Die Fähigkeit zu mystischem Erleben ist in jedem Menschen angelegt. Sie gehört zum Wesen der menschlichen Geistigkeit. Sie ist unabhängig vom äußeren, sozialen Stand des Individuums. Deswegen konnten sich in Eleusis Männer und Frauen, Freie und Sklaven einweihen lassen. Eleusis kann Vorbild sein. Eleusis-ähnliche Zentren könnten die vielen geistigen Strömungen unserer Zeit, die alle das gleiche Ziel haben, zusammenfassen und verstärken, das Ziel, durch einen Bewußtseinswandel im einzelnen Menschen die Voraussetzungen zu schaffen für eine bessere Welt ohne Krieg und ohne Umweltzerstörung, für eine Welt mit glücklicheren Menschen."[24]

Albert Hofmann

Abend Millionen von Biersäufern vor dem Fernseher die Erleuchtung erlangen.

Ein opiumversetztes Bier[21] ist als eleusinisches Einweihungsgetränk anzunehmen. Allerdings dürfte die zugesetzte Opiummenge nicht ausreichend gewesen sein, um innere Bilder und Visionen auszulösen. Opium ist nicht wasser-, wohl aber alkohollöslich. Deshalb mußte der Kykeon auch vergoren, d. h. alkoholhaltig sein, um das Opium zur Wirkung zu bringen. Da Bier selten mehr als 5% Alkohol enthält, kann nur recht wenig Opium im Kykeon gelöst gewesen sein, zu wenig Opium, um ekstatische Visionen zu schenken. Also muß noch ein anderer geheimer Zusatz im Kykeon gewesen sein, nämlich eine psychedelische Droge, die in geringer Konzentration und Dosierung eine mystische Erfahrung auslösen kann. Und diese psychedelische Droge war aller Wahrscheinlichkeit nach das Mutterkorn, das LSD-ähnliche Wirkstoffe enthält. Das Mutterkorn war, auch wenn es in den antiken Quellen nicht klar ausgesprochen wird, wie das Getreide selbst der Demeter, der Kornmutter, heilig. Es wächst auf vielen Getreiden und Wildgräsern und kommt besonders häufig auf dem Gras *Paspalum distichum*, das noch heute um die Ruinen von Eleusis herum weit verbreitet ist, vor. Möglich ist also, daß das Gerstenmalz mit Mutterkorn versetzt wurde, um so den Kykeon zu einer echten Einweihungsdroge zu machen.[22] Die wirksamen Alkaloide hätten den Gärprozeß überdauert und wären auch bei einem Lagerbier beständig geblieben.[23]

Mutterkorn

Das Mutterkorn – wie der Taumellolch – Tollkorn genannt, ist das Überwinterungsstadium (Sclerotium) eines auf Getreide und Wildgräsern schmarotzenden Pilzes (*Claviceps purpurea*). Die Mutterkörner bilden sich an den reifenden Ähren und wuchern aus ihnen zapfenförmig, schwarz bis dunkelviolett heraus.[1]

Das Mutterkorn hat wahrscheinlich seit mehr als viertausend Jahren einen Platz in der Volksmedizin. Die mittelalterlichen Hebammen, die noch heidnisches Wissen um die göttliche Kornmutter und ihre Mysterien hüteten, gaben den Niederkommenden drei – denn drei ist die Zahl der Frau – Mutterkörner zu essen oder zu trinken. Das Mutterkorn wirkte direkt auf den Mutterleib und löste die für die Geburt erforderlichen Wehen aus.[2]

Es gab aber auch durch das Mutterkornbrot ausgelöste Massenepidemien, die folgende Symptome hatten: Wahnvorstellungen von innerem Zerfressenwerden („Kribbelkrankheit"), Dämonenerscheinungen, panische Angst, Gangräne (Ergotismus), das Absterben von Gliedern am lebenden Leib. Diese Erscheinungen wurden als *Ignis sacer*, „heiliges Feuer", oder Antoniusfeuer bezeichnet. Der heilige Antonius, der wegen seiner Versuchungen berühmt gewordene Eremit der ägyptischen Wüste, wurde zum Schutzheiligen der vom heiligen Feuer Erfaßten. Die Ursache für diese Krankheit sah man in den Hexen, die seit dem Mittelalter überall in Europa gefürchtet wurden.[3] Dabei waren die als „Hexen" verschrienen Frauen die einzigen, die die Wirkungen des Mutterkorns kannten.

Möglicherweise hat es auch mutterkornverseuchtes Bier, also ein „Bier der Träume", gegeben. Immerhin erwähnen die Kräuterbücher der frühen Neuzeit häufig, daß niederträchtige Brauer ihr Bier mit Tollkorn aufgebessert hätten. Ob damit das Mutterkorn oder der ebenfalls Halluzinationen auslösende Taumellolch gemeint war, läßt sich nicht mehr entscheiden.

Bei seinen Experimenten mit dem Mutterkorn entdeckte Albert Hofmann 1938 das Lysergsäurediäthylamid, kurz LSD, eine chemische Variation eines Mutterkornalkaloids. Aber erst 1943, am 16. April im Zeichen des Widders, entdeckte er unerwartet die psychedelische Wirkung dieser einzigartigen Substanz. Niemals zuvor wurde eine Substanz gefunden, die in derart winziger Dosierung (10–100 Mikrogramm) eine so ungeheure Wirkung hatte, ohne toxische Effekte zu zeigen. Selbst die 10 000fache Überdosis ist noch nicht giftig![4]

Mutterkorn enthält drei Gruppen von Alkaloiden, eine davon hat psychedelische, bewußtseinserweiternde Wirkungen. Diese Stoffe sind identisch mit den Alkaloiden, die in der mexikanischen Zauberdroge Ololiuqui vorkommen. Die Samen der Ololiuqui-Ranke wurden von den Azteken in der Gynäkologie, zur Einleitung einer prophetischen Trance und auch zum Brauen von Maisbier und Pulque, vergorenem Agavensaft, verwendet.[5] Es ist durchaus möglich, daß in dem Kykeon, dem eleusinischen Einweihungstrunk, ein Mutterkorn enthalten war, das nur Wirkstoffe aus dieser Gruppe von Alkaloiden, z. B. das Ergonovin oder Lysergsäureamid, enthielt.[6]

Typisch für vorbereitete und bewußte Erfahrungen mit LSD sind mystische Erlebnisse, transpersonale Erkenntnisse, vertiefter Einblick in die eigene Psyche, Reisen in die Anderswelt und auf der Astralebene.[7] Der LSD-Rausch ist „ozeanische Erinnerung an Anfang und

Ende des Lebens. Er vereint uns mit ihm in all seinen Erscheinungsformen. Er ist Ekstase ohne Begrenzung. Er ist zeitloses Einssein mit sich selbst. Baden in der Wonne der Richtigkeit, in der es keine Limitierung gibt, keine Zweifel, keine Ängste."[8] Wer allerdings glaubt, LSD sei ein x-beliebiges Rauschmittel, gerade gut genug, sich vollzuknallen, der hat meist schlechte Erfahrungen, Horrortrips, Dämonenerscheinungen, panische Angst, psychotische Reaktionen. LSD ist keine Droge zum Zeitvertreib, sondern ein Instrument für denjenigen, der sich spirituell weiterentwickeln möchte.

Dr. Albert Hofmann, der mit mehreren Ehrendoktortiteln ausgezeichnete Vater des LSD, resümiert über seine bedeutendste Entdeckung: „Meditation ist Vorbereitung auf das gleiche Ziel, das in den eleusinischen Mysterien angestrebt und erreicht wurde. Es wäre denkbar, daß in Zukunft LSD vermehrt eingesetzt werden könnte, um eine die Meditation krönende Erleuchtung herbeizuführen. *In der Möglichkeit, die auf mystisches Erleben einer zugleich höheren und tieferen Wirklichkeit ausgerichtete Meditation von der stofflichen Seite her zu unterstützen, sehe ich die eigentliche Bedeutung von LSD. Eine solche Anwendung entspricht ganz dem Wesen und Wirkungscharakter von LSD als sakraler Droge.*"[9]

Oben, von links nach rechts:
Von allen Getreiden wird am häufigsten der Roggen vom Mutterkorn befallen.

Die Samen der mexikanischen Zauberpflanze Ololiuqui *(Turbina corymbosa)* enthalten Alkaloide, die mit den Wirkstoffen des Mutterkorns nahe verwandt sind. Sie erzeugen jedoch keine Vergiftungen, sondern Visionen; deshalb wurden die Samen von den Azteken als Gottheiten verehrt und von Schamanen zur Wahrsagerei eingenommen.

Die mit Mutterkorn *(Claviceps paspali)* befallenen Ähren des bei Eleusis häufig anzutreffenden Wildgrases *Paspalum distichum* wurden möglicherweise als berauschender Zusatz zum Einweihungstrank verwendet. Dieses Mutterkorn produziert psychedelische Alkaloide ohne toxische Wirkung.

Seite 78: Die schwarzen Kornzapfen in der Getreideähre sind das Überwinterungsstadium des auf Gräsern schmarotzenden Mutterkornpilzes *(Calviceps purpurea)*; sie können je nach Witterung toxische oder halluzinogene Alkaloide ausbilden.

Afrikanische Hirsebiere

Der Einfluß der altägyptischen Kultur reichte bereits in der Frühzeit bis ins Herz Afrikas hinein, als entlang des Nils ein reger Kultur- und Warenaustausch stattfand. Der ägyptische Gott Osiris lebt im Voodoo-Pantheon Nigerias unter dem Namen Cheke Usiri weiter.[1] Es ist wahrscheinlich, daß die heute weitverbreitete afrikanische Kunst, Bier zu brauen, ihren Ursprung im alten Nilland hat. So brauen die Fellachen und Nubier, die am oberen Nil zu Hause sind, nach altägyptischem Vorbild ihr hauseigenes Bier aus Gerstenmalz und ägyptischer Hirse, das sie *Beuze* oder *Buza* nennen. Bei ihnen hat dieses Bier vor allem den Charakter eines Volksgetränkes. Heutzutage gibt es am Blauen Nil eine Brauerei, die Bier nach europäischem Vorbild braut.

In Äthiopien, dem Land, das den Ägyptern die besten Alraunen lieferte, werden immer noch viele Hirse- und Honigbiere gebraut. Um den Trank bitter und berauschender zu machen, setzt man ihm die Blätter der Gescho-Pflanzen *(Rhamnus prinoides)* zu.[2] Die Äthiopier nennen diese vergorenen Getränke *Tetsch*. Mitunter setzen sie eine andere bittere, berauschende Pflanze namens Amdat hinzu. Dieses Bier wird für Rituale in Rindshörnern aufbewahrt, aus denen es auch getrunken wird; es soll sehr berauschend sein.[3] Leider konnte die Amdat-Pflanze bisher nicht botanisch identifiziert werden. Es könnte sich aber um eine Akazienart oder den afrikanischen Stechapfel *(Datura fastuosa)* handeln, der bei der Initiation von Mädchen und von sogenannten Kriminaltelepathen eingenommen wird, um Visionen und hellseherische Fähigkeiten zu erzeugen.[4]

In Äthiopien und im Sudan spricht man dem abessinischen *Dalla*-Bier zu: „Man kocht zu diesem Behufe dünne Brotkuchen, die in Wasser gebrockt werden; nach zwei Tagen wird gewöhnlich keimende Gerste (in Sudan Blätter von *Asclepias gigantea*) zugesetzt, um den Gärungsprozeß noch zu befördern."[5] Die Asklepias-Pflanze hat eine sehr aromatische Wurzel. Die alten Griechen tranken sie in Wein gelöst bei Leibschmerzen und Bissen giftiger Tiere.[6]

In weiten Teilen der afrikanischen Savanne, von Ost- bis Westafrika, beruhen die dort ansässigen Kulturen auf dem Anbau von verschiedenen Hirsearten, vor allem der roten Hirse *(Sorghum)* und der Kleinen Hirse *(Penisetum)*. Die Ernte wird meist gemeinschaftlich begangen. Als Auftakt wird Hirsebier getrunken, bis alle Anwesenden angeheitert sind. Zusammen wird dann unter Singen und Scherzen das Schneiden der Feldfrüchte begangen. Etwa die Hälfte der Ernte wird – ausschließlich von Frauen – zu einem meist nur schwach alkoholischen Hirsebier (2–4%) verbraut.

Das westafrikanische *Dolo*-Bier darf nur von Frauen gebraut, ausgeschenkt und verkauft werden. Die Hirse wird gemälzt, gedarrt, gemaischt und vergoren. Wenn das Malz (die gekeimte Hirse) in Wasser gekocht worden ist, wird die zerstoßene Rinde von *Grewia flavescens* und *Hibiscus esculentus* zugesetzt. Die Hefe stammt, wie bei den alten Babyloniern und Ägyptern, aus dem Bodensatz bereits gebrauchter Gärbottiche, Kalebassen oder Bierkrüge. Steht keine Hefe zur Verfügung, wird Bohnenmehl befeuchtet und der Gärung überlassen.[7] Dabei vermehrt sich eine wilde Hefe, die zur Bierbereitung geeignet ist.

Links: In Ghana wird noch heute Hirsebier nach alter Tradition gebraut. Es ist Aufgabe der Frau, das Bier zu bereiten (wie auf diesem Foto aus der Gegend von Navrongo zu sehen ist). In den runden Lehmspeichern wird das Getreide aufbewahrt.

Oben: Männer vom Stamm der Karamojo, die heute in Uganda leben, erfrischen sich mit hausgebrautem Maisbier. Das Brauen von Maisbier ist in Afrika recht neu, da der Mais aus Amerika stammt.

Seite 80: Gemeinschaftlich wird von Frauen in Kamerun die Spreu von der Hirse getrennt. Hirse ist in Afrika das bedeutendste traditionelle Getreide für die heimische Bierbrauerei.

Der gärenden Flüssigkeit setzt die Frau nun noch weitere, meist geheimgehaltene Zutaten zu, die aus dem *Dolo*-Bier ein eigenes Getränk, mit persönlichem Geschmack und individuell dosierter Rauschwirkung machen. Einige Zutaten konnten identifiziert werden: Akazienrinde von *Acacia campylacantha,* Früchte vom Balanos-Baum *(Balanites aegyptica)* und Samen vom Stechapfel *(Datura stramonium).*[8]

Die Akazie war ein heiliger Baum der alten Ägypter, ihre Blüten wurden zu Ehren des Sonnengottes Re geräuchert. In Nordafrika gilt ihr Holz als dämonenabwehrend. Sie steht nach antiker Überlieferung im Zeichen der Venus[9] und hat aphrodisische Kräfte. Das bittere, akaziengewürzte Bier – die Rinde enthält den Gerbstoff

Rechts: In Äthiopien und anderen afrikanischen Ländern war die Sitte, Akaziensamen ins Hirsebier zu geben, weit verbreitet. Die gerbstoffreiche Pflanze *(Acacia sp.)* hat das Bier bitterer und aromatischer gemacht. Über die Heilwirkungen der Akazien bei Augen-, Mund- und Rachenerkrankungen schrieben schon Theophrast, Dioskurides und Plinius.

Oben: Frauen vom Stamm der Dan (Liberia) zerstoßen Reis und Hirse direkt auf der Pflanzung, wo sich ein Großteil des Familien- und Soziallebens abspielt.

Seite 83, von links nach rechts:
Manche europäische Starkbiere sind zwar nach afrikanischen Tieren – Giraffe und Elefant – benannt, aber nicht nach afrikanischem Rezept gebraut.

Zunehmend werden die traditionellen altafrikanischen Hirsebiere mit ihren anregenden und berauschenden Ingredienzien von dem nach Deutschem Reinheitsgebot industriell gebrauten Hopfenbier verdrängt.

II. Egyptischer Schotendorn.
Acacia Dioscoridis.

Tannin in hoher Konzentration – gilt als dämonenvertreibend.[10] In Tumale, Zentral-Afrika, wäscht man die Kranken damit ab, um die Krankheitsdämonen aus ihnen zu verbannen.

Die Balanos-Früchte, die eine gewisse Ähnlichkeit mit Datteln haben, wurden in pharaonischer Zeit oft als Totengabe in das Grab gelegt. Die aromatischen Früchte liefern ein duftendes Öl, das in der altägyptischen Kosmetik Verwendung fand und Bestandteil der berühmten mendesischen Salbe war, die Frauen unwiderstehlich machen konnte.[11] Vielleicht will die afrikanische Brauerin mit diesem Duft die Männer betören und unter den Bann eines Liebeszaubers stellen.

Die Samen vom Stechapfel haben allerdings eine sehr starke Wirkung, wenn sie ins Bier gebracht werden. Sie erzeugen Halluzinationen und erregen erotische Raserei. Der Gebrauch von Stechapfel zur Aufbesserung des Bieres ist auch in anderen Teilen Afrikas, z. B. in Tanganjika[12], in Asien, Europa, Mittel- und Südamerika nachzuweisen. Mit dem Stechapfelbier werden oft Liebesabenteuer begangen, denn es wirkt als ein mächtiges Aphrodisiakum. Es wird auch einem Hochzeitspaar gegeben, um für die Hochzeitsnacht Freude und Lust zu garantieren.

Manchmal wird das *Dolo*-Bier auch mit Honig zusammen vergoren, was einen Alkoholgehalt von acht bis zehn

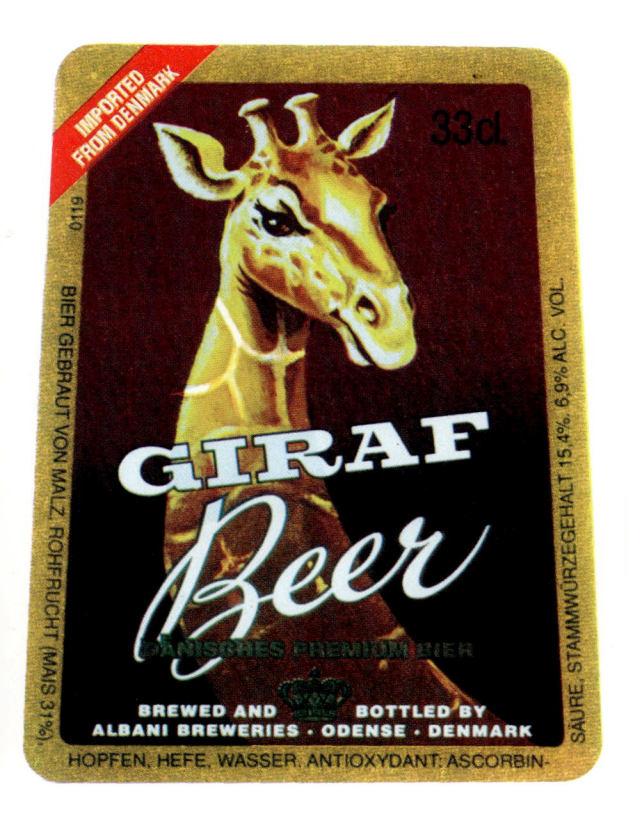

Prozent ergibt.¹³ Dieses Honigbier wird meist bei Totenfeiern und während der Trauerzeit getrunken. Man opfert es auch regelmäßig den durstigen Ahnen. Aber das gewöhnliche *Dolo*-Bier wird täglich genossen. Man sagt, es gibt kein besseres Frühstück als eine Kalebasse voll *Dolo*: „*Dolo* gibt Kraft und Mut und bringt Lebensfreude."¹⁴ Einmal pro Woche gibt es einen Ruhe- oder *Dolo*-Tag.

Wie es dazu gekommen ist, berichtet folgende Geschichte: „Früher war der Freitag von den anderen Tagen nicht unterschieden, und die Bwa [westafrikanischer Stamm] arbeiteten an diesem Tage. Die Frauen empfanden Mitleid mit ihren Männern, die jeden Tag mühsam auf ihren Feldern arbeiteten. Sie baten die alte Hamiina um Rat, die ihnen versprach, eine Lösung zu finden. In der nächsten Nacht sah Hamiina, die Witwe war, ihren Mann im Traum. Er offenbarte ihr, wie man *dolo* herstellt und sagte ihr, daß die Männer des Dorfes *dolo* trinken sollten. An einem Freitag gab es zum erstenmal *dolo*. Die Männer vergaßen an diesem Tag, auf die Felder zu gehen. Der Rat des Dorfes fragte den Wahrsager nach der Bedeutung dieses erstaunlichen Ereignisses. Ihnen wurde geantwortet, die Ahnen verlangten, daß der Freitag zu einem Tag der Ruhe und Feierlichkeiten würde und daß es an diesem Tage in jeder Familie *dolo* geben solle."¹⁵

Aber Hirsebiere dienten nicht nur dem Liebeszauber, der Ahnenverehrung und gemeinschaftlichen Vergnügungen, mit ihnen wurde auch schwarze Magie betrieben. Die Azande, die wegen ihrer Zaubereien, Hexereien und grausamen Orakel bekannt sind, haben noch in den zwanziger Jahren dieses Jahrhunderts mit Hirsebier einen Todeszauber geübt: „Heutzutage sollen angeblich die Haare des Ameisenbären zum Töten von Menschen verwendet werden. Nachdem ein Spruch über sie gesprochen wurde, werden sie in das Bier eines Menschen getan, um ihn zu töten. Sie verursachen, daß sein Hals und seine Zunge schwellen, und gibt man ihm kein Gegenmittel ein, wird er unverzüglich sterben."¹⁶

Auch im Betschuanaland werden Zaubermittel oder magische Medizinen in das Bier gegeben: „Diese Substanzen verwandeln sich im Bauch des Opfers in winzige Krokodile oder in Löwen und nagen an den Gedärmen, bis es stirbt. Sie verwandeln sich in ein unverdauliches Stück Fleisch oder in ein Objekt, das krank macht."¹⁷

Den erforderlichen Gegenzauber muß man für teures Geld von einem Doktor oder Fetisch-Priester erwerben. Oft wird der Todeszauber auch durch ein Versöhnungsritual (Kreisritual) gelöst, bei dem die Anwesenden beider Parteien ein Gastmahl veranstalten, die Speisen teilen und sich gemeinsam mit reichlich fließendem Hirsebier betrinken.¹⁸

„Überall, dort ist der Yeti ..."
Ein Sherpa[1]

Oben: Der geheimnisvolle Yeti oder „abscheuliche Schneemensch" wird von einem Sherpa, einem Bergbewohner des Himalaya, verfolgt. (Zeitgenössische Darstellung aus Nepal.)

Rechts: Vor dem Hauptgebäude der Königlichen Fluggesellschaft von Nepal in Kathmandu steht eine riesige Bronzestatue eines bierservierenden Yeti, der den Fluggästen den Service an Bord demonstriert.

Seite 85: Nepal gilt als das Land des Yeti. Viele nepalesische Sagen berichten von dem mysteriösen Wesen und seinem unerschöpflichen Bierdurst. Manchmal vergreift er sich nicht nur am Bier, sondern auch an Torten. (Postkarte aus Nepal.)

Chhang, das Lieblingsgesöff der Yetis

Zuerst tauchten die Männer des Himalaya, auch „Abscheuliche Schneemenschen" genannt, in einem medizinischen Buch aus dem 18. Jahrhundert auf. Der Text war auf Mongolisch, Tibetisch und Chinesisch verfaßt und mit Illustrationen versehen. Das Buch blieb als Holzblockdruck erhalten.[2] In der Tafel über den medizinischen Gebrauch von Säugetieren wird ein Wilder Mann, tibetisch *mi rgod* (ausgesprochen mi-kö), als Verwandter des Rotbären beschrieben: „Der Wilde Mann ist ein Wesen aus der Familie der Bären, das in der Nähe der Berge lebt und einem Mann ähnlich sieht. Es hat sehr große Kraft. Sein Fleisch ist ein gutes Mittel gegen böse Geister, die Krankheiten verursachen."

Dieser am ganzen Körper behaarte Mann soll in den höchsten und abgelegensten Zonen des Himalaya, fernab aller Kultur, ohne Feuer und Werkzeuge hausen.

Alle Himalayavölker kennen Geschichten von solchen Wilden Männern, die viele Namen tragen. Die Hunza nennen sie *Mitu*; das Wort heißt eigentlich „männlicher Gehilfe der Hexe". Die Sherpa, das Volk um den Mt. Everest, kennen drei Arten, die sich in Größe, Aussehen und Verhalten unterscheiden. Die größte Art wird *rakshibönpa*, „Schnaps-Schamane", genannt. Die mittelgroße Art heißt *Miti*; aus diesem Namen hat sich vermutlich das nepalesische, heute weltweit benutzte Wort Yeti gebildet. Viele sensationslüsterne Bergsteiger und Journalisten aus dem Westen haben bisher den Yeti gesucht – bislang immer erfolglos.[3] Die wilden Menschen des Himalaya wollen sich offensichtlich nicht domestizieren lassen.

Warum die Mitis oder Yetis, die Wilden Menschen, so selten zu sehen sind, erklärt eine Sherpa-Geschichte: „Einst beobachteten die Mitis ein Biergelage der Sherpas. Da sich diese von den Schneemenschen beobachtet fühlten, nahmen sie Stöcke und taten so, als schlügen sie aufeinander ein. Heimlich tauschten sie die Stöcke gegen messerscharfe Schwerter aus, ließen von ihren Frauen noch ein paar Bierfässer anrollen und versteckten sich. Die Mitis stürzten sich sofort auf das betäubende *chhang*-Bier. Schnell waren sie berauscht. Jetzt wollten sie sich mit den Stöcken verprügeln, denn so hatten sie es ja zuvor gesehen. Sie nahmen aber die Schwerter und metzelten sich gegenseitig nieder. Seit der Zeit soll es nur noch sehr wenige Mitis geben, die verständlicherweise um die Menschen große Bögen schlagen."[4]

Den Yeti scheint es nur im Mythos, in der Legende und in den wahren Halluzinationen zu geben. Aber sein Lieblingsgetränk existiert auch in unserer Wirklichkeit, und es hat eine lange und alte Geschichte.

Das Chhang-Bier hat seine Vorläufer im alten China, wo bereits im Neolithikum ein Hirsebier gebraut wurde, dessen Brauart der heutigen tibetisch-nepalesischen sehr ähnlich ist.[5] Die alten Chinesen haben schon immer diverse Alkoholika nach Tibet exportiert. Die heute überall im Himalaya praktizierte Destillation haben die Tibeter von den taoistischen Alchemisten gelernt.

Die alkoholischen Getränke hatten in Zentralasien vorwiegend kultische Bedeutung. In einer altchinesischen Hymne heißt es:

„Reich war die Ernte
An Hirse und Reis
Hoch sind die Speicher,
Fassen tausend Garben.
Wir brauchen Rauschtrank und Branntwein
Für den Ahnherrn, die Ahnfrau,
Für hundert Opferriten.
So wird uns Segen zuteil."[6]

Die Newari sind das kulturschaffende Volk im Kathmandu-Tal. Sie haben bis heute den Brauch bewahrt, für große Familienfeste eigenes Reisbier, *thoo* genannt, zu brauen. Die Methode ist recht einfach: Zuerst wird Reis gekocht und mit einer *Chhang*-Tablette, die aus Weizenmehl, Reisstärke, Hefe und verschiedenen Kräutern *(Artemisia, Delphinium, Tribulus)* besteht, versetzt. Das Gekochte wird in einen Tonkrug gegeben; der wird abgedeckt, mit Decken umhüllt und an einem warmen Ort aufbewahrt. Der feuchte Reis geht innerhalb weniger Tage in Gärung über. Diese vergorene Masse wird in ein Sieb gelegt und damit unter Wasser gehalten. Die lösbaren Bestandteile gehen schnell in das Wasser über, fertig ist das Bier! Es muß zuerst den Göttern geopfert werden, bevor es die Menschen trinken dürfen. Es ist nur schwach alkoholisch und hat einen leicht säuerlichen, aber doch süßen Geschmack.

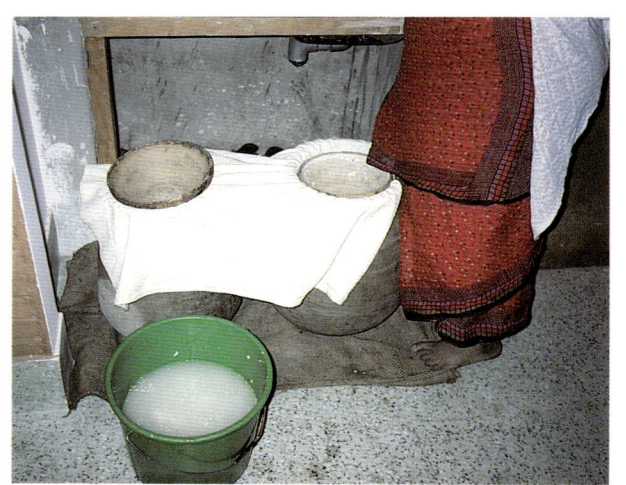

Seite 87: Sherpas aus dem Arun-Tal (Nepal) trinken – ähnlich wie die Sumerer vor über 5000 Jahren – mit einem Saugrohr Chhang-Bier aus dem *thongba* (= tumba) genannten Holzkrug. Der Holzkrug enthält angegorene Hirse *(dushi)*, über die heißes Wasser gegossen wird. Das Bier gärt während des Trinkens. Dieselbe Hirse kann mehrfach aufgegossen werden. Die verbrauchte Hirse dient dann als Viehfutter.

*„Lächelnd, liebäugelnd und lebhaft zogen die jungen Frauen hinfort ins Feld,
nicht ermüdet von dem Weg …
so beginnen wir glücklich unsere Arbeit."*
Reis-Lied der Newari (Nepal)

Die Herstellung und der Genuß des Chhang-Bieres haben sich in allen tibetischen Gebieten und im Tal von Kathmandu in Nepal bis auf den heutigen Tag erhalten und seit fünftausend Jahren kaum verändert.

Die Herstellung des frischen Chhang – nach tibetischer Methode – geschieht wie folgt: „Man kocht Gerste und Hirse und trocknet sie dann teilweise an der Luft. Gesalzen und mit Tchoug Tsi (getrockneter Hefe) vermischt wird das Ganze zu einem Klumpen geformt und der Gärung überlassen. Manchmal fügt man der Hefe Pfefferpuder bei. Nun gibt man etwas vom gegorenen Korn in ein längliches, schmales Holzgefäß, das zumeist aus dickem Bambus besteht und gelegentlich kupferne oder silberne Reife oder andere Verzierungen trägt. Dann gießt man heißes Wasser über das Korn. Die Feinschmecker fügen noch Zucker hinzu. Nach kurzer Zeit ist das Bier fertig. Es wird nicht wie der Tee direkt aus Schalen getrunken, sondern in lauwarmem Zustand durch ein Rohr eingesogen."[7]

Das Chhang-Bier ist also kein Lagerbier, sondern wird erst kurz vor dem Genuß gebraut. Es wird auch nicht gefiltert. Da es gewöhnlich eine große feste Schaumkrone trägt, muß man es mit einem Strohhalm – ganz ähnlich wie im alten Babylon – trinken.

Meist wird Chhang aus verschiedenen Hirsearten (*Cicer arietinum, Eleusine coracana, Setaria italica*), aber auch aus anderen Getreiden, besonders aus Gerste und Weizen, gebraut. Hirse, Gerste und Weizen gehören zusammen mit Bohnen und Erbsen, die eigentlich Hülsenfrüchte sind, zu den heiligen „Fünf Getreiden". Körner der „Fünf Getreide" werden als Opfer dargebracht und zum Weihen heiliger Statuen gebraucht.[8] In Tibet wird immer das Getreide zum Bierbrauen benutzt, wovon am meisten vorrätig ist, daher gibt es auch andere alkoholische Getränke in Tibet: Roggenbier, Gerstenbier, Senchhang (Maisbier), Balu (Reisbier und Reiswein), Sirupbier aus Zuckerrohr, Honigwein (Met), Blumenweine aus Holunder oder Waldmeister, Baumrindenwein.[9] Doch Chhang aus Hirse und Gerste wird bevorzugt. Dem Chhang-Bier werden vor der Gärung oft Gewürze, wie Pfeffer, Khenpa (*Artemisia sp.*) und Salz zugesetzt. Dem fertigen Trunk fügt man aber neben Zucker auch Honig und Butter zu.

Chhang-Bier spielt im Leben der Tibeter, der Sherpas und anderer Himalayavölker eine zentrale Rolle. Es ist außer dem gesalzenen und gewürzten Buttertee das wichtigste Getränk des Hochlandes, das täglich genossen, aber besonders bei Festen, Verlöbnissen, Hochzeiten, Besuchen von Freunden und Verwandten und bei Ritualen gemeinschaftlich getrunken wird. Gästen serviert man neben dem Buttertee meist einen Krug frisch gebrautes Bier, wobei der Gastgeber darauf achtet, daß der Krug stets gefüllt bleibt. Lange bevor der Krug leer ist, wird nachgeschenkt.[10] Aus Höflichkeit muß sich der Gast dann vollaufen lassen.

Zwar ist Chhang, besonders das frisch gebraute, nur schwach alkoholisch (1–2%), jedoch kann es bei entsprechender Menge stark zu Kopfe steigen, aber es ist fast unmöglich, sich mit Chhang zu besaufen.

Beim tibetischen Neujahrsfest, das nach dem Mondkalender festgelegt wird und meist in die Zeit von Ende

Rechts: Blick in ein nepalesisches Hirsefeld bei Tatopani. In Nepal gibt es zahlreiche Gras- und Getreidearten, die zur Bierbereitung verwendet werden können.

Oben: Im Kali-Gandaki-Gebiet (Nepal) wird die im Herbst geerntete Hirse oft auf dem Hausdach zum Trocknen ausgelegt. So wird sie für den Winter haltbar gemacht.

Rechts: Die Rispenhirse *(Panicum miliaceum)* ist in Nepal ein wichtiges Getreide. Aus den Körnern wird in erster Linie Chhang-Bier gebraut.

Seite 89: Die Hirseernte (bei Hile/Nepal) ist immer noch Sache der Frau. Auch die Bierbereitung wird hauptsächlich von Frauen betrieben.

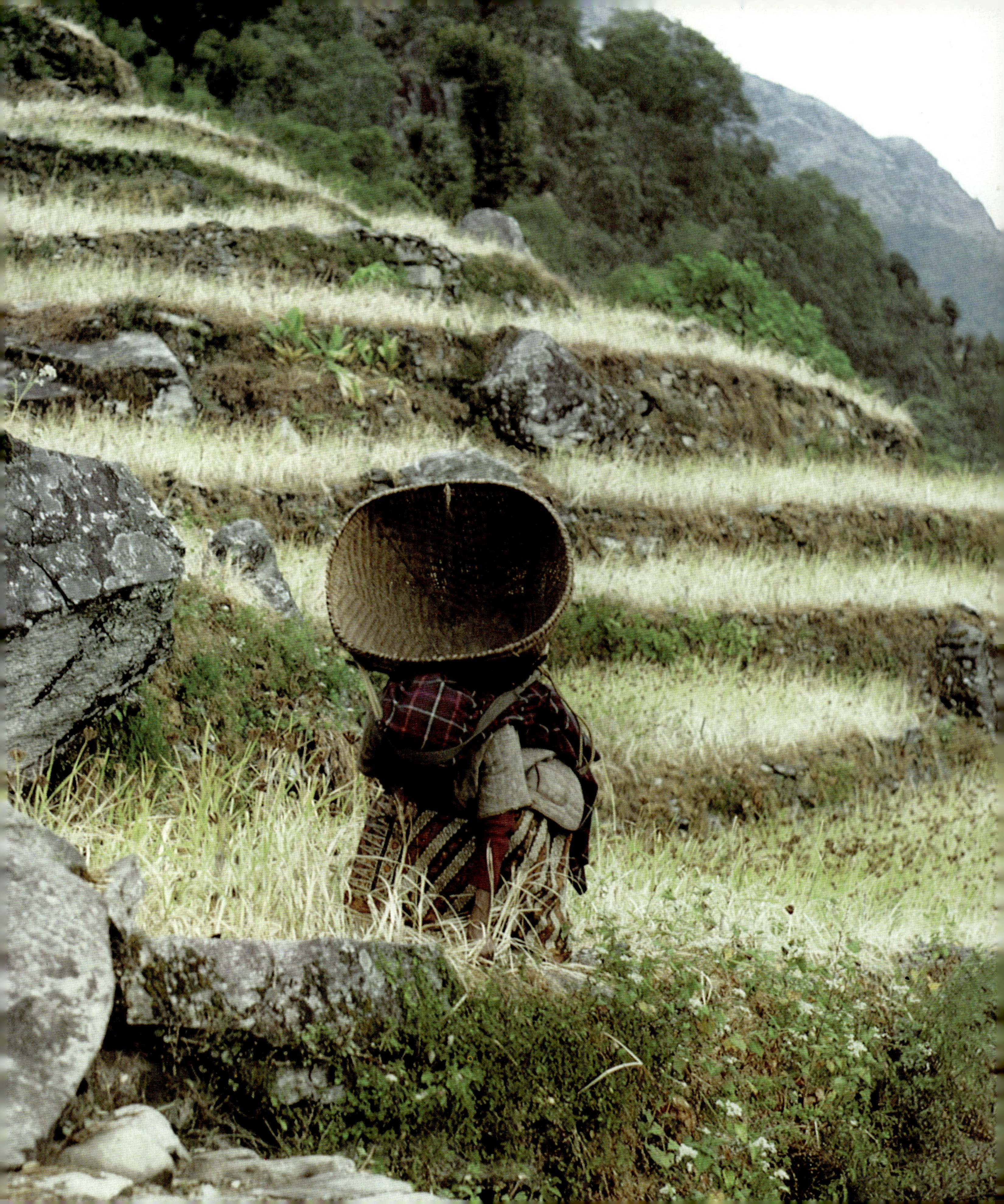

Rechts: Ein tibetischer Mönch hilft beim Aufstellen der großen Gebetsfahnenstange, mit der das neue Jahr begrüßt wird.

Oben: Zum tibetischen Neujahrsfest, das im Frühjahr stattfindet, wird nicht nur frisches Bier gebraut, es werden auch besondere Backwaren für diesen wichtigen Anlaß hergestellt.

Januar bis Anfang März fällt, fließt reichlich Chhang-Bier. Am Vormittag werden Freunde und Verwandte besucht, überall erhält man von der Frau des Hauses, denn sie allein darf Chhang brauen, einen gut gefüllten Krug, dazu noch Buttertee und Krapfen. Hat man die Runde durch das Dorf gemacht, taumelt man weiter zu den öffentlichen Ritualen, hilft mit beim Aufpflanzen des symbolischen Weltenbaumes, der stark an unseren Maibaum erinnert, und tanzt die traditionellen Tänze.[11]

Das Chhang-Bier ist aber auch bei den esoterischen Ritualen der Tibeter und verwandter Völker von großer Bedeutung, für die es nach Geheimrezepten, die in den abgelegenen Klöstern gehütet werden, gebraut wird. Der Gärstoff ist Hirse – weitere Ingredienzien, „bittere Medizinwurzeln", werden zugegeben, über genauere Angaben schweigen die Quellen.[12]

Chi ist ein dem Chhang verwandtes Getränk: „Chi wird von der kleinen Hirse bereitet. Die gut durchgereif-ten Körner werden drei Tage in der Sonne getrocknet. Dann werden sie in einen Kochtopf getan, der mit einer Bambusmatte abgedeckt ist. Darüber wird ein größeres Gefäß gestülpt. Nach dem Kochen wird das Ferment zugesetzt, und die Vergärung beginnt. Diesen Gärungs-prozeß setzen sie mehrere Tage der Sonne aus, damit der Alkoholgehalt stärker wird. Am Schluß nun werden die Körner ausgepreßt, so daß man ein Chi-Gebräu erhält."[13]

Dieser bierartige Rauschtrank wird bei gewissen, ebenfalls geheimgehaltenen Klosterzeremonien als Trank-opfer verwendet und ist unter zwei tibetischen Namen bekannt. Der eine lautet *bdud rtzi*, wörtlich übersetzt „Teufels-Saft", aber mit der übertragenen Bedeutung „Nektar/Ambrosia"; der andere heißt *ho ma byed pa*, wörtlich „Brandopfer".[14] Der erste Name deutet darauf hin, daß man mit diesem Trank in die Welt der Teufel oder Dämonen, wobei für die Tibeter Dämonen auch Götter sind, reisen kann. Der zweite Name ist eine tibetisierte

„Damals brachte diesen reichlichen hellsehenden [Soma]-Tropfen der ausgesandte Vogel, der Falke, zum Opfer."
Rig Veda, X, 11: 4.

Form des parsischen Wortes Haoma, dem heftig berauschenden Opfertrank des Zarathustra, der beim Feuer-, Brand- und Stieropfer gemeinschaftlich getrunken wurde.[15] Dadurch gehört dieses Hiersebier in die Tradition des indogermanischen Göttertrankes, speziell aber in die Tradition des arischen Soma-Trankes, der in den ältesten Schriften Indiens so ausführlich besungen und gepriesen worden ist. Im südlichen Himalaya ist ein Mythos vom Ursprung des Göttertrankes aufgefunden worden: „Dieser Rauschtrank [Chi] ist nach der Überlieferung der Ronga (Lepcha) himmlischen Ursprungs. Vor allem wurde das Ferment für die Gärung aus einem jenseitigen Lande durch einen eigenen Boten auf listige Weise zu den Menschen gebracht ... Der Rauschtrank hat eine doppelte Wirkung: als die Schlange Chi trank, wurde sie verrückt; für Schlangen und Dämonen ist Chi ein Gift, für die Gottheit jedoch eine Labung. Die Götter werden durch das Chi-Opfer, d.h. durch den Genuß des Rauschtrankes, besänftigt. Als z.B. Gott in seinem Zorn die große Flut kommen ließ, die alle Menschen zu vernichten drohte, brachten die überlebenden das Chi-Opfer dar; Gott wurde besänftigt und ließ die Fluten ablaufen."[16]

Dieser Rauschtrank wird bei verschiedenen kleineren Opferzeremonien auf Altäre gestellt oder ins Feuer gegossen. Bei den heute weitgehend verschwundenen blutigen Stieropfern, die dazu führen sollten, für einen Augenblick an der Unsterblichkeit und Unendlichkeit des Weltalls teilzuhaben, war der Rauschtrank von größter Bedeutung: „Die Opferer gebrauchen den Trank, um sich in Ekstase zu versetzen. Dann führen sie ihre Tänze auf oder ihre Seelen gehen auf Wanderung durch das Weltall. Die Opferer tragen jedoch keine Masken oder sonstige besondere rituelle Kleidung."[17]

Die klösterlichen und häuslichen Chhang-Biere haben auch Einzug in die tibetische Medizin gefunden. Stark gebrautes und mit Butter vermischtes Reisbier wird den Frauen im Kindbett als Stärkungsmittel eingeflößt.[18] Gesalzen und gewürzt trinkt man es als Tonikum. Das Bier wird auch als Lösungsmittel für Medizinen oder einfach zum Hinunterspülen magischer Pulver verwendet. Das mit einer Artemisia bereitete aromatische Bier

Auch in dem noch mittelalterlich wirkenden Nepal setzt sich heutzutage das nach deutscher Brauart bereitete Hopfenbier als Erfrischungsgetränk durch. Dennoch verdrängt es nicht die einheimischen, selbstgebrauten und kostengünstigen Hirse- und Reisbiere.

hat tonisierende und magenstärkende Eigenschaften, es kann aber auch stärker berauschen als gewöhnlicher Chhang. Die Artemisia ist eine der heiligen Pflanzen des Gottes Shiva, der in weiten Teilen des Himalaya, auch in den tibetischsprachigen, als Ur-Schamane und Heiler hoch verehrt wird.[19]

Bei den Sherpa ist die ungelöste Maische, also das weichgekochte, zerstampfte und mit Hefe (*Pap*) verknetete Korn, magisch aufgeladen. Die Bierbrauerin formt aus dem Teig eine kleine Pyramide. Auf deren Spitze wird ein Stückchen glühende Holzkohle gelegt, durch das böse Geister, Krankheitsdämonen und Yetis, die schon nach dem neuen Bier dürsten, vertrieben werden sollen.[20]

Die Soma-Pflanze wurde von Gordon Wasson als Fliegenpilz gedeutet. Da der Fliegenpilz im Himalaya nicht vorkommt, ist es wahrscheinlicher, daß es sich um dort wachsende psilocybinhaltige Pilze handelte.

Links: Im Kathmandu-Tal wachsen visionenerzeugende Spitzkegelige Kahlköpfe *(Psilocybe semilanceata),* die *djunguli chyau,* „wilde Pilze", genannt werden.

Rechts: Der psychedelisch wirksame Zauberpilz *Stropharia cubensis* gedeiht auf Kuhdung und ist im Himalayaraum weit verbreitet. Vielleicht sind die Kühe heilig, weil sie den Nährboden für diese Zauberpilze liefern.

Seite 93: Ausschnitt eines tibetischen *Thankas* (Rollbild) mit medizinischen Pflanzen, die mitunter berauschende Wirkungen haben.

*„Von dem süßen Krafttrunk habe ich genossen als Wohlweiser von dem gut dargebrachten, trefflich freien Raum verschaffenden, zu dem alle Götter sowie die Sterblichen, ihn Honig nennend, hinstreben.
Mögest du ins Innere gehen und zur Unendlichkeit des Himmels werden, abwendend die göttliche Flammenspitze. O Tropfen, du mögest dich freuen an des Indra Freundschaft; bring uns wie eine gehorsame Stute vorwärts zum Reichtum!
Wir haben Soma getrunken, unsterblich sind wir geworden, gekommen sind wir zum Licht, aufgefunden haben wir die Götter. Was könnte uns jetzt noch Mißgunst antun, was, o Unsterblicher, die List eines Sterblichen?
Sei uns, getrunken, Segen im Herzen, o Tropfen, freundlich, o Soma, wie der Vater zum Sohn, wie der Freund zum Freunde als weithin herrschender Weiser. Unsere Lebenskraft verlängere zum vollen Leben, o Soma!"*

Rig Veda, VIII, 48: 1–4.

Was war Soma?

Die in prähistorischer Zeit in das Industal strömenden Arier brachten einen Kult mit, in dem ein Unsterblichkeitstrank die zentrale Rolle spielte. Bei den Parsen hieß er Haoma. Die Arier nannten ihn Soma. Aber mit Soma wurden auch ein Gott und die Pflanze, die der aktive Bestandteil dieses Elixiers ist, bezeichnet.[1] Die indischen Arier hinterließen eine Reihe von religiösen Schriften, die Gesänge, Hymnen, Mythen, Zaubersprüche und allgemeine Lebensweisheiten enthielten. Diese Schriften sind unter dem Sammelbegriff Veden in die indische Literatur- und Philosophiegeschichte eingegangen. Noch heute gehört es in Indien zu den Pflichten eines Brahmanen, sich gut in den Veden auszukennen.[2]

Die Soma-Pflanze konnte nur in den nahegelegenen Gebirgen, dem Pamir, Hindukusch und Himalaya, gefunden werden. Die Arier sammelten sie aber nicht selbst, sondern erhielten sie durch Tausch von den Kirata, einem Volk, das wahrscheinlich zu den Ahnen der heutigen Tibeter gehörte.[3] Aus dieser heiligen Pflanze preßten sie einen Saft, den sie mit Milch, Getreidemalz oder -mehl, Früchten (Feigen) und Honig ansetzten. Dieses Gebräu vergor wahrscheinlich zu einem bier- oder kumyßartigen Getränk. Kumyß ist ein bierähnliches Ge-

*"Wie die Götter im Himmel den Soma-Regen zum Heile der Welt bereiten,
so bereitet man in der heiligen Handlung den Unsterblichkeitstrank,
der den Regen der Lebensquelle bedeutet, um des Segens des göttlichen Uropfers teilhaftig zu werden
und sich dessen zu versichern."*
H. Lommel[14]

tränk aus vergorener Milch, Getreide oder Malz, Wasser und Gewürzen, ein typisches Getränk zentralasiatischer Hirtennomaden. In der Antike war Kumyß ein beliebtes Getränk der Tibeter.[5] Im Hindukusch wird noch heute ein Kumyß, *Bokar* genannt, aus granuliertem getrockneten Fliegenpilz (*Amanita muscaria*), Blütenkelchen vom Bilsenkraut (*Hyoscyamus niger*), Bergspringkraut (*Impatiens noli tangere*) und übersäuerter Ziegenkäselake gebraut.[6] Sicherlich ein starker Trunk!

Aus den Veden läßt sich folgende Soma-Bereitung rekonstruieren: "Die Somapflanze wurde in einem primitiven Verfahren auf einer Steinplatte mittels eines Steines zerrieben; später in einem Steinmörser zerstampft. Dann wurde der Saft ausgepreßt, der von brauner, rötlicher oder grüner Farbe war. Man ließ diesen durch ein Sieb von Schafwolle ... laufen, um ihn zu reinigen. Dabei stimmten drei Priestersänger einen Gesang an. Man mischte diesen Saft oft mit Wasser, Milch oder Sauer-

Links: Somalata, „Soma-Pflanze" oder „Mond-Pflanze", heißt in Nepal das in den Höhen des Himalaya gedeihende Kraut *Ephedra gerardiana*. Die Stengel enthalten das stark stimulierende Ephedrin.

Oben: Das vom Soma-Import international vertriebene *Bombay Pilsener* ist natürlich nach dem Deutschen Reinheitsgebot gebraut. Nur der Name erinnert noch an die Zeit des berauschenden Göttertunkes.

milch. Dann wurde er in verschiedenen Gefäßen hin und her gegossen. Durch all diese Manipulationen wurde wohl die Gärung des Saftes bewirkt, so daß Alkohol entstand."[7]

Gelegentlich wurde der Soma-Preßsaft mit Gerstenmehl verknetet und dann mit Wasser, Milch und Birkensaft vermischt.[8] Demnach wäre das fertige Getränk ein Kumyß-Bier gewesen. Nach Angaben der *Satapatha Brahmana* wurde Soma bei bestimmten Ritualen mit Sura, einem Gersten- oder Reisbier vermischt. Dieser Trank sollte die Freude von Soma mit der Freude vom Bier vereinen. Aus Soma und Sura wurde auch ein Schnaps destilliert.[9]

Leider ist das Wissen um die botanische Identität der echten Soma-Pflanze verlorengegangen. In postvedischer Zeit blieb das archaische Soma-Ritual als dörfliches Trankopfer erhalten.[10] Bei diesen Ritualen wurde ein Trank aus Gerste, Wasser und Milch mit dem Zusatz von Hanf, Meerträubel[11], Zitronellgras, verschiedenen Gräsern oder Früchten bereitet. Mit Ausnahme von Hanf hat keiner dieser Zusätze die in den Veden beschriebenen Wirkungen.[12] Selbst der Hanf hat nicht genug Kraft, die Seele zum Himmel zu tragen. Viele Historiker, Botaniker und Ethnobotaniker haben sich mit der Identifizierung der echten Soma-Pflanze beschäftigt. Aber alle Kandidaten (siehe Tabelle rechts) außer den Zauberpilzen halten nicht, was die Veden versprechen. Sollte Soma also ein bierartiges Getränk mit dem Saft ausgepreßter Zauberpilze gewesen sein?

Soma-Kandidaten und Ersatzstoffe

(Nach Hartwich 1911, Khlopin 1980, Majupuria & Joshi 1988, Müller-Ebeling & Rätsch 1986, Rätsch 1988, Wasson 1972)
? = unbekannt; chemisch nicht aufgeklärt

Pflanze	Wirkstoff(e)	Wirkung(en)
Alraune (Mandragora turcomanica)	Tropan-Alkaloide	sedativ, hypnotisch, erregend
Arjunnâni (Andropogon sp.)	ätherisches Öl	anregend
Fliegenpilz (Amanita muscacaria)	Ibotensäure Muscimol	synästhetisch narkotisch
Hanf (Cannabis indica)	THC	euphorisierend stimulierend
Hyssop (Bacopa monnieri)	?	?
Meerträubel (Ephedra gerardiana)	Ephedrin Pseudoephedrin	zentral anregend, blutdrucksteigernd
Negundobaum (Indrasura) (Vitex negundo)	ätherisches Öl	(anaphrodisisch) fiebersenkend
Pûtîkâ (Basella cordifolia)	Milchsaft	?
Raute (Rute graveolens)	ätherisches Öl Alkaloide Harmalin	sedierend abortativ MAO-hemmend
Schachtelhalm (Equisetum sp.)	?	(tonisierend)
Somalata (Sarcostemma acidum Periploca aphyla Calotropis gigantea Caesalpinia bonduc)	Milchsaft (Latex) Milchsaft Milchsaft ?	durststillend toxisch (?) brechreizanregend fiebersenkend
Steppenraute (Peganum harmala)	Harmalin Harmin	MAO-hemmend phantasieanregend
Sukkulenten (nicht identifiziert)	?	?
Zauberpilz (Stopharia cubensis)	Psilocybin Psilocin	psychedelisch visionär

PLATE XVII.—NEGUNDO (MALE).

Der mit dem Keuschlamm verwandte Negundobaum *(Vitex negundo)* wurde in Nordindien in postvedischer Zeit als Soma-Ersatz benutzt. Aus seinen Früchten wurde ein Saft gepreßt, den man zur Herstellung des bierartigen Kulttrankes aus Milch und Gerste benötigte. Sein Sanskritname *Indra-sura* kann als „Rauschtrank des Gottes Indra" gedeutet werden.

Chicha, das Maisbier der Indianer

Alkoholische Getränke spielen im europäischen Indianerbild eine relativ einseitige Rolle. Der Alkohol gilt als Feind des roten Mannes, mit ihm wurde dessen Untergang besiegelt. Noch heute hilft der Alkohol bei den letzten Kolonialisierungsbemühungen. Ein besoffener Indianer kämpft nicht mehr. Zwei Gründe werden für

Oben: Der Mais wurde erstmals in Mexiko aus einem Wildgras kultiviert. Er bildet für die meisten indianischen Völker die Lebensgrundlage und wird als heilige Pflanze verehrt.

Links: Zahlreiche Maissorten sind über die Jahrtausende gezüchtet worden. In der mexikanischen Kosmologie werden die verschiedenfarbigen Sorten den Himmelsrichtungen zugeordnet.

Seite 97: Eine pfeiferauchende Indianerin vom Volk der Cuna (Darien/Panama) braut die heilige Chicha. Der Trank wird vor der Gärung gekocht; daneben sind die verschiedenen Gerätschaften für die Brauerei zu sehen (Darstellung auf einem Brusttuch, 20. Jh.).

die schädliche Alkoholwirkung bei Indianern angeführt: Erstens, die Indianer kannten keine alkoholischen Getränke und konnten deshalb mit dem Feuerwasser des Weißen nicht umgehen, zweitens fehlt ihnen das Nebennierenhormon, das den Alkohol abbaut. Beides trifft zu – aber nur auf die nordamerikanischen Indianer.[1]

Die südlichen Stämme und Völker, von den Ufern des Colorado bis nach Patagonien, kannten nicht nur alkoholische Getränke, sie verehrten sie als Gaben der Götter und tranken sie im Ritual und bei Festen. Mit anderen Worten: sie konnten mit Alkoholika gewinnbringend umgehen.

Überall in Mittel- und Südamerika wurden und werden gegorene Getränke hergestellt, indem Hunderte von verschiedenen zucker- und/oder stärkehaltigen Pflanzensäften oder -extrakten und Lösungen fermentiert werden. In Mexiko gibt es die bierartige Pulque, den vergorenen Saft aus der Agave (*Agave americana, Agave spp.*).[2] Schon die Azteken und andere, benachbarte präkolumbianische Völker opferten den erfrischenden und stärkenden, nur wenig alkoholhaltigen Trunk ihren Göttern, besonders der schönen und liebreizenden Mayahuel, die in der Agavenpflanze lebte.

Um die Wirkung der Pulque zu verbessern, versetzt man sie mit den Samen des heiligen Stechapfels (*Datura inoxia*) oder den Samen der Ololiuqui-Winde (*Turbina corymbosa*). Beide Samen haben halluzinogene oder psychedelische Eigenschaften.[3]

Die Mayavölker stellen aus Wasser, Honig und der Rinde des Balche'-Baumes (*Lonchocarpus violaceus*) einen berauschenden Met her. Auch dieser bierähnlich schmeckende, schwach alkoholische Met wurde erheblich aufgebessert. Man legte narkotisch wirkende Seerosen (*Nymphaea ampla*), heftig berauschenden Tabak (*Nicotiana rustica, Nicotiana glauca*), psychedelische Zauberpilze (*Psilocybe spp.*), köstlich schmeckende Kakaofrüchte (*Theobroma cacao*) und himmlisch duftende Frangipani-Blüten (*Plumeria alba*) in das magische Gebräu.[4] Einer Quelle zufolge wurden in der Vergangenheit auch halluzinogene Kröten (*Bufo marinus*) verwendet. Der Met wurde nur als Opfertrank für die Götter gebraut und ihnen zu Ehren im Tempel von den Menschen getrunken. Dieser Göttertrunk galt als Sakrament, Medizin und Stärkungsmittel. Er wird heute nur noch von den Lakandonen-Indianern,[5] die im sterbenden Regenwald von Chiapas in Südmexiko leben, gebraut und in Erinnerung an die fast vergessenen Götter getrunken.

Das in indianischen Kulturen am weitesten verbreitete alkoholische Getränk ist allgemein unter dem Namen Chicha[6] bekannt. Aber auch die Namen *asua, cangüi, tesvino, masato, kavi, ebeltir, kufa* und *akka* kommen häufig vor. Meist wird darunter ein vergorenes Getränk verstanden, das in der Hauptsache aus fermentiertem oder gemälztem Mais, aber auch aus verschiedenen Samen, etwa Quinoa[7] oder *Bromus mango*, oder Knollenfrüchten wie Maniok und Süßkartoffeln, Wasser und gelegentlich wei-

*„Geboren ist der Maisgott an dem Orte des Regens und des Nebels,
Wo die Kinder der Menschen gemacht werden, an dem Orte, wo man die Edelsteinfische fischt."*
Aztekischer Gesang[8]

teren Zusätzen besteht. Die Herstellung ist bei den Stämmen im tropischen Tiefland sehr einfach, bei den andinen Völkern des Hochlandes höchst elaboriert. Die einen lösen den zermahlenen, eingespeichelten Mais in Wasser und überlassen das Ganze in einem Tonkrug der Gärung. In den Anden werden besondere Mälzverfahren, Fraktionierungen, Vor-, Haupt- und Nachgärungen, sowie Mischungen von Gärstoffen, Impfen des neuen Bieres mit alten Resten usw. praktiziert. Aber auch in den Anden kennt man das Einspeicheln des Gärstoffes.[9]

Der frische oder getrocknete Mais wird zermahlen und mit etwas Wasser befeuchtet. Daraus wurde eine Masse geknetet, die in mundgerechten Happen auf die Zunge gelegt und gegen den Gaumen gedrückt wurde. In historischen oder ethnographischen Berichten heißt es oft, daß der Mais gekaut wurde. Aber eigentlich wird er nur mit Speichel umhüllt und mit der Zunge durchgewalkt. Im menschlichen Speichel ist das Enzym Diastase enthalten, das die Stärke in Zucker umwandelt. Denn nur der Zucker kann zu Alkohol vergären. Für die Indianer hat der Speichel eine magische Kraft, denn er kann Materie verwandeln, er kann die Gärung der Chicha auslösen. Der Speichel gehört zu den wichtigsten Heilmitteln vieler mittel- und südamerikanischer Indianer, denn so wie er aus ernährendem Mais ein Rauschmittel macht, so kann er auch andere Dinge, wie Krankheiten, umgestalten. Vor dem Rezitieren von Zaubersprüchen und Beschwörungen spuckt man aus. Vielfach wird der Speichel bei medizinischen Massagen auf die Haut aufgetragen. Als besonders heilkräftig gilt er, wenn er mit Koka-Saft angereichert worden ist.[10]

Das Einspeicheln[11] des Gärstoffes war in den verschiedenen indianischen Gesellschaften genau geregelt. Bei manchen Stämmen durften nur alte, möglichst zahnlose Frauen die Maismasse in den Mund nehmen. Bei anderen Völkern war das Einspeicheln allein den jungfräulichen Mädchen vorbehalten, wie überhaupt das Einspeicheln und das Brauen überwiegend Frauensache war. Aber in stark männerbetonten Kulturen sollte die Chicha nur von Männern hergestellt werden. Dort kauten meist Jünglinge, die kurz vor der Initiation standen, den Mais. In seltenen Fällen durfte das magische Einspeicheln nur von heiligen Personen, Schamanen, Zauberern oder Priestern ausgeführt werden. Den indianischen Brauer umgab eine Aura des Mystischen, ähnlich der des orientalischen Alchemisten.

Der eingespeichelte Maisbrei wurde in einen wassergefüllten Bottich gespieen und verrührt. Manchmal mußte eine alte Frau noch in das Gärgefäß spucken. Sollte die Chicha mit anderen Stoffen versetzt werden, wurden diese jetzt der Lösung beigegeben. Die Zusatzstoffe sollen entweder Geschmack, Geruch und Farbe oder aber die berauschende und medizinische Wirkung verbessern. Die Gärung, meist durch wilde Hefen bewirkt, setzt gewöhnlich innerhalb weniger Stunden ein. Von Zeit zu Zeit muß der Schaum von dem brodelnden Gebräu abgeschöpft werden. Dadurch werden negative Kräfte aus der Chicha vertrieben. Die Gärung ist nach zwei bis vier Tagen vollendet, die Chicha ist „reif". Doch bevor sie getrunken wird, bekommt Mutter Erde ein Dankesopfer, denn – so heißt es – „die Erde ist durstig". Die ersten Tropfen der Chicha gehören immer den Göttern. Sie werden in die Luft gen Himmel oder auf die Erde gespritzt. Dieses Opfer gewährt gute Ernten. Getrunken wird meist aus Kalebassen und Kürbisgefäßen.

Die Chicha-Brauerei war früher sehr verbreitet. Man trifft sie auch heute noch, besonders im Hochland von Peru und Bolivien, an,[12] doch sie wird mehr und mehr von kommerziellen, nach europäischen Mustern gebrauten Bieren verdrängt.

Die Chicha hat in den vorspanischen Kulturen Südamerikas eine wichtige Rolle in ökonomischer, sozialer, medizinischer und religiöser Hinsicht gespielt.[13] Sie wird noch heute bei jeder festlichen, rituellen oder geselligen Gelegenheit gebraut und reichlich getrunken.

Ein vorspanisches Volk, bei dem die Chicha im kulturellen Zentrum stand, waren die Mochica, die die Königreiche Moche und Chimu gegründet hatten. Dieses Volk einer hochentwickelten, verfeinerten Kultur lebte in den küstennahen, extrem trockenen und heißen Wüsten des heutigen Peru. Sein Leben ist durch die kolonialzeitlichen Aufzeichnungen der spanischen Chronisten und die wundervoll erhaltenen archäologischen Hinterlassenschaften gut dokumentiert.[14] Die Frauen der Mochica waren begnadete, äußerst kunstfertige Töpferinnen und Bierbrauerinnen,[15] die einen enormen Schatz an Gefäßen, die zur Chicha-Aufbewahrung, Kühlung und zu deren Genuß bestimmt waren, hinterlassen haben. Diese

Oben rechts: Überall in Lateinamerika haben sich Brauereien nach europäischem Vorbild etabliert. Nur noch der Zusatz von Mais zur Braumaische erinnert an die indianischen Biere.

Oben links: Der Seeadler galt den Mochica als ein mächtiges Schamanentier und als ein Bote der Götter. Ihm wurde Chicha als Opfergabe dargebracht, damit er dem Schamanen bei Heilritualen hilfreich zur Seite steht. (Nach einer Vasenmalerei der Mochica.)

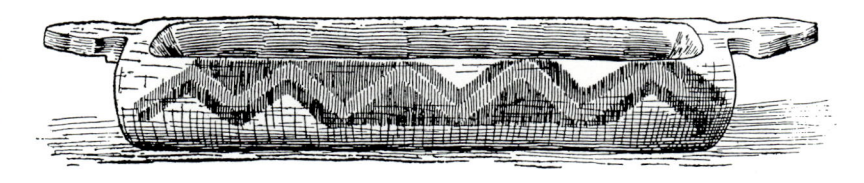

Oben: Viele Indianervölker benutzen ausgehöhlte Baumstämme als Gärgefäße für Maisbier. Das hier abgebildete Chicha-Kanu stammt von den kolumbianischen Tukano-Indianern. Es kann 800 Liter Maisbier fassen. Zum Schutz des Trankes wird es mit Matten oder Palmwedeln abgedeckt.

Seite 98: Frühkolonialzeitliche Darstellung eines Chicha-Rituals bei südamerikanischen Indianern. Während die Männer tanzen, brauen die Frauen das Bier. Zunächst wird die Maische von Frauen eingespeichelt, dann gekocht und fermentiert. (Stich aus de Bry, *Amerika*, 1593.)

polychromen Keramiken sind unter dem Namen Steigbügelgefäße bekannt. Es sind bauchige Gefäße, die in realistische, aber doch stilisierte Plastiken auslaufen und einen steigbügelartigen Flaschenhals besitzen. Wenn ein Indianer starb, wurde er mit einer großen Anzahl dieser chicha-gefüllten Gefäße bestattet,[16] die eine Art „sprechender Keramik" sind. Sie erzählen Geschichte, Mythologien und von der kulturellen Wirklichkeit der Mochica, sie sind das Bilderbuch ihrer Kultur, ihrer Werte und Genüsse. Manche Keramiken zeigen plastische Nahrungsmittel, Tempelbräuche, Heilszenen, Portraits, Koka-Genuß, Tiere und in der Hauptsache erotische Darstellungen. Es werden kopulierende Paare, onanierende Skelette, gewaltige Erektionen, homoerotische Szenen, Fellatio, Cunnilingus, Verkehr mit Tieren und verschiedener Tiere wie Jaguar und Kröte untereinander und in der Hauptsache der Analkoitus widergegeben – also alle Szenarien der Freudschen Sexualpathologie. Nur mit dem Unterschied, daß es sich hier nicht um krankhaftes, sondern um das natürlichste Verhalten der Welt, die Lust am Sex, am eigenen und an dem anderer, handelt. In fünfundneunzig Prozent der erhaltenen erotischen Darstellungen handelt es sich um anale Vergnügungen, oft im Zusammenhang mit dem Gebrauch von Aphrodisiaka,[17] die in der Chicha gelöst wurden, oder in Verbindung mit der Darstellung des Genusses von Kokablättern oder anderen psychedelischen Drogen.[18] Die Chicha wurde von den erotisch gestalteten Behältnissen mit der Kraft der Liebesgöttin aufgeladen, die Frauen und Männer, die die Chicha tranken, wurden dadurch zu den Lüsten inspiriert, die ihre Keramiken so deutlich zur Schau tragen. Die Mochica genossen die erfrischende, erotisierende und berauschende Chicha schon zum Frühstück. Der spanische Chronist Pedro Cieza de Leon[19] bestätigte nicht nur die in der Keramik gezeigten erotischen Praktiken, er schrieb auch: „Es ist erstaunlich, wieviel von diesem Getränk oder Chicha diese Indianer trinken können, denn niemals stellen sie das Glas aus der Hand." Als Trinkschalen dienten natürlich keine Gläser, denn Glas gehört nicht zu den indianischen Erfindungen, sondern bemalte Kürbisschalen oder Keramikbecher, die entweder wie ein Phallus oder wie eine Vagina gestaltet waren.[20] Wer vom Bier kosten wollte, der mußte es aus einem Geschlechtsteil genießen! Wie könnten dabei keine erotischen Phantasien aufsteigen?

Bei den Mochica und verwandten Wüstenvölkern wurde das Maisbier für bestimmte medizinische oder rituelle Zwecke, wie das Befragen von Orakeln, mit den Samen

*„In der durch den Genuß der Koka hervorgerufenen Trance sieht der Wahrsager in die Zukunft,
Geister nehmen Wohnsitz in seinem Körper und sprechen durch seinen Mund.
Ein Mißbrauch verbietet sich hier von selbst;
denn höhere Mächte würden den Unmäßigen strafen oder ihn sogar töten."*

Horst Nachtigall, Koka und Chicha

Oben: Der mexikanische Peyotekaktus *(Lophophora williamsii)* wird getrocknet und pulverisiert bei gemeinschaftlichen Ritualen in das Maisbier gegeben. Dadurch wird es zwar sehr bitter, entfaltet aber wegen des Meskalingehaltes farbenprächtige Visionen.

Links: In Südamerika wird das Maisbier mit den roten Früchten des Pfefferbaumes *(Schinus molle)* gewürzt. Es bekommt dadurch einen scharfen Geschmack und eine stimulierende Wirkung.

Seite 100, von links nach rechts:
Die Blätter des Kokastrauches *(Erythroxulum coca)* werden meist als „Nahrung" gekaut. Gelegentlich werden sie aber in die indianischen Maisbiere eingelegt.

Die Blüte einer psychedelisch wirksamen Winde *(Ipomoea violacea,* var. „Heavenly Blue"), die zu den heiligen Zauberpflanzen der mexikanischen Indianer gehört.

Die Samen der magischen Winden *(Ipomoea violacea* und *Turbina corymbosa)* enthalten Lysergsäurederivate und werden von Schamanen zur Erzeugung von Visionen, meist mit Maisbier vermischt, getrunken.

der *Espingo* oder *ispincu*-Pflanze zubereitet. In einer kolonialzeitlichen Quelle heißt es: „Espingo ist eine kleine trockene Frucht mit runden Kernen, die sehr stark riecht, aber nicht besonders angenehm. Sie kommt von den Chachapoya (Völker aus dem tropischen Tiefland), und es wird gesagt, daß sie medizinisch wertvoll sei und bei Bauchschmerzen, Blut im Stuhl und anderen Krankheiten benutzt wird. Sie wird in Pulverform gebracht, aber ist teuer zu kaufen. Vor wenigen Jahren noch bezahlten die Indianer in Jaén de Bacamoros ihren Tribut mit Espingo. Der hiesige Erzbischof hat es bei Androhung der Exkommunikation den Indianern verboten, diese Früchte zu verkaufen, da er wußte, daß sie ein äußerst wichtiges Opfer in den *huacas* [= heilige Schreinen] sind, besonders in den Tiefebenen, wo es niemanden gibt, der keine Espingo hat, und der keine *conopas* [= Götterfiguren] hat. Auf den Ebenen von Chancay und weiter unten, wurde die Chicha, die den *huacas* geopfert wurde, *yale* genannt. Sie wird aus *zora* [= gemälzter Mais], vermischt mit gekautem Mais und Espingo-Pulver, gemacht. Diese *yale* wird besonders dick und stark zubereitet, denn sonst wäre sie den *huacas* nicht angemessen. Die Zauberer trinken die Reste und werden dadurch verrückt ... Während dieser Sitzungen erscheint der Teufel, manchmal in der Form eines Löwen [= Puma], ein andermal als Tiger [= Jaguar]. Wenn er grimmig auf seinen Hinterläufen hockt, verehren ihn die Zauberer."[21]

Leider geben die ethnohistorischen Quellen keinen ausführlicheren Aufschluß über Natur und Gebrauch der Espingo-Samen. Es scheint, als ob Espingo, ähnlich wie Soma, eine der verlorenen psychedelischen Pflanzen ist.

Zudem wurde der Name für verschiedene Pflanzen, die medizinisch oder berauschend wirken, verwendet. Manche konnten botanisch als *Trifolium sp.*, *Quararibea sp.*, *Gnaphalium dysodes* und *Artemisia sp.* identifiziert werden,[22] aber keine von ihnen hat die genannten Effekte.

Die katholischen Spanier waren von dieser erotisch-berauschten Indianerkultur entsetzt – und rotteten sie kurzerhand aus. Sie verbanden sich dabei mit den Inka, die die sexuellen Praktiken des „Samenverschwendens" bei der Analkopulation[23] ebenfalls verteufelten.

Das Inka-Reich erstreckte sich über den gesamten Andenraum von Kolumbien bis nach Patagonien. Der Inka, der Sohn der Sonne, der von den Göttern eingesetzte Herrscher, hatte seinen Regierungssitz in Cuzco in Peru, über viertausend Meter über dem Meeresspiegel

„Die Indianer sind sehr ausschweifend im Trinken und Berauschen ...
Und sie machen den Wein aus Honig und Wasser und aus einer bestimmten Wurzel eines Baumes,
den sie hierfür anbauen,
die den Wein stark übelriechend macht."

Fray Diego de Landa,
Relación de las Cosas de Yucatán (16. Jh.)

Oben: Eine präkolumbianische Bierflasche der Mochica (sog. Steigbügelgefäß), die als Grabbeigabe diente. Darauf ist ein geflügelter Schamane mit einer Koka-Tasche abgebildet.

Links: Ein Lakandone trinkt während eines Opferrituales den schwach alkoholischen Balche'-Trank aus einem Baumkürbisgefäß.

Seite 102: Die Lakandonen von Naha' (Chiapas/Mexiko) gehören zu den Tiefland-Maya und brauen noch heute in einem Kanu ihr bierartiges Ritualgetränk Balche'. Es besteht aus frischem Quellwasser, Honig und der Rinde des Balche'-Baumes *(Lonchocarpus violaceus)*. Es hat eine Wirkung ähnlich wie der pazifische Rauchtrank Kava-Kava.

Seite 104, oben: Der aus Amerika stammende Mais ist heute in aller Welt verbreitet. Er dient als Nahrung, Viehfutter und Gärstoff. (Holzschnitt aus dem *Kräuter-Buch* des Tabernaemontanus, 1731.)

Unten: In Mexiko werden aus Agaven verschiedene alkoholische Getränke gewonnen, z.B. die bierartige Pulque, aber auch Tequila und Mescal. (Kupferstich aus der *Histoire Naturelle*, 17. Jh.)

Seite 105: Die Mochica tranken bei Totenfeiern riesige Menge Chicha. Diese präkolumbianische Vasenmalerei zeigt einen kokakauenden Kaziquen, eine Frau beim Chicha-Ausschank, Panflötenspieler und die Familie des Verstorbenen.

gelegen. Von dort aus kontrollierte er mit Unterstützung eines großen Hofstaats sein Reich, das aus vielen verschiedenen, unterworfenen, tributpflichtigen Indianervölkern bestand. Die meisten Menschen des zentral verwalteten Landes waren Bauern, die Kartoffeln, Mais, Kokasträucher, Tabak, Tomaten und Chili anbauten. Ein vom Inka festgelegter Teil der Ernte ging an die Priesterschaft und die Beamten. Ein weiterer Teil wurde in gemeinschaftlichen Speichern eingelagert und gleichmäßig oder nach Bedarf verteilt. Dieses System ist als eine Art natürlicher Ur-Kommunismus beschrieben worden. Für die Regierungsbelange war der Kazique, der „Häuptling" des Dorfes, verantwortlich. Er regelte die Abgaben, die Verteilung der stimulierenden Koka-Blätter und richtete die notwendigen Feste und Opferhandlungen aus. Er lud die Gemeinde oft zu großen, mehrtägigen Trinkgelagen mit Chicha ein, an denen alle Erwachsenen des Dorfes teilnahmen. Jeder mußte aber seine eigenen Speisen und Getränke, die hausgemachte Chicha, mitbringen. Die Gäste saßen sich in zwei Reihen gegenüber. Die Leute der einen Reihe tranken immer jenen der zweiten Reihe zu, dabei stand ein Mann auf, nahm zwei Gefäße voll Chicha, gab eines seinem Gegenüber, behielt eines selbst. Dann tranken beide gleichzeitig.[24]

Bei der vom Dorf-Kaziquen geregelten gemeinschaftlichen Arbeit auf den *characas*, den Gemeinschaftsäckern, wurde kräftig Maisbier konsumiert. Die Chicha war, so heißt es bei Pater Bernabé Cobo, der Köder, mit dem die Männer sich bereitwillig zur Arbeit verführen ließen. Die Arbeit wurde unter Scherzen und Gesängen so lange ausgeführt, wie der Biervorrat reichte.

Beim Sonnenfest wurde die Chicha in goldene Becher gefüllt. Der Priester goß den Becher über einem Opferstein aus. Bei den Trankopfern wurden einige Chicha-Tropfen zur Sonne, zur Erde und zum Feuer gespritzt. Dabei wurde um Frieden, Leben und Zufriedenheit gebetet. Die Indianer blickten zur Sonne und berührten die Erde und verehrten so die beiden schöpferischen Pole ihres Universums.[25]

In Cuzco, der Inka-Hauptstadt, wurde die Chicha für die Zeremonien am Hofe von den klösterlich lebenden Sonnenjungfrauen sorgfältig zubereitet. Die großen

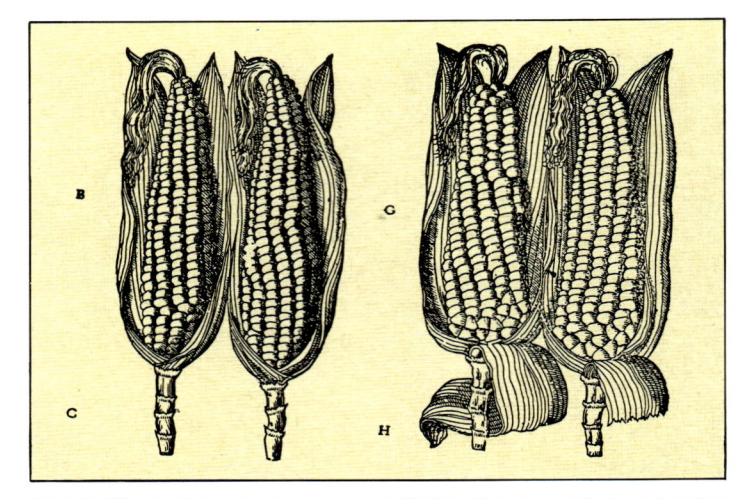

Chicha-Opferhandlungen waren kalendarisch geregelt. Zu Beginn der Regenzeit, dem *Coya Raymi* genannten 10. Monat des Inka-Kalenders, gab es ein großes gemeinschaftliches und öffentliches Fest zu Ehren des Schöpfergottes Viracocha. Die Opfergaben sollten den Sonnengott veranlassen, die Menschen vor den Krankheiten, die mit dem Regen kommen würden, zu beschützen. Es heißt, daß zu diesem Anlaß die feinste Chicha gebraut wurde. An diesem Festtage wurden alle Götterfiguren aus ihren Schreinen und Tempeln hervorgeholt und in feierlichen Prozessionen, von Panflöten-Orchestern begleitet, auf den Hauptplatz getragen. Die Inka haben den enthüllten Göttern zugetrunken und ihnen zu Ehren das Maisbier vor die Füße gekippt. Der Sonnenpriester, der höchstgestellte der priesterlichen Hierarchie, trank sowohl den Menschen als auch den Göttern zu. Wenn alle berauscht waren, freuten sich die Götter und schenkten den Menschen Schutz für das kommende Jahr. Auch in anderen Monaten des Inka-Kalenders gab es regelmäßig Chicha-Trankopfer. Im elften Monat, dem *Homa Raymi Puchayquiz*, wurde ein Lama geopfert, damit die Götter genug Regen für die Feldfrüchte bringen. Dazu wurde das Lama auf einer Hochebene angepflockt. Um das auf einer Hochebene angepflockte Lama herum wurden große Mengen Chicha ausgegossen. Dem Tier wurde erst etwas zu fressen gegeben, wenn der nächste Regen kam, denn wenn die Sonne das Tier leiden sah, bekam sie Mitleid und schickte den erlösenden Regen. Wenn der Regen trotzdem ausblieb, versammelten sich alle Einwohner mit zwei Schalen Chicha in den Händen bei dem angepflockten Lama. Die eine wurde ausgegossen, die andere aber wurde getrunken. Das Lama wurde wieder befreit.[26]

In den Tempeln der Inka wurde ständig Chicha gebraut. Man brauchte den berauschenden Trunk nicht nur für die regelmäßigen Trankopfer und Gelage der Priester und der Tempeldienerinnen, sondern auch für die tägliche Fütterung der in den Tempel gehaltenen heiligen Opfertiere.[27]

Die Chicha begleitete die Menschen des Inkareiches ihr ganzes Leben lang. Sie wurde bei Geburt, Initiation, Heirat und Tod gemeinschaftlich geopfert und getrunken. Bei den Begräbnissen stand die Chicha im Zentrum des Rituals. Der Verstorbene wurde in seiner besten Kleidung und mit seinem kostbaren Goldschmuck geschmückt beigesetzt. Ihm wurden Speisen, Chicha, Koka-Blätter, persönliche Gegenstände und magische Objekte (Muscheln, Steine, Amulette) in das Grab gelegt.[28] Die Familie des Verstorbenen lud alle Verwandten, Freunde und hochgestellte Persönlichkeiten zur Begräbnisfeierlichkeit ein, die mit Speisen und Chicha bewirtet wurden. Man sang von Trommeln und Rasseln begleitete traurige Klagelieder. Je nach sozialem Stand dauerte die Zeremonie mehrere Tage. Für einen Kaziquen oder Adeligen wurde das Totenfest acht Tage lang abgehalten. Je mehr der Verstorbene im Leben verehrt und geachtet wurde, desto mehr Chicha floß. So wurde dem Toten mit einem kräftigen, oft tagelang anhaltenden Rausch die letzte Ehre erwiesen.

Bei den Inka gab es neben den Sonnenpriestern auch Wahrsager, Zauberer, Schamanen und Kräuterkundige. Dem Bericht des Bernabé Cobo zufolge standen die Wahrsager allgemein in hohem Ansehen und wurden von allen Bevölkerungsschichten in allen Fragen des Lebens konsultiert. Sie sollten den Ratsuchenden Auskunft über die verborgenen Aspekte der Wirklichkeit geben, ihnen das Schicksal deuten und bei wichtigen Entscheidungsfindungen helfen. Unter den vielen praktizierten Methoden[29] waren folgende die wichtigsten: „Manchmal machten sie gewisse Striche und Kreise auf dem Boden, wobei sie bestimmte Worte sagten. Andere schlossen sich in einen Raum ein und darin eingeschlossen verwendeten sie bestimmte Salben und betranken sich, bis sie die Sinne verloren. Später, nach einem Tag, gaben sie Antwort auf die Fragen. Für diese Konsultationen beim Dämon machten sie tausenderlei Zeremonien und Opfer und die hauptsächlichste war, sich mit Chicha zu betrinken, wobei sie den Saft der *vilca*-Pflanze hineingossen."[30] Diese Zauberpflanze versetzte die Wahrsager in eine Trance, während der sie mit den Göttern sprachen.

Die Menschen des Inka-Reiches benutzten noch andere halluzinogene, psychedelische oder aphrodisische Zusätze für ihre Maisbiere. So wurden die alkaloidhaltigen, heftige Halluzinationen verursachenden Samen der

Unten: Wenn das Balche'-Ritual beendet ist, werden die Ritualkrüge und Trinkgefäße mit der Öffnung nach unten abgestellt. Nur die Lakandonen von Naha' haben das alte Maya-Ritual bis heute bewahrt.

Engelstrompete oder des Stechapfels dem Maisbier zugefügt. Diese besondere Chicha galt als Aphrodisiakum und Liebeszauber; ihr Gebrauch hat sich bis heute bei den Quechua in Peru erhalten.[31]

Die aymarasprechenden Indianer des ehemaligen Inkareiches haben ihre Chicha mit dem Pakantaya, einem aphrodisischen Käfer aus der Familie der berühmt-berüchtigten Spanischen Fliege[32] gewürzt. Solch ein Trunk hatte nicht nur die Kraft, die Sexualität zu beflügeln, sondern konnte auch den Wahnsinn bringen. Von einem Verrückten sagte man, „irgendwer hat ihm den Käfer zu trinken gegeben".[33]

Diese besonders gewürzten, „scharf gemachten" und „scharfmachenden" Maisbiere waren den spanischen Eroberern und Kirchenvertretern ein Dorn im Auge. Deshalb erließ der Bischof von Popayán (Peru) 1616 folgende, an das Deutsche Reinheitsgebot gemahnende Bier-Verordnung: „Wir geben unsere Einwilligung ... zur Herstellung von Fermentationen von Rohrzucker und Bier aus gemahlenem Mais unter der Bedingung, daß keine Kräuter oder kräftigen Dinge hinzugefügt werden, um ihnen größere Stärke zu geben ... noch irgendwelche Wurzeln, Blätter, Blumen hineingemischt werden, die einen größeren Grad an Betrunkenheit hervorrufen können in denjenigen, die besagte Getränke zu sich nehmen ..."[34]

Die Indianer haben sich glücklicherweise von diesem Kirchengesetz nicht sonderlich beeindrucken lassen, denn noch heute brauen sie ihre Chicha mit Engelstrompeten- und Stechapfelsamen, mit anregenden Koka-Blättern, aphrodisischen Käfern und geheimen Kräutern. Denn nur so können sich die Kinder der Sonne und der Erde in ihrem magischen Universum heimisch fühlen.

Ganz oben: Eine präkolumbianische Bierflasche der Mochica in Form eines Kopfes. Das Gesicht verrät, daß sich der porträtierte Mann in einer Trance befindet.

Oben: Moderne Baumkürbisgefäße für den Ritualtrunk der Maya. Wenn sie nicht benutzt werden, hängen sie in einem Netz im Götterhaus.

Rechts: Ein bemaltes zylindrisches Balche'-Trinkgefäß aus dem Maya-Tiefland (Tepeu III-Phase, ca. 800–900 n. Chr.). Die dargestellte Szene zeigt ein präkolumbianisches Opferritual mit Balche' als Trankopfer.

Stechäpfel und Engelstrompeten

Engelstrompeten *(Brugmansia)* und Stechäpfel *(Datura)* sind nahe Verwandte und gehören zusammen mit Alraune, Bilsenkraut, Tollkirsche und Nachtschatten in die Familie der Nachtschattengewächse *(Solanaceae)*.[1] Die Engelstrompete, auch unter dem Namen Baumdatura bekannt, hat ihren Namen von den schönen trompetenförmigen, weißen, roten, gelben oder zart rosafarbenen langen Trichterblüten, die von den Zweigenden wie Glocken herunterhängen. Diese Blüten verströmen bei Anbruch der Dunkelheit einen süßen, leicht betäubenden Duft. Die peruanischen Indianer sagen, daß wer unter der heiligen Pflanze schläft, schöne Träume erlebt.[2]

Der Stechapfel hat ähnliche Blüten, die jedoch kleiner sind und aufrecht stehen. Er hat seinen Namen von der kastanienartigen, stachelbesetzten und reichlich Samen bergenden Frucht. Die weißen, gelben oder violetten Stechapfelblüten verströmen abends einen leichten Duft, der aber nicht so kräftig und berauschend ist wie der seiner größeren Verwandten.

Engelstrompeten und Stechäpfel sind auch chemisch miteinander verwandt, da beide Pflanzen eine hohe Konzentration an sogenannten Tropan-Alkaloiden enthalten: Skopolamin und Hyoscyamin in der Engelstrompete, im Stechapfel zudem noch Atropin. Diese Alkaloide bewirken im menschlichen Gehirn eine Betäubung der äußeren Hirnaktivitäten und eine Stimulation des zentralen Nervensystems. Dadurch verschwinden die Wahrnehmungen der gewöhnlich sichtbaren Außenwelt. Die Innenwelt des Menschen wird angeregt und bildet ihre eigenen Bilder, die jedoch als äußere Wirklichkeit wahrgenommen werden. Die Alkaloide von Engelstrompete und Stechapfel erzeugen echte Halluzinationen, also Sinneserfahrungen, die nicht mit der äußeren Wirklichkeit übereinstimmen, aber nicht als Illusionen erkannt werden. Dieser Verlust der Fähigkeit, innere von äußeren Bildern zu unterscheiden, führt dazu, daß der Berauschte von außen betrachtet lächerlich erscheinende Handlungen ausführt und anscheinend sinnloses Gebrabbel von sich geben kann, jedoch extrem eindrucksvolle, lehrreiche, oft aber auch erschreckende Erfahrungen in seinem eigenen Bewußtsein erlebt. Bei starken Dosierungen kann es zu äußerst unerfreulichen Wirkungen, gelegentlich sogar zum Tode durch Atemlähmung kommen.[3]

Unten: Die getrockneten Engelstrompetenblüten können geraucht werden und haben bei Asthma und Bronchitis lindernde Wirkung.

Oben: Nur die Blutrote Engelstrompete *(Brugmansia sanguinea)* bildet noch Früchte und Samen aus. Die Samen werden in Peru zur Verstärkung der Rauschwirkung der Chicha verwendet.

Links: Die Engelstrompete *(Brugmansia suaveolens)* verströmt abends einen betörenden Duft, der erotische Träume bewirken kann.

Seite 108, links: Die Engelstrompete *(Brugmansia candida)* ist eine mächtige Schamanenpflanze und gilt als das gefährlichste Halluzinogen. Sie stammt aus Südamerika, ist aber heute als Zierpflanze in aller Welt verbreitet.

Seite 108, rechts: Die alkaloidreichen Samen des amerikanischen Stechapfels *(Datura inoxia)* werden seit alters her von Schamanen gekaut, um in eine hellsichtige Trance zu verfallen. In Mexiko dienen sie auch zur Aufbesserung des Maisbieres sowie zur Herstellung von Liebestränken.

Aufgrund dieses Wirkungsprofils werden beide Pflanzen von den Indianern als heilige Medizin und als Pflanzenlehrer zutiefst respektiert.[4] Stechäpfel (*Datura stramonium, Datura inoxia*) kommen in Nord-, Mittel- und Südamerika vor.[5] Ihre Blätter und Samen wurden von den Stämmen der östlichen Waldlandgebiete und der Plains und Prärien oft unter die Kinnickinick genannten Rauchmischungen gegeben.[6] So manche Friedenspfeife wurde anstelle des Tabaks mit Datura gestopft. Im Südwesten Nordamerikas, besonders unter den kalifornischen Stämmen, waren Daturakulte weit verbreitet.[7] Die Miwok-Schamanen nannten die ihnen heilige Pflanze *Monayu*. Sie aßen die frische Wurzel oder tranken eine Abkochung des Krautes, um einen Rauschzustand zu erzeugen, in dem sie übernatürliche Heilkräfte ansammeln und in die Zukunft schauen konnten.[8] Bei vielen kalifornischen Stämmen, z. B. den Cahuilla, Chumash, Yokuts, Dumna, Gabrielino, Luiseño und Diegueño, war das zentrale Ritual der Initiation der Jungen in den Erwachsenenstatus das Trinken eines Stechapfeltees. Die dabei erlebten Visionen oder Träume sollten den Jugendlichen den rechten Weg des Erwachsenseins zeigen und ihnen ein Leitbild für die Zukunft ihres weiteren Lebens geben.[9]

Die Monachi-Indianer, die in den gigantischen Sequoia- oder Mammutbaumwäldern in der kalifornischen Sierra Nevada lebten, kannten neben den Schamanen noch sogenannte Stechapfel-Träumer[10], die bei gemeinschaftlichen Ritualen Daturasamen einnahmen, um Wahrträume zu erhalten, aus denen sie das Schicksal ihres Stammes ablesen konnten. Stechapfel diente dort auch dem Schutz der Lebenden vor den Totengeistern. Wenn eine Rindenhütte, in der eine Person gestorben war, weiter bewohnbar sein sollte, mußte die Hütte mit gekochten Stechapfelblättern ausgeräuchert werden. Der starke Daturaduft vertrieb den störenden Totengeist und schützte die Bewohner davor, von dem Toten im Traum verfolgt zu werden.[11]

Einige kalifornische Stämme brauten aus dem Stechapfel auch ein bierähnliches Getränk.[12] Dazu wurden die leicht stärke- und zuckerhaltigen, frischen Samen zerrieben und in Wasser gelegt. Das Gefäß wurde in die Sonne gestellt und die Lösung wurde der Gärung durch

> *„Ich aß die Stechapfelblüte, und das Getränk machte mich taumeln ... Jetzt sitzen betrunkene Schmetterlinge da und öffnen und schließen die Flügel ..."*
> Aus einem Jagdgesang der Pima-Indianer[13]

wilde Hefen überlassen. Nach ein bis zwei Tagen war das schwach alkoholhaltige Gebräu fertig. Es hatte neben der leicht alkoholischen Wirkung extrem halluzinogene, visionenerzeugende Eigenschaften.

Die Samen werden häufig zur Verstärkung alkoholischer Getränke verwendet. In Mexiko ist es Brauch, die bierähnliche Pulque mit Daturasamen zu einem Liebestrank aufzubessern, in den Andengebieten werden zum selben Zwecke die Samen in die Chicha gegeben. Die Yaqui-Indianer verstärken den Mescalschnaps, der aus Agaven gebrannt wird, mit Daturablättern.[14] Manche südamerikanischen Stämme, etwa die Jibaro, flößen ihren unartigen Kindern Daturagebräue ein, damit sie vom Pflanzengeist erzieherische Instruktionen erhalten, also eine Art pädagogische Berauschung.[15]

Die Engelstrompeten werden von den mittel- und südamerikanischen Indianern noch heute so benutzt, wie die kalifornischen Indianer früher die Stechäpfel verwendeten.[16] Säfte aus den frischen Stengeln werden von Wahrsagern getrunken, um hellseherische Wahrträume mit präkognitiven Inhalten zu erzeugen.[17] Die dabei erlebte Berauschung ist so heftig, daß die Indianer sagen, der Berauschte „stirbt", denn er bleibt für Stunden regungslos und leichenblaß auf dem Boden liegen, gelegentlich durchzucken ihn Krämpfe, und er stammelt unverständliche Worte.[18]

Die Beigabe von Samen, Blättern und Blüten der Engelstrompeten zur Chicha ist in ganz Südamerika nachzuweisen. Neben dem Gebrauch als Liebesmittel werden derartige Gebräue auch zu verbrecherischen und kriegerischen Handlungen mißbraucht. Die Yupa haben ihren Feinden solcherart gestärkte Chicha als Gastgeschenk zu trinken gegeben. Die Nichtsahnenden fielen aufgrund der totalen Überdosierung reihenweise in ein Koma, aus dem so mancher nicht wieder erwachte. Wer das Koma überlebte, wurde mit Pfeilen erschossen.

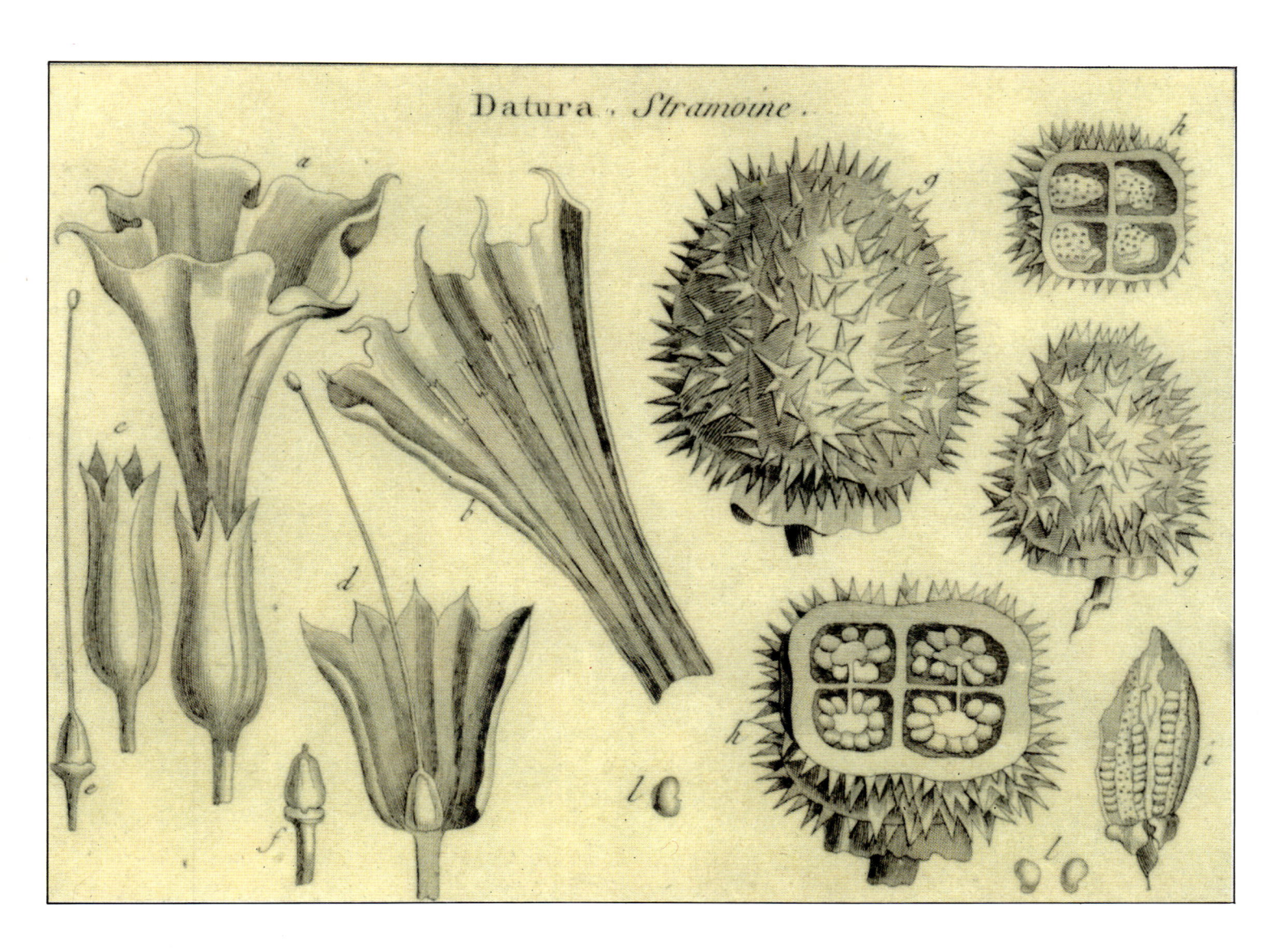

Die Muisca, ein vorspanisches hochkultiviertes Volk aus Kolumbien, stellten aus der Engelstrompete, aus verschiedenen Tabakarten und Chicha ein sehr kräftiges Gebräu her. Wurde ein Herrscher bestattet, mußten seine Frauen und Sklaven lebendig mitbegraben werden. Dazu wurden sie mit dieser besonderen Chicha präpariert und erlebten einen letzten Höllentrip.[19]

Der Gemeine Stechapfel *(Datura stramonium)* gelangte im späten Mittelalter nach Europa. Er geriet wegen seiner berauschenden Wirkung in den Verdacht, eine Hexenpflanze zu sein. Seine Samen wurden häufig zum Aufbessern des Bieres verwendet. Gmelin schrieb darüber im 19. Jahrhundert: „*Datura Stramonium L.* wird bei Woronesch [Rußland] häufig gesammelt, wie ich nach dem Gebrauch fragte, so sagte man mir ohne Scheu, daß sie welche in das Bier legen, um die Leute desto geschwinder zu besaufen." (Kupferstich aus der *Histoire Naturelle*, 17. Jh.)

Vilca, die Samen der Sonne

Im alten Peru trug die Sonne, die als Schöpfer der Welt verehrt wurde, ursprünglich den Namen *vilca*, *villca* oder *huilca*.[1] Später wurde die Sonne *inti* genannt und der Name *vilca* bezeichnete die „Nachtsonne", jene Sonne, die in der Unterwelt des Nachts scheint. Die Unterwelt ist der Ort, zu dem die Schamanen reisen, um mit den gefräßigen Monstern und Ungeheuern um die Seelen der erkrankten Menschen zu kämpfen. Nur die Schamanen können die *Vilca*-Sonne sehen. Und mit den *Vilca*-Samen, den Samen der Sonne, reisen sie in das nächtliche Reich.

Die Samen der Sonne stammen von einem seltenen Baum, der in den tropischen Tiefebenen Perus und Amazoniens wächst. Pater Bernabé Cobo, der mehrfach in seinen Schriften darauf hingewiesen hat, daß die Inka-Wahrsager der Chicha diese zauberkräftigen Samen oder die Säfte der *Vilca*-Frucht zugesetzt haben,[2] beschreibt den Baum sehr genau: „[Er] produziert Schoten wie Algarroba [Johannesbrotbaum], eine drittel Elle lang und zwei Finger breit und darinnen einige Kerne, mit einer glatten Schale von dunkel-fahler Farbe und sehr dünn. Die Substanz, die die Kerne enthält, ist gelb und bitter wie Aloe-Saft. Die Indianer schätzen sie sehr, da sie medizinkräftig sind. Mit ihnen heilen sie einige Krankheiten wie Fieber, Darmblutungen und die Krankheit der Täler [= Malaria], indem sie dieses Reinigungsmittel mit ihrem gewöhnlichen Getränk, der Chicha, einnehmen. Sie hat entspannende Wirkung, mit der sie Wut und auch Melancholie durch Erbrechen vertreiben. Der Absud dieser Bohnen mit Honig getrunken reinigt die Brust und den Magen und treibt den Harn. Und – wie die Indianer bezeugen – macht es die Frauen fruchtbar."[3]

Dieser wohltätige und heilige Baum konnte botanisch als *Anadenanthera colubrina* identifiziert werden,[4] ein naher Verwandter des Paricá-Baumes (*Anadenanthera peregrina*), dessen Samen zu psychedelischen Schnupfpulvern verarbeitet werden.

Die *Vilca*-Samen enthalten verschiedene hochwirksame Alkaloide (Tryptamin-Derivate, wie DMT und 5-Methoxy-DMT, Bufotenin, ß-Carboline) und Bitterstoffe, die aber noch nicht genauer untersucht worden sind. Diese Alkaloide gehören zu den kurzzeitwirksamen Psychedelika, die ihre volle Wirkung nur entfalten können, wenn sie über die Nasen-, Lungen- oder Darmschleimhäute in den Blutkreislauf gelangen. Deshalb werden sie von den peruanischen Indianern geschnupft, geraucht oder rektal appliziert. Wenn die *Vilca*-Samen geschluckt werden, baut die Monoaminooxysase (MAO), ein körpereigenes Entgiftungsenzym, die Alkaloide ab, bevor sie die Blut-Hirn-Schranke erreicht und das zentrale Nervensystem überflutet haben. Sollte also das *Vilca*-Maisbier die in den Quellen beschriebenen Wirkungen bei den Wahrsagern gehabt haben, mußte der Chicha noch eine andere Substanz, nämlich ein sogenannter MAO-Hemmer, zugesetzt worden sein. Dieser MAO-Hemmer verhindert die körpereigene Ausschüttung der Monoaminooxysase. Die psychedelischen Alkaloide können ungehindert ins Gehirn dringen.[5]

In den kolonialzeitlichen Quellen fehlen jedoch die

Angaben über Zusatzstoffe, die natürliche MAO-Hemmer enthalten. Derer gibt es aber einige. Die bekannteste und im Schamanismus Südamerikas viel benutzte Pflanze ist die Ayahuasca-Liane *(Banisteriopsis caapi)*.[6] Sie wächst ebenfalls in den tropischen Regenwäldern Perus und Amazoniens.

Die Wirkung von *Vilca*-Samen und deren Inhaltsstoffen (DMT) ist geprägt durch außerkörperliche und Nahtod-Erfahrungen, Astralreisen, Lichterscheinungen, mystische Visionen, Begegnungen mit anderen Dimensionen und tiefen Erkenntnissen über Mensch und Universum. Typisch ist folgende Erfahrung: „So wie Rauch und Rausch sich ausbreiteten, von einem einzigen Punkt mitten in mir ausgehend, so begann dieser Punkt – selbst ohne jede Ausdehnung, aber von gewaltiger Ausstrahlung – sich mit Licht zu erfüllen. Der Punkt wurde heller und heller, strahlend um seinen Kern oszillierend. In mir ging die Sonne auf."[7]

Oben links: Der *Laica Umu*, der „Hexer des Inka", braut mit *Vilca*-Samen eine zauberkräftige Chicha. Die in den Samen schlummernde Gottheit wird in dieser kolonialzeitlichen Darstellung durch die europäische Hexenbrille zu einem kleinen Teufelchen transformiert. (Illustration aus *Pomo de Ayala*, 16. Jh.)

Oben: Die präkolumbianische Vasenmalerei der Mochica zeigt eine rituelle Hirschjagd. Dabei hängt das Beutetier in einem *Vilca*-Baum, dessen schotenförmige Früchte deutlich zu erkennen sind.

Seite 112, links: Die reife Fruchtschote des Paricá-Baumes *(Anadenanthera peregrina)*.

Seite 112, rechts: Die DMT-haltigen Samen des Paricá-Baumes werden meist zu psychedelischen Schnupfpulvern verarbeitet.

Cerevisia, der keltische Zaubertrank

Unten: Die Kelten verehrten ähnlich wie ihre germanischen Nachbarn ihre Ahnen mit einem Spezialbier, dem Ahnenbier. An diesen Brauch erinnert noch dieses Bieretikett.

Nachdem die Römer unter Cäsars imperialistischer Diktatur die benachbarten angeblich „barbarischen" Kelten (Gallier, Iberokelten und Inselkelten) in Gallien, Spanien und auf den britischen Inseln überfallen hatten, beobachteten sie eine durch sie zum Untergang gezwungene Kultur, die sie kaum verstehen konnten. Unerklärlich war ihnen auch die keltische Liebe für ein „barbarisches Gebräu" aus Getreide, das sie *cerevisia* nannten. Das zusammengesetzte Wort bedeutet „Kraft der Erde" und leitet sich ab von der Göttin Ceres, der Göttin der Erde und des Getreides und von *vis*, die Kraft. Ceres war die römische Göttin, die mit der griechischen Demeter identisch war und die mit der keltischen Ceridwin (auch Caridwen, Cerridwen, Keridwen), einer alten Muttergöttin, gleichzusetzen ist. Ceridwin ist die Gerstengöttin, die Göttin des Todes und der Inspiration. Sie wird auch mit Albina oder Alphito, der Weißen Göttin, der Namensgeberin Englands identifiziert.[1]

Die keltische Getreidegöttin Ceridwin wurde wie andere Mutter-Göttinnen, die Deae Matres, an ihren Schreinen mit täglichen Opfern aus Speisen und Libationen verehrt.[2] In keltischen Sagen und Märchen taucht sie oft als Hexe, die einen Zaubertrank braut, auf. Der alten

Oben links: Keltische Darstellung des gehörnten Gottes Cernunnos auf dem Kessel von Gundestrup. Der schamanische Gott gilt als Beschützer der Tiere und befindet sich offensichtlich in Trance. Vielleicht war er auch ein Herr der Zaubertränke.

Seite 115: Antike Darstellung der Korngöttin Demeter mit ihren charakteristischen Attributen: Schlangen, Opiumkapseln und Kornähren. Die Römer identifizierten diese archaische Göttin mit ihrer Kornmutter Ceres sowie mit der keltischen Gerstengöttin Ceridwin. (Altgriechische Terrakotta).

> *„Als erste hat Ceres die Scholle mit krummem Pfluge geritzt,*
> *als erste hat sie den Landen Getreide und unblutige Nahrung geschenkt. Als erste hat sie Gesetze gegeben.*
> *Alle Dinge sind ihr Geschenk.*
> *Sie will ich besingen. O könnte ich ein Lied vortragen, das der Göttin würdig wäre!"*
> Ovid, Metamorphosen, V 342-346

Mythologie zufolge besaß sie einen wunderbaren Kessel, den „Süßen Kessel der Fünf Bäume", in dem sie den „Trank der Inspiration und des Wissens" braute. Diesen Kessel hielt sie ein Jahr und einen Tag lang am Brodeln. „Aus allen Jahreszeiten fügte sie dem Gebräu magische Kräuter bei, die sie zu den richtigen Planetenstunden sammelte".[3] In der walisischen Geschichte von Taliesin (*Romance of Taliesin*) wird berichtet, daß ihr Sohn Gwyon Bach, der den Zauberkessel bewachen sollte, aus Versehen drei Tropfen dieses Zaubertrankes zu sich nimmt. Dadurch erkennt er die in Ceridwin verkörperte Gottheit. Er erlangt das vollkommene Bewußtsein, die Gabe höchsten Wissens und die Fähigkeit, seine Gestalt nach Belieben zu wandeln. Die drei Tropfen Zaubertrank haben ihm das Mysterium der Zeit enthüllt. Er kann gleichzeitig in Vergangenheit, Gegenwart und Zukunft blicken und die Zusammenhänge des Ganzen erkennen. Als Ceridwin merkt, daß ihr Sohn das Tabu, von dem Trank zu kosten, gebrochen hat, wird sie zur wutentbrannten Göttin. Gwyon Bach flüchtet und verwandelt sich nach und nach in verschiedene Tiere. Schließlich verwandelt er sich in ein Weizenkorn. In dieser Gestalt wird er von Ceridwin erwischt und gefressen. Gwyon Bach, durch den Zaubertrank bereits unsterblich geworden, erlebt nun einen rituellen Tod, eine Reise durch die Anderswelt, durch die Gedärme und Innereien der Göttin, die von dem verschlungenen Weizenkorn schwanger wird. Der so verwandelte Gwyon Bach erlebt die Wiedergeburt als ein neuer Barde mit dem Namen Taliesin: „Einst war ich Gwyon Bach, Taliesin bin ich jetzt."[4]

Diese Geschichte entspricht der Matrix psychedelischer Erfahrungen und schamanischer Initiationen: Erkenntnisse, die Raum und Zeit transzendieren, göttliche Schau, Verwandlung der eigenen Gestalt, gewaltsamer Tod durch Zerstückeln, Zerkauen oder Zermalmen und die Wiedergeburt in eine neue Existenz mit geläutertem Geist und erweitertem Bewußtsein.[5]

Was aber enthielt der Zaubertrank der Ceridwin? Es ist mehr als wahrscheinlich, daß der Trank aus ihrer Gabe, dem Getreide, und den magischen Kräutern, die von allen vier Jahreszeiten hervorgebracht werden, gebraut wurde. Der Zaubertrank der Ceridwin war also ein psychoaktives Bier, eine echte Cerevisia, gebraut mit der Kraft der Erde. Robert von Ranke-Graves vermutet, daß der Kessel der Ceridwin „wahrscheinlich eine Maische aus Gerste, Eicheln, Honig, Stierblut und heiligen Pflanzen wie Efeu, Nieswurz und Lorbeer enthielt."[6]

Nun ist aber keine dieser genannten Pflanzen psychedelisch wirksam, obwohl die Kelten psychedelische Pflanzen kannten. In allen keltischen Gebieten, in England, Frankreich und Spanien gab es Fliegenpilze, Zauberpilze (*Psilocybe semilanceata*), Hanf[7] und verschiedene Nachtschattengewächse. Eine alte keltische Sage beschreibt die Entdeckung einer psychedelischen Pflanze: In der *Reise des Maildun*, einer mittelalterlichen Geschichte über die Suche nach der Anderswelt, treffen die Helden während ihrer langen Seefahrten auf viele wunderliche Inseln. Eine dieser Inseln geht unter dem Namen „Die Insel mit den berauschenden Weinfrüchten" in die Geschichte ein. „Die Bäume sahen aus wie große Haselnußsträucher und trugen eine Art von Früchten, wie sie die Reisenden noch nie zuvor gesehen hatten. Sie sahen etwa aus wie Äpfel, nur hatten sie eine rauhere Schale." Maildun sollte nun von den Früchten kosten. „Also nahm er einige von den Früchten und preßte den Saft aus in ein Gefäß und trank ihn. Sogleich fiel er in einen tiefen Schlaf, aber der Zustand glich mehr einer Trance, nicht so friedlich, wie man sonst Schlaf empfindet. Maildun lag reglos da, er atmete nicht mehr und hatte roten Schaum vor dem Mund. Und für vierundzwanzig Stunden wußte keiner der Männer, ob er noch lebte oder tot sei." Aber der Held hat diesen Rausch gut überstanden. „Als er am nächsten Tag erwachte, bat er seine Leute, noch mehr von den Früchten einzusammeln, denn nichts sei so angenehm, wie das berauschte Gefühl, das man empfinde, wenn man den Saft getrunken habe. Sie preßten also den Saft in Gefäße und von da an vermischten sie ihn mit sehr viel Wasser. So empfand man zwar, wenn man das Getränk zu sich nahm, eine angenehme Beschwingtheit, verfiel aber nicht davon in Trance."[8]

Diese Beschreibung der trance-induzierenden „Äpfel" deutet auf ein Nachtschattengewächs hin. Es könnte sich um die Alraune mit ihren „Liebesäpfeln" oder um die Datura mit ihren „Stechäpfeln" handeln. Beide Pflanzen haben die beschriebenen Wirkungen. Bei einer hohen Dosis – der „reine ausgepreßte Saft" – verfällt der Trinker in eine totenähnliche Trance, bei der sein Bewußtsein auf Reisen in andere Welten geht. Bei einer schwachen Dosis – „der reichlich mit sehr viel Wasser verdünnte Saft" – entsteht in der Tat eine angenehme Beschwingtheit. Sollte also das Geheimnis von Ceridwins Bier ein Nachtschattengewächs sein? Kannten die Kelten etwa das ägyptische Alraunenbier?

Vom Ursprung des keltischen Bieres heißt es, es komme aus der „Anderswelt", einer anderen, den Menschen gewöhnlich nicht zugänglichen Wirklichkeit. Von dort hat es der wilde Lug, der Gott der Ekstase, der Herr des magischen Kampfes, der die Geheimnisse von Bäumen und Sträuchern kennt, geholt und den Menschen geschenkt.[9] Seine Fähigkeiten und sein Symboltier, der Rabe, erinnern an seine Verwandtschaft mit dem germanischen Wotan/Odin. Ebenso wie dieser ist Lug ein junger Gott im keltischen Pantheon. So wird er in einer irischen Mythe auch zu einem Helfer der alten Muttergöttin in ihrem jugendlichen Aspekt.

Der irländische König Conn hat sich eines Tages in einem geheimnisvollen, magischen Nebel verirrt. Dort trifft er auf einen Ritter, der ihn einlädt mitzukommen. Sie gelangen auf eine Ebene, auf der ein goldener Baum steht und betreten ein Haus. Darin sitzt ein goldgekröntes Mädchen auf einem Kristall. Sie behütet ein silbernes Faß und einen daran angelehnten goldenen Kelch. Der Ritter enthüllt nun seine wahre Gestalt, er ist der Gott Lug. Conn ist zu ihnen gebracht worden, um das Schicksal Irlands zu erfahren. Das Mädchen füllt den goldenen Kelch mit einem „roten Bier", das sie aus dem silbernen Faß einschenkt. Mit jedem Kelch wird über das Schicksal von Conns Nachfahren entschieden. Plötzlich verwischt sich die Szene. Das Mädchen, Lug und das Haus sind verschwunden. Geblieben ist nur das silberne Faß und der goldene Kelch.[10]

Der mit Zaubertrank gefüllte Kessel und der Kelch des Schicksals sind zu den Urbildern des heiligen Grals[11] geworden. So wie der heilige Gral Unsterblichkeit, Verjüngung, göttliche Schau, mystische Erkenntnis und „des Paradieses Vollkommenheit"[12] spendet, verleihen Kessel und Kelch vollkommenes Bewußtsein, Blicke in Vergangenheit, Gegenwart und Zukunft und ewiges Leben. Viel-

Oben: Der Comic-Held Miraculix braut in seinem Kessel aus Misteln und anderen Zutaten einen Zaubertrank, der übermenschliche Kräfte verleiht.

Links: Der Taumellolch *(Lolium temulentum)* ist ein weltweit verbreitetes Gras. Er wächst in Getreidefeldern, an Wegrändern und auf Ödland. Gewöhnlich sind seine Ähren von dem Pilz *Endoconidium temulentum* befallen. Die in den Lolchsamen aufgefundenen berauschenden Alkaloide sind die Stoffwechselprodukte des Pilzes. Sie können Trunkenheit, Taumel (daher der Name!), Bewußtseinstrübungen, Schläfrigkeit, aber auch Kopfschmerzen und Erbrechen verursachen. Taumellolch soll auch eine Zutat zu den Hexensalben gewesen sein.

Seite 116: Die Brauerei des *Bière des Druides*, des „Druidenbieres", hat nicht nur die Teutonen mit den Kelten verwechselt, sondern das Bier auch noch nach dem Deutschen Reinheitsgebot gebraut. Der „Zauber" beschränkt sich leider nur auf das Etikett.

leicht war auch der christliche Gral frühester Zeit mit einem heidnischen Zauberbier gefüllt.

Die Druiden, die weisen Priester der Kelten,[13] die ein geheimes Wissen hüteten, die weissagen und heilen konnten, brauten in reich verzierten, mit mythologischen Szenen geschmückten Ritualkesseln berauschende Tränke, um durch deren Genuß in „die Anderswelt fliegen" oder „die Brücke überschreiten" zu können.

Bei archäologischen Grabungen hat man einige dieser Kessel gefunden. Besonders berühmt ist der Kessel von Gundestrup, der eine Wiederbelebungszeremonie und den Gott der Natur, den gehörnten Cernunnos, zeigt.[14]

Für die Kelten hatte der Rausch etwas Göttliches: die rituelle Trunkenheit „ist jener Zustand der Ekstase, in dem man die Realität verlassen kann, um sich für das Übernatürliche zu öffnen".[15] Die Kelten tranken bei all ihren Festen das berauschende Bier, um mit ihren Göttern in Kontakt zu kommen. In vielen Quellen wird von hemmungslosen Trinkgelagen gesprochen.[16] So beim Samain-Fest am 1. November (= Halloween), das dem Gedenken der Ahnen gewidmet war, beim Beltane-Fest am 1. Mai (= Walpurgisnacht), dem Tag des Wiedererwachens der Natur, beim Imbolc-Fest am 1. Februar, der Begrüßung des Lichtes im neuen Jahr, und beim Lugsanag-Fest am 1. August, einem Erntedankfest zu Ehren des Lug. Diese Festdaten[17] haben sich in Europa zum Teil im christlichen Gewande, aber immer noch mit kollektiven Biergelagen gehalten.

Das gewöhnliche Bier für den täglichen Gebrauch und für die beliebten Trinkgelage wurde aus Gerstenmalz, seltener aus Weizen oder Hafer gebraut. Die Kelten hatten auch ein Starkbier. Es wurde aus dem Taumellolch, der eine psychoaktive und berauschende Wirkung hat, gebraut. Taumellolch (*Lolium temulentum*) ist ein Wildgras, das häufig zwischen kultiviertem Getreide wächst. Viele seiner volkstümlichen Namen deuten auf seine Wirkung: Taumelloch, Tollkorn, Schwindelhaber, Trunkenweizen, Knülle, Rauschgras, Tobkraut, Tollgerste, Schlafkorn und Kribbelkraut.[18] Der Taumellolch wurde nicht nur dem Malz zugesetzt oder als Gärstoff verwendet, er galt auch als äußerliches Heilmittel, z.B. bei Schorf.[19] Der Schaum dieses Bieres wurde von den gallischen Frauen als Pflegemittel für ihre Gesichtshaut verwendet.[20]

Wie aber wirkte derart gelolchtes Bier? Von gelolchtem Brot heißt es in einer italienischen Quelle aus dem 16. Jahrhundert, „das Brot, in dem eine beträchtliche

Menge davon ist, macht die Menschen, die es essen, blöde und gewissermaßen betrunken und läßt sie in einen sehr schweren Schlaf sinken ..."[21]

Heute wird wohl nirgends mehr Lolchbier gebraut. Aber in Mitteleuropa war der Gebrauch noch im 19. Jahrhundert bekannt: „Man erzählt sich auch, daß der Lolch betrügerischer Weise zum Brantweinbrennen und Bierbrauen verwendet worden sei, um die Getränke berauschender zu machen."[22]

Die Gallier des 4. Jahrhunderts kannten außerdem ein opiumhaltiges, bierartiges, an den zentralasiatischen Kumyß erinnerndes Getränk. Es wurde aus den zermahlenen Samen oder Fruchtkapseln („Opiumköpfe") des Schlafmohns (gallisch *calocatanos*), Ziegenmilch und Getreide gebraut.[23]

Die Biere der Nachfahren der alten Kelten waren lange Zeit wegen ihrer Stärke berühmt. Man sagte, daß „schottisches Ale ein verführerisches Getränk ist, aber auch ein ebenso treuloses und gefährliches, da es die Sinne verwirrt und zuletzt die Vernunft ganz überwältigt".[24]

Oben links: Das hochprozentige schottische Ale enthält neben Hopfen und Malz reichlich Mais, Farbstoff, Zucker und das verdauungsfördernde Ferment Papain (aus Papaya- oder Ananasfrüchten). In gewisser Weise erinnert die Zusammensetzung an Biere südamerikanischer Indianer.

Mitte und rechts: Zuviel rotes Starkbier kann zu deliranten Halluzinationen und Illusionen führen. Vielleicht lassen sich die Erzählungen der trinkfreudigen Schotten über Nessie, das Monster von Loch Ness, auf derartige Überdosierungen zurückführen.

Seite 118: Das keltisch geprägte Irland gilt heute als Bierland. Wie stark wirksam die irischen Biere sein sollen, zeigt dieses Werbeplakat, auf dem ein Stier als Motorrad verwendet wird.

Bierrunen und Trankopfer

Die alten Germanen lebten in dörflichen Gemeinschaften und Stammesverbänden, ähnlich wie ihre keltischen Nachbarn. Wie die Kelten, so kannten auch die Germanen eine Reihe von geheimnisvollen Zaubertränken und berauschenden Bieren. Wer vom *Met der Inspiration*, auch „Odins Sangmet" genannt, kosten durfte, der wurde von dichterischer Inspiration ergriffen und in den Stand des Skalden erhoben. Die Skalden sangen in Stabreimen und reichen Wortbildern die Lieder der Götter, Helden, Ahnen und schönen Frauen. Der Sage nach hat Odin – so nannten ihn die Nordgermanen, Wotan hieß er bei den Südgermanen – den Met der Inspiration von den Riesen geraubt. Dazu hat sich der Gott der Ekstase und Erkenntnis in eine Schlange verwandelt und durch den Felsen gebohrt, in dem der Zaubertrank eingeschlossen war. Nachdem er von dem Trank genippt hatte, verwandelte er sich in einen Adler, ergriff den gewaltigen Kessel und kehrte ins Götterland zurück. Dabei fielen ein paar Tropfen auf die Erde, die Welt der Menschen. Sie befruchteten fortan den Geist, beflügelten ihn zu dichterischen Höhenflügen, schenkten den Menschen tiefe Erkenntnisse und die Gabe der Prophetie.[1]

Odin/Wotan gab den Menschen noch ein anderes Geschenk, die Runen. Die Runen entdeckte der Gott, als er sich selbst geopfert und für neun Nächte an den Weltenbaum gehängt hatte. An dieser gewaltigen Esche, die durch alle Welten wächst und sie miteinander verbindet, hing der Gott verwundet durch seinen eigenen Speer, ohne Speis und Trank. Am neunten Tage endlich nahm der Gott einige Zweige des Baumes und warf sie auf die Erde. Die Holzstückchen ordneten sich in bis dahin unbekannten Zeichen an. Odin nannte sie Runen, „Geheimnisbergendes"[2].

Die Runen sind Schriftzeichen, die einen Lautwert haben und somit zum Schreiben von Sprache benutzt werden können.[3] Aber noch wichtiger war der Gebrauch der Runen als magische Zeichen. Jede Rune hatte neben dem Lautwert noch eine symbolische und magische Bedeutung, die mit Göttern, Tieren, Pflanzen und Naturkräften verbunden war. Darüber konnte der kundige Zauberer Macht gewinnen, wenn er die Runen richtig ritzte und mit einem Opfer von Blut, Ocker und Bier zum Leben erweckte. Manche Runen konnten Glück und Reichtum sichern, andere konnten Feinde abwehren, wieder andere zum Schadenzauber mißbraucht werden.

Bierrunen werden häufig in den Sagas und altnordischen Quellen erwähnt. In dem *Sigrdrifumál* heißt es: „Bierrunen sollst du können, wenn du willst, daß dich die Frau eines anderen nicht betrügt, [d. h. nicht verrät], wenn du dich für sicher hältst. Auf das Horn sollst du sie ritzen und auf die Rückseite der Hand, und auf den Nagel die Notrune."[4]

In der *Egilssaga* heißt es, die Bierrunen, die man in ein Trinkhorn ritzt, werden als Liebeszauber wirksam, wenn man sich in die Hand sticht, das Blut über die Runen fließen läßt und einen geheimen Zauberspruch rezitiert.[5] In der Edda, der isländischen Sammlung von altgermanischen Götter- und Heldensagen, ist ein derartiger Zauberspruch erhalten:

„Einen Thursen [eine bestimmte Rune] ritz' ich und
der Runen drei:
Lüsternheit, Leid und Liebesrasen;
so ritz ich's ab, wie ich's ritze ein,
wenn es dessen bedarf."[6]

Diese magische Prozedur hilft auch gegen Schadenzauber oder tödliche Gifte. Ist in einem Trinkhorn Gift, so zerspringt es, wenn es mit den Bierrunen geweiht wird.

Gelegentlich wurden zauberkräftige Runen in kleine Hölzer geritzt. Davon wurden Späne abgehobelt und in Bier aufgeschwemmt getrunken. Dadurch wurde die Runenkraft verinnerlicht.[7] Hatte man Bierrunen zum Liebeszauber „getrunken", so wurde man selbst unwiderstehlich.

Die den Liebeszauber bewirkenden Bierrunen konnten entweder mit Runen geschriebene Worte wie *leub*, „Liebe", sein oder aber das in vielen magischen Inschriften auftauchende *alu*[8], dessen Geheimnis die Wissenschaft lange Zeit nicht lüften konnte. Aber laut dem *Handwörterbuch des deutschen Aberglaubens* ist *alu* das altgermanische Wort für ein stark berauschendes, durch geeignete Zusätze vielleicht aphrodisisch wirkendes Bier.

Die Germanen verehrten eine Vielzahl von Göttern. Es gab zwei Göttergeschlechter, die Asen und die Wanen.

„Da waren auf dem Horn mancherlei Runenzeichen, eingeritzt und rotgefärbt ... und der Zauber wirkte."
Gúdrúnarkvida[9]

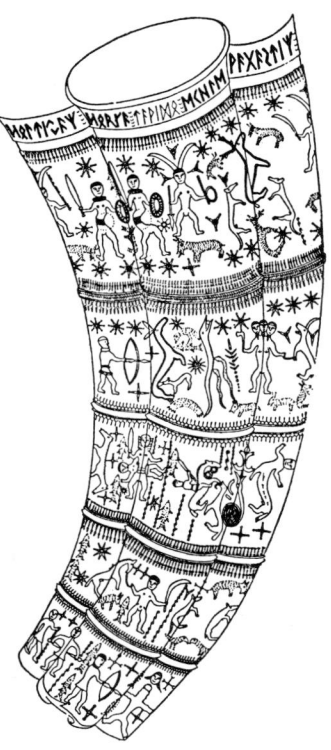

Oben: Eines der beiden goldenen Trinkhörner von Gallehus in Dänemark (Wikingerzeit). Es ist mit zauberkräftigen Runen und mythischen Szenen verziert und wurde bei Kreisritualen getrunken. (Nach einem Stich von 1737.)

Links: Gutrune reicht dem Helden Siegfried den Vergessenstrank, der jede Erinnerung an die Geliebte vergessen läßt, aber den Helden an die Frau, die ihm das Horn reicht, liebend fesselt. Viele Forscher nehmen an, daß der germanische Vergessenheitstrank ein Bilsenkrautbier gewesen ist.

Seite 120: Die magischen Bier-Runen ALU (= Ale oder Øl) sollten vor allem beim Liebeszauber wirksam sein. Damit die Runen wirken konnten, mußten sie eingeritzt und mit Blut oder Blutstein bestrichen werden. Dieser Prozeß hieß *zoubar*, „Zauber".

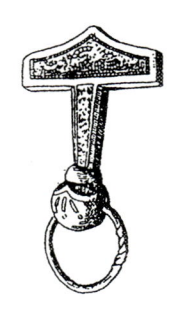

Rechts: Bronzezeitliche Felszeichnung des germanischen Donnergottes Thor oder Donar mit Hörnern, Pferdefüßen, erigiertem Penis und Hämmern in den Händen. Einer altnordischen Sage zufolge galten die Regenwolken am Himmel als Braukessel des bierliebenden Donnergottes. Wenn er mit seinem Hammer die Donnerkeile durch die Wolken treibt, entstehen Blitz und Donner. Der herabströmende Regen galt als „Wolkenbier", das die Erde mit Fruchtbarkeit segnet.

Oben ganz rechts: Thorshammer-Amulette aus der Wikingerzeit, gefunden in Dänemark. Sie dienten u. a. zum Schutz des Braubottichs.

Oben: Der germanische Lebens- und Weltenbaum Yggdrasil, eine Esche, wuchs in der Mitte der Welt *(axis mundi)* und verband die verschiedenen Wirklichkeiten miteinander. An seiner Wurzel befand sich eine Quelle, der Brunnen der Erinnerung. Wer daraus trank, erhielt heiliges Wissen. In dem Geäst weidet die Ziege Heidrun, die aus ihrem Euter einen berauschenden Trank fließen läßt.

Die angeblich aus Asien stammenden Asen sind kriegerische Himmelsgötter, die die Herrschaft über die Welt in Händen halten. Odin/Wotan ist der Göttervater und der Herr des Gesetzes, denn er hat mit der Kraft seines Speeres die chaotische Welt in ihre bestehende Ordnung gebracht. Er hat mit seiner Frau Frigg, aber auch mit anderen Göttinnen und Wesen, Kinder gezeugt. Sein starker Sohn ist der Donner- und Fruchtbarkeitsgott Thor/Donar. Mit der Erdgöttin hat er die Walküren gezeugt, himmlische Jungfrauen, die die erschlagenen Helden nach Walhall, der Götterburg, geleiten und sie in Odins Saal mit unendlichen Mengen köstlichen Bieres bewirten. Die Wanen sind bodenständige, friedliche Vegetationsgötter. Freya, die schöne Liebesgöttin, entstammt dem Geschlecht der Wanen, ebenso ihr Bruder Freyr, ein Fruchtbarkeitsspender.

Obwohl alle Götter und Göttinnen verehrt wurden, waren doch manche unter ihnen im Volk besonders beliebt. Der am häufigsten verehrte Gott war Thor/Donar, gleich gefolgt von Odin/Wotan. Die kriegerischen Stämme beteten zu Tyr, die friedlicheren zu Freyr. Die Liebenden gedachten der Freya, die Bauern opferten der Erdmutter.

Die Germanen erbauten nur selten Tempel, noch errichteten sie große Idole. Sie verehrten die Natur und erklärten den Wald, der damals noch ganz Europa bedeckte, zum heiligen Hain. Die Götter erkannte man in geweihten Bäumen, heiligen Steinen und in den Naturphänomenen, wie Regen, Blitz und Donner. Die „Götzen" waren meist Eichen und andere Bäume, wie Eschen und Eiben. Es sind nur wenige anthropomorphe Götterfiguren, einige Runensteine und ein paar Petroglyphen gefunden worden. Die germanische Religion manifestierte sich hauptsächlich im Bewußtsein des Menschen.

Die religiösen Feste der Germanen waren Trankopfer, Kreisrituale, Bierweihen und Opfer. Den Göttern wurde mit Bier, manchmal auch mit Met („Honigwein") oder importiertem Wein zugetrunken. Im Rausch taten sich Walhalls Tore auf, und man erhaschte einen Hauch der Ewigkeit.

„Bei den nordischen Völkern goß der Priester, wenn er opferte, ein Horn zu den Füßen des Götzen aus, füllte

Der Gebrauch von Trinkhörnern hat sich bis in die Neuzeit gehalten. Die besten Trinkhörner lieferten die Auerochsen und Wasserbüffel. Das große Foto zeigt das berühmte, mit Silber und Messing eingefaßte Trinkhorn des Flensburger Schnitzer- und Tischleramtes (15./16. Jh.). Das beschnitzte Trinkhorn stammt aus Island, dem Land wo sich das germanische Heidentum zum Teil bis heute erhalten hat.

Rechts: Viele Vorstellungen über die Trinksitten der alten Germanen stammen aus dem 19. Jahrhundert. Ungeachtet der erstaunlichen kulturellen Leistungen der Wikinger glauben noch heute viele Menschen, daß die Germanen ein barbarisches und unzivilisiertes Volk von Raufbolden und Säufern waren.

Oben: Archäologische Untersuchungen haben gezeigt, daß dem Bier der Germanen oft der süße Saft der Birke *(Betula pendula)* zugesetzt wurde. Die Birke war den Germanen ein heiliger Baum, da er Nahrung liefert und medizinisch wirksam ist. Außdem wächst in seiner unmittelbaren Nähe der Fliegenpilz, der Wotan, dem Gott der Ekstase, heilig war. (Holzschnitt aus dem *Kräuter-Buch* des Tabernaemontanus, 1731.)

> „Zum Getränk brauchen die Sachsen Bier, welches sie so gierig und unmäßig einschlucken, daß man bei ihren Gastungen und Trinkgelagen, wenn die Trinkgesellen aus Gläsern und Kannen nimmer genug eingießen können, einen vollen Kübel aufstellt, eine Schale hineinlegt, und dann anmahnt nach Belieben zu trinken. Es ist ganz unglaublich zu sagen, wie viel von diesem Getränk sie saufen, wie sie einander dazu ermuntern und zwingen. Bis zur Trunkenheit und zum Erbrechen getrunken zu haben, ist nicht genug; sondern wieder bis zur Nüchternheit, indem sie Tag und Nacht fortmachen. Wer alle übersäuft, trägt nicht nur Lob und Ruhm davon, sondern auch einen Kranz aus wohlriechenden Blumen und Rosen, oder sonst einen Preiß, um den sie gestritten. Von ihnen schleicht nun diese verderbliche Sitte in ganz Teutschland, so daß man die stärksten Weine zu unaussprechlichem Schaden trinkt. Kommt ein Gast oder eine andere Person an einen Ort, wo getrunken wird, so stehen alle Trinkgenossen auf und bitten ihn, nach dargereichtem Becher, dienstwilligst zum Mittrinken. Schlägt er es, ohne vorgebrachte Ursache, etliche mal aus, so wird er für einen Feind gehalten; und diese Beschimpfung kann häufig durch nichts anders, als Wunden oder Mord getilgt werden."

Boemus Aubanus, 1536

> *„Viel Schädliches war geschüttet ins Bier,*
> *Vieler Bäume Laub, verbrannte Eckern, der Küche Russ, gekochte Därme,*
> *Des Hausschweins Leber, die Hass beschwichtigt."*
>
> Völsunga Saga

es wieder und trank demselben zu. Im Tempel zündete man ein Feuer an, hob die vollen Becher durch die Flamme und leerte sie in folgender Ordnung: den ersten zu Odins, den zweiten zu Thors und der Freia Ehren, den dritten, *Bragakelch* genannt, zum Gedächtnis berühmter Helden, den vierten endlich, den *Minnebecher*, zum Andenken abgeschiedner Freunde."[10]

Wurde das Opferbier von den Menschen rituell getrunken, so mußte zunächst das Trinkhorn mit einer Weiheformel besprochen werden. Das Horn wurde sodann mit einem Thorshammer, einem kleinen Amulett, das den Hammer des Donnergottes darstellte, geheiligt, indem man damit gegen das Gefäß klopfte. Derjenige, der die Weihe ausgesprochen hatte, trank zuerst. Dann reichte er das Horn weiter im Kreis der Anwesenden. Immer wenn es geleert worden war, wurde es wieder aufgefüllt. Jeder, der das Trinkhorn in Händen hielt, konnte feierliche Gelübde aussprechen, um Gesundheit und Glück flehen, für eine reiche Ernte beten, auf Sieg und Frieden trinken oder berühmte Ahnen und Helden in Erinnerung rufen. Diese Trankopfer hießen *minni*, „Minne" in der Bedeutung von „Liebestrunk" oder „Erinnerungstrunk". „Der heilige Trank brachte den Menschen buchstäblich in Verzückung – eine Verzückung, die nicht immer von Betrunkenheit entfernt war."[11] Diese Opferzeremonien waren aber nicht in lauter Heiligkeit erstarrt, sondern verbanden die Menschen in Liebe und Fröhlichkeit miteinander. Oft wurden frivole, aber eindeutige Lieder gesungen und erotische Tänze aufgeführt.

Bier war auch das Hauptgetränk in Haus und Hof, das jedem Gast angeboten wurde. Wer mit Bier knauserte, hatte bald keine Freunde mehr. Mit Bier besiegelte man Gelöbnisse und Verträge, man bekräftigte Freundschaftsbande und belohnte das Hofgesinde. Beim Thing, dem Ratschluß der Weisen, wurde genauso Bier getrunken wie bei Hochzeiten und Begräbnissen. Den Toten wurde schließlich noch Bier mit ins Grab gegeben.

Es ist ein Sterbegesang des nordischen Königs Ragnar Lobrok erhalten geblieben, der eher wie ein Bierlied klingt:

„Wohlan! es endet sich mein Lied:

Die Todesgöttinnen,
Die Wodan mir aus seinem Haus
Gesendet, rufen mir.
Dort sitz ich froh auf hohem Sitz,
Trink mit den Asen Bier.
Des Lebens Stunden sind entflohn,
Mit Lachen sterb ich hin!"[12]

Im Alwislied der Götter-Edda wird dargelegt, daß es verschiedene gegorene und unterschiedlich wirksame Getränke gab. Thor befragt den schlauen Zwerg Alwis, wie die „Saat" und wie das daraus bereitete Bier bei den Bewohnern der verschiedenen Welten heißen. Alwis antwortet:

„Gerste bei den Menschen
bei den Göttern Saat,
Wachstum im Wanenreich,
Brotkorn bei den Riesen
Bierstoff bei den Alben,
Hängehalm bei Hel."
„Bier bei den Menschen
Bräu bei den Wanen,
Äl im Asenreich,
Heiltrank bei den Alben,
bei Hel aber Met,
Rauschtrank im Riesenland."[12]

Archäologische Funde beweisen, daß aus Gerste, Weizen, Hafer, Windhafer (*Avena fatua*), Taumellolch, Emmer, Dinkel und Honig Bier gebraut wurde. Der römische Geschichtsschreiber Tacitus schrieb über die Germanen: „Als Getränk haben sie eine Flüssigkeit, die aus Gerste oder Weizen gewonnen und zu etwas ähnlichem wie Wein vergoren ist."[13]

Das Bier wurde zu Hause gebraut und zwar ausschließlich von Frauen, die zunächst aus gemälztem Getreide Bierbrote buken, die sie dann in Wasser bröselten und kochten. Es wurde aber auch mit gedörrtem Malz gebraut. Nach dem Sieden im Kessel auf dem Herd oder dem Erhitzen durch glühende Steine, die in die Lösung gelegt wurden, wurde die Hefe, „Odins Speichel" oder „Speichel des Bären" genannt, dazugegeben. Die germanische Hefe konnte biologisch bestimmt werden: *Saccharomyces palaeogermanica*.[14]

Seite 127, links: Der gehörnte Gott Pan mit Syrinx (Panflöte) und Bocksbeinen wurde zum Urbild des christlichen Teufels. (Holzschnitt aus Cartari, *Imagini delli Dei degl'Antichi*, 1647.)

Seite 127, rechts: Teufel und Bock sind eine unzertrennliche Einheit. (Stich, 19. Jh.)

Oben: In der kleinen norddeutschen Hansestadt Einbeck wurde das erste moderne Bockbier gebraut.

Mitte: Auf dieser Bockbierdose ist das bekränzte Dionysoskind mit einem Bierhumpen auf einem Bock reitend abgebildet.

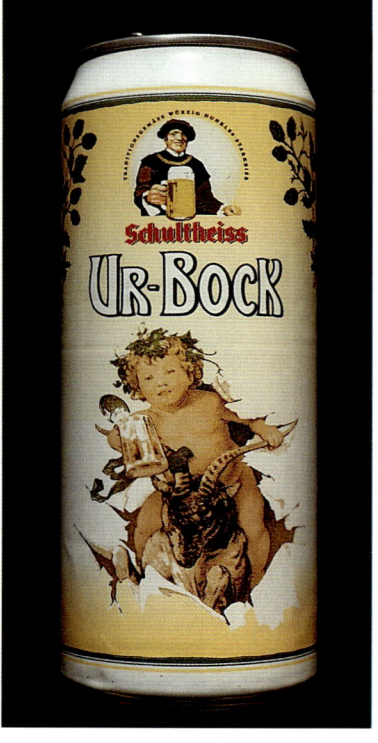

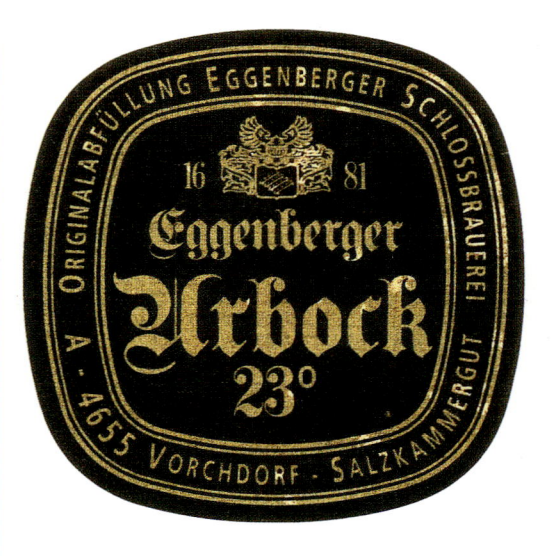

In der Steiermark erhielt das Bockbier angeblich seinen Namen von einem frustrierten Jäger, der einen prächtigen Rehbock verfehlte. Als er von der erfolglosen Jagd in ein Wirtshaus einkehrte rief er: „Gebt mir wenigstens ein starkes Bier damit ich meine Wut auf den Bock hinunterspülen kann!"

Vor dem Sieden wurden die Zusätze, die das Bier schmackhafter, haltbarer und vor allem berauschender machen sollten, zugesetzt: Sumpfporst, Gagel, Salbei, Heidekraut, Pilze, Harze, Schafgarbe, Wacholder, Eichenrinde, Buchenasche, Eschenlaub, Nußlaub, Petersilie, Weißpech, Anissamen, Kokkelskerne, Wermut, Beifuß und vor allem das Bilsenkraut.[15] Manche dieser Biere haben Geschichte gemacht, andere wurden vergessen oder verdrängt.

In den frühesten wie in den mittelalterlichen Quellen wurde immer wieder über die unbändige Trinklust der Germanen geschrieben. Bei Tacitus heißt es: „Wenn man ihrer Trinklust entgegenkommt und herbeischafft, soviel sie begehren, wird man sie durch ihre Untugenden ebenso leicht besiegen wie mit Waffen."[16] – In gewisser Weise war diese Aussage prophetisch. Denn als Germanien missioniert wurde, sind die Klosterbrauereien entstanden, die ihre neuen Schafe mit Unmengen von gehopftem Bier betäubt haben.

Aber bei den Südgermanen hat sich die alte Trinklust und das rituelle Minnetrinken noch lange nach der Zwangschristianisierung durch Karl den Großen erhalten. Im Jahre 1120 n. Chr. wurde das tägliche Maß Bier, das in der Fastenzeit zwischen Aschermittwoch bis zum Ostersonntag nach Anordnung des Domherrn Cuno zu Passau getrunken werden sollte/durfte, im Volksmund noch immer *Minnetrunk* genannt:[17] „Der deutsche Heide nämlich hatte seine Götter und volkstümlichen Helden durch Zutrinken geehrt, der neubekehrte deutsche Christ aber trank auf jener Heiligen Gedächtniß, die ihm durch Proben geistiger oder leiblicher Stärke Bewunderung abgewannen; und die Kirche in ihrer Duldsamkeit nahm dieses sog. *Minnetrinken* in ihre Rituale auf, nachdem sie sich Jahrhunderte hindurch vergeblich bemüht hatte, dasselbe zu unterdrücken; kaum gelang es den Bischöfen, die Zahl der Heiligen zu beschränken, auf deren Gedächtniß oder Minne man trank."[18]

Der Ur-Bock

Viele Starkbiere heißen heutzutage *Bock, Steinbock, Doppelbock* oder gar *Ur-Bock*. Auf Bieretiketten, Wirtshausschildern und in der Werbung erscheinen Ziegenböcke, Widder, Steinböcke und bocksgestaltige Teufel.

Der Begriff „Bock" in Verbindung mit Bier ist die letzte Erinnerung an den heidnischen Ritualtrank, an den Ur-Bock in seiner ursprünglichen Form.

Biere und Böcke gehören seit mindestens sechstausend Jahren zusammen. Bier und Bock sind die Insignien einer auf Getreideanbau und Hirtentum basierenden Kultur. Über der Darstellung eines babylonischen Opferkrugs schwebt ein Bock. Ischtar, der Liebes- und Biergöttin wurden neben dem Opferbier auch Opferböcke dargebracht. Die Ägypter von Mendes verehrten Ziegenböcke und Widder als Götter und brachten ihnen Trankopfer mit Bier dar. Der Bock ist das Ur-Symbol der natürlichen Sexualität, der Fruchtbarkeit und der zügellosen Kultur. Das Bier ist das Symbol für die menschliche Kultur. Im Bier- und Bockopfer vollzieht sich die Hochzeit von Natur und Kultur. Der Mensch dankt der Natur, weil er von ihr vollständig abhängig ist.

Aus der Antike stammen einige Götter, die Mischwesen aus Männern und Böcken sind. Der arkadische Hirtengott Pan hat den Oberkörper eines Mannes, aber die Beine eines Ziegenbockes. Ihn zieren zwei Bockshörner und ein gewaltiger Penis, der sich beim Anblick jedes weiblichen Wesens in deutlich sichtbare Erregung versetzt. Pan liebte nichts so sehr, wie den Frauen, Göttinnen und Nymphen nachzustellen, faul in der Nachmittagssonne zu verweilen und sich allen erdenklichen Räuschen hinzugeben. So trat er auch in die orgiastisch-wilde Gefolgschaft des Dionysos ein, tanzte und frohlockte mit den bocksbeinigen Satyrn und jagte die ekstatisch verzückten Mänaden und liebreizenden Nymphen.[1]

Dionysos oder Bacchos gilt heute gemeinhin als Gott des Weines.[2] Aber die Phrygier und Thraker, zwei Völker, die nördlich von Hellas auf dem Gebiet des heutigen Balkan lebten, verehrten ihn auch als Gott des Bieres, den sie Sabazios und später auch Dionysos Sabazios nannten.

„*Die Mendesier[3] rechnen Pan unter die acht Götter, die, wie sie glauben, älter sind als die zwölf Götter. Nun stellen die Maler und Bildhauer den Pan, eben wie bei den Hellenen, ziegenköpfig und ziegenfüßig dar, nicht etwa, weil sie ihm solche Gestalt zuschreiben, er gilt ihnen vielmehr den anderen Götter gleich; den Grund aber, weshalb sie ihn so darstellen, mag ich nicht gern sagen. Sie halten zwar alle Ziegen heilig, jedoch mehr die männlichen als die weiblichen, und deren Hirten stehen in höherem Ansehen als die Hirten anderer Tiere. Ein bestimmter Ziegenbock aber wird ganz besonders verehrt. Stirbt dieser, so trägt der ganze mendesische Gau grosse Trauer um ihn. Nun heißt der Bock, ebenso wie Pan, auf ägyptisch Mendes. Und in diesem Gau ist zu meiner Zeit das Wunder geschehen, daß sich ein Bock mit einem Weibe vor aller Augen begattete. Dies ist allen Menschen bekannt.*"

Herodot II, 46

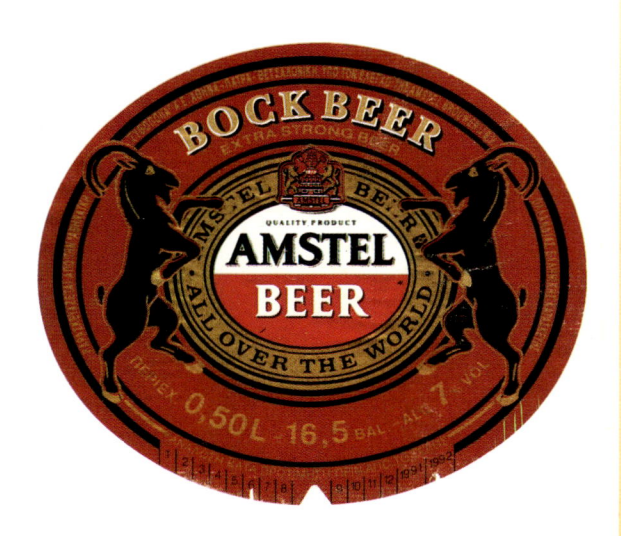

Ode an das Bockbier

„Rettiche bekränzen dich,
Bräuknechte kredenzen dich,
Schaumüberkräuseltes,
Wurstdampfumsäuseltes,
Nektargetränk."

Anonymus

Auf den Bieretiketten der meisten heutigen Starkbiere sind entweder Böcke oder Teufel dargestellt. Der Bock war im Altertum ein heiliges Tier. Er gehörte in die Gefolgschaft des trunkenen Gottes Dionysos. Zu den heiligen Pflanzen des Dionysos zählten neben der Weinrebe, der Feige und dem Efeu auch die Äpfel. Sogar ein Frankfurter Apfelwein ist nach dem heiligen Tier Blauer Bock benannt worden.

„Aus allen Enden der alten Welt ..., von Rom bis Babylon können wir die Existenz dionysischer Feste nachweisen, deren Typus sich, bestenfalls, zu dem Typus der griechischen verhält wie der bärtige Satyr, dem der Bock Namen und Attribute verlieh, zu Dionysos selbst. Fast überall lag das Zentrum dieser Feste in einer überschwenglichen geschlechtlichen Zuchtlosigkeit, deren Wellen über jedes Familientum und dessen ehrwürdige Satzungen hinwegfluteten; gerade die wildesten Bestien der Natur wurden hier entfesselt, bis zu jener abscheulichen Mischung von Wollust und Grausamkeit, die mir immer als der eigentlich ‚Hexentrank' erschienen ist."

Friedrich Nietzsche
Die Geburt der Tragödie aus dem Geiste der Musik

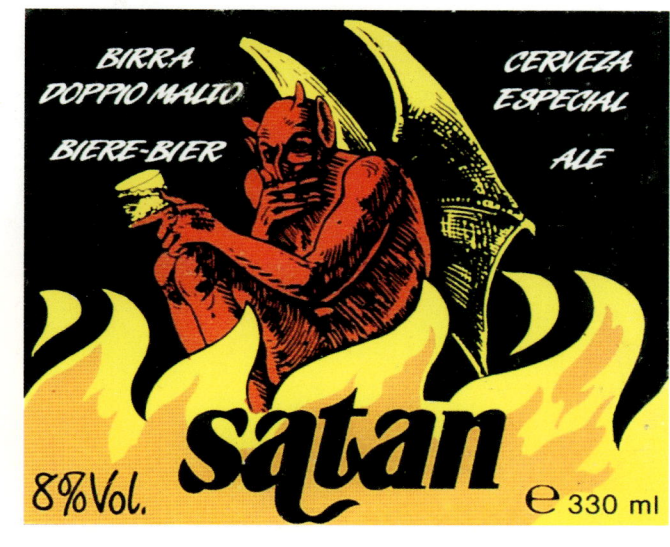

Der Name leitet sich von dem illyrischen Wort *sabaja*, „Bier", ab. Das berauschende Nationalgetränk der Thraker und Phrygier war ein ungehopftes, starkes Bier, das aus Dinkel gebraut wurde. Dinkel hieß *tragos*, und dieses Wort bedeutete auch „Ziege(nbock)". Unser Wort Tragödie stammt von dem griechischen *tragodia*, wörtlich „Gesang der Böcke" oder „Bocksgesang".[4] Demnach kann Nietzsches Theorie der *Geburt der Tragödie aus dem Geiste der Musik* auch interpretiert werden als Geburt der Tragödie aus dem Geiste des Bieres. Oder war es die Geburt des Geistes aus dem Bier?

Sabazios galt den Thrakern und Phrygiern als der Gott des Ackerbaus, der Fruchtbarkeit und des Wachstums, der Geburtshilfe und als Gott des mystischen Rausches, des göttlichen Wahnsinns. Ihm zu Ehren wurden Mysterien gefeiert, wobei die Mysten mit einem berauschenden Bier in Ekstase versetzt und in die Geheimnisse von Leben, Tod, Wiedergeburt und Fruchtbarkeit, sprich in die inneren Zusammenhänge der Natur, eingeweiht wurden.[5] Die Mysterien des Sabazios fanden zum Frühjahrsfest statt, das im Zeichen des Widders, also eines Bockes, stand.[6] Zu den Attributen des Sabazios gehörten Kornähren und Frösche oder Kröten. Aus diesen Amphibien wurden im Altertum die berühmten Liebestränke der thessalischen Hexen gebraut.[7]

Die thrakischen Mysterien des Sabazios hielten später Einzug in das Römische Reich, wo man die Thraker *Sabaiarii*, „Biertrinker", nannte.[8] Die Römer, die sich von diesem Kult angezogen fühlten oder die darüber geschrieben haben, identifizierten den Sabazios mit ihrem Gott Jupiter, dem Herrn des Blitzes und des Donners. Jupiter war mit dem Getreide verbunden; ihm wurden Hirse und vor allem Gerste geopfert. Die Iden, die Vollmondtage, waren ihm heilig. Sein wichtigstes Fest, die *ludi Romana*, fand vom vierten bis zum neunzehnten September statt, also etwa zu Erntedank.[9] Als die Römer in die germanischen Gebiete vordrangen und über die Götter der „kulturlosen Barbaren" berichteten, identifizierten sie den fremden Donnergott Donar (Thor) mit ihrem heimischen Jupiter (besonders dem *Iupiter tonans*). Die Germanen erkannten umgekehrt in dem römischen Jupiter ihren Donnergott. Sie übernahmen die römischen Namen der Wochentage, die nach den Göttern benannt waren. Der römische Tag *Iovis dies*, der „Tag des Jupiters", wurde als Donnerstag, „Tag des Donars", in das Germanische übersetzt.[10]

Dem Donar waren die Böcke, sowohl Ziegenböcke als auch Widder, geweiht,[11] die ihm zu Ehren bei großen Opferfesten mit anschließenden Trinkgelagen geopfert wurden. Donar war aber auch der Gott des Bieres, dem

Das moderne Bockbier zeichnet sich durch den sehr hohen Alkoholgehalt aus. In vergangenen Zeiten wurde das Bier zum Bocksopfer mit anderen Pflanzen stark gemacht. Der Beifuß sollte dem Bier eine besondere berauschende Komponente und eine rote Farbe verleihen. (Holzschnitt aus dem *Kreutterbuch* des Leonhart Fuchs, 1543.)

der größte Durst zugeschrieben wurde. Bei einer Wette sollte er das Trinkhorn eines Riesen mit drei Zügen leeren. Das Trinkhorn aber war durch eine List mit dem Weltmeer, übrigens Sitz des Meeresgottes Ägir, der oft für die Götterfeste kräftiges Bier braute, verbunden. Der Donnergott trank soviel von diesem Meer aus Bier, daß sich der Wasserspiegel drastisch senkte. So entstanden Ebbe und Flut.[12]

Donar wurde als Schutzherr des Bierbrauens angerufen. Seine heiligen Pflanzen sollten das Bier vor dem Umkippen schützen. Der Gott erscheint in vielen Darstellungen mit Bocksbeinen, Pferdeschweif, Hörnern und einem riesigen Phallus – sozusagen eine germanische Ausgabe des griechischen Pan.

Das wichtigste Fest des Donnergottes fand im Frühjahr statt. Bei dem Opfer des geweihten Widders, der schlicht Bock genannt wurde, gab es einen Opfertrank aus Starkbier,[13] der schon in frühen Quellen als Namensgeber für das Bockbier angeführt wird.[14] Noch bis zum Jahre 1854 trank man in der Jachenau im Iserwinkel beim Schlachten eines Widders ein besonderes Starkbier.

Der Ur-Bock, der Trank des heidnischen Bockopfers, war also Teil des Rituals zu Frühlingsbeginn, ein Bock-Bier, das magische und aphrodisische Eigenschaften besaß.

Die Germanen verwendeten den Beifuß (*Artemisia vulgaris*) als Würzkraut des Bieres,[15] das auch unter dem Namen *Roter Bock* bekannt war. Ein „Rotes Bock-Bier" hatte, bedingt durch das ätherische Öl des Beifußes, zweifellos stark berauschende und aphrodisische Eigenschaften. Beifuß ist seit dem Altertum als Fruchtbarkeitsspender, Heilmittel bei Frauenkrankheiten und als Erwecker der Liebeslust bekannt.[16] In der frühen Neuzeit gab es im Bistum Wollin in Pommern ein Bier, das *Bockhänger* hieß, und als ein „wollüstiges Bier" bekannt war.[17]

Schließlich ist der Ziegenbock ein uraltes Maskottchen

und Abzeichen der Brauer und Brauereien. Das Zeichen des Bockes sollte eine magische Schutzwirkung auf das Vieh ausüben und unerwünschte Krankheiten vertreiben.[18]

Die bierselige Bierliteratur[19] vertritt eine andere Version der Etymologie des Bockbieres. Das *Bayerische Wörterbuch* in der Ausgabe von 1872 gibt folgende Erklärung: „Wie aus Einbecker- oder Embeckerbier dem gemeinen Mann, der in jedem ihm fremden Ausdruck gern einen handgreiflichen Sinn legt, Ainbock und endlich gar Bock werden konnte, ist begreiflich. Diese volkstümliche Neuformung ist indessen schon ein paar Jahrhunderte alt."[20] Ganz ähnlich heißt es noch in der neuesten, der 18. Auflage des *Großen Brockhaus:* „Bockbier [aus bair. Oambock, Einbeck], Bock, Starkbier mit mindestens 16% Stammwürze, urspr. im März gesotten ..."

Nun ist in Einbeck, einem Ort der norddeutschen Hanse, seit dem 13. Jahrhundert das Brauen bezeugt. Die Einbecker Brauer verfeinerten im Laufe der Zeit ihre Kunst und brauten immer stärkere, d. h. vermutlich alkoholreichere Biere. Dieses wahrscheinlich ungehopfte Einbecker Starkbier, dessen Originalrezept[21] nicht bekannt ist, zeichnete sich vor allem durch eine lange Lagerfähigkeit aus und eignete sich daher gut zum Export. Es wurde von den Mitgliedern der Hanse, besonders von den Hamburgern, die ihr Rathaus „Eimbekisch Haus" nannten, vertrieben.[22] Die Hauptabnehmer des Einbecker Bieres waren die Bayern, aber es wurde bis nach Alexandria und Kairo verschifft.[23] Die Bayern warben sogar Einbecker Braumeister ab, um schließlich zu lernen, wie man Starkbier braut. Starkbier war übrigens keine Erfindung des Mittelalters. Schon im Altertum kannte man sehr stark gebraute, dickflüssige Doppelbiere, etwa das *Di-Zythos* der Ägypter, Thraker und Griechen.[24]

„Übrigens hat man bereits in Ägypten dem Bier Bilsenkraut zugefügt.
Es war das erste ‚Ur-Pils'!"
Martin Hürlimann, Das Buch vom Bier[1]

Das echte „Pilsener"

Einer der größten Irrtümer der offiziellen Biergeschichte ist die Etymologie des Wortes *Pilsener*, worunter ein stark gehopftes, helles Bier verstanden wird. Der Name leitet sich nämlich nicht von dem tschechischen Plzen (= Pilsen) ab, sondern von der ursprünglich dieser Bierart beigemischten Pflanze, dem Bilsenkraut, das früher *Pilsener krut* hieß, worauf auch die noch heute gebräuchliche Schweizer Bezeichnung für das Bilsenkraut, *Pilsenkraut*, hinweist. Aus dem mit *Pilsener krut* gebrauten Bier wurde das Pilsener Bier, das Bilsenkrautbier. Bilsenkraut war bei den Ägyptern und Griechen, bei den Kelten und Germanen eine Pflanze der Götter gewesen, also das rechte Gewürz für einen Trank für die Götter. Die okkulte Astrologie ordnet das Bilsenkraut dem Sternbild Widder zu; den Römern galt es als eine Pflanze Jupiters.[2] Es war vielleicht der wirksame Bestandteil des *Ur-Bockes*.

Bilsenkrautsamen wurden schon im Altertum, so in Ägypten, dem Bier zugesetzt. Die Griechen verstärkten die Wirkung ihres Weines durch Bilsenkraut.[3] Das Bilsenkrautbier erfreute sich bei den Germanen großer Beliebtheit, denn es berauschte auf eine ganz besondere Weise. Es versetzte in einen trunkenen Taumel, in dem Bilder der Seele aufstiegen und sich zu mystischer Schau verdichteten. Bilsenkrautbier konnte Halluzinationen auslösen, aber auch als Liebestrank wirken.[4] Die Wirkungsweise war von der Dosierung abhängig.

Noch im mittelalterlichen Europa diente das Bilsenkraut zur Aufbesserung des Bieres.[5] Aber mit Beginn der Neuzeit wurde dieser Brauch von Staat und Kirche bekämpft. 1507 wurde den mittelfränkischen Bauern verboten, Bier mit Bilsensamen und anderen „den Kopf toll machenden Kräutern" zu versetzen. In der Bayerischen Polizeiverordnung von 1649 hieß es: „Wer aber andere Kräuter und Samen, fürnehmlich Bilsen in das Bier tut, der soll, wie auch der Verkäufer solcher Kräuter, nach Ungnaden bestraft werden."[6] Zu jener Zeit galt das Bilsenkraut weithin als Hexenpflanze und als teuflische Ingredienz verderbenbringender Hexentränke.[7]

Seite 132: Das Schwarze Bilsenkraut *(Hyoscyamus niger)* war eine heilige Pflanze der Germanen. Es ist das Biergewürz des „Echten Pilseners". (Kupferstich, 19. Jh.)

Unten: Alle Pflanzenteile des Bilsenkrautes enthalten die halluzinogenen Wirkstoffe Scopolamin und Hyoscyamin. Zum Bierbrauen eignen sich sowohl die winzigen schwarzen Samen als auch die getrockneten Blätter.

Links: Mit Bilsenkraut gebrautes Bier nimmt eine rötliche Farbe an. Es wirkt stark berauschend und erotisierend. Da die Alkaloide eine Trokkenheit im Mund bewirken, ist das Echte Pilsener das einzige Getränk, von dem man immer durstiger wird, je mehr man davon trinkt!

Noch in der frühen Neuzeit hieß es: „Jungen Leuten, die als Neumitglieder in eine der Gruppen aufgenommen wurden, die sich der Hexerei verschrieben hatten, verabreichte man oft ein Bilsenkrautgetränk; sie ließen sich dann leicht zu den Ritualen verleiten, die der offiziellen Aufnahme in einen Hexenzirkel vorangig."[8]

In deutschsprachigen Gebieten wurden bis zum 17. Jahrhundert von Brauereien Bilsenkrautkulturen angelegt. Die Pflanze sollte die Wirkung sogenannter „schwacher" Biere aufbessern.[9]

In der von Bauhin bearbeiteten Tabernaemontanus-Ausgabe von 1731 steht geschrieben: „Die aber / die mit Bilsensaamen / Indianischen Kokkelkernen und dergleichen Stücken / bereitet werden / soll niemand trincken / dann diejenigen so das Leben verwircket haben / dann die bringen Hürnwüten / Unsinnigkeit / und bißweilen den jähen Tod."[10] Demzufolge gab es im 18. Jahrhundert immer noch Bilsenkrautbier, das echte Pilsener. Selbst im 19. Jahrhundert, als schon das falsche Pilsener erfunden worden war, haben deutsche Brauer ihre Biere mit Bilsensamen veredelt.[11]

Blüte des im Mittelmeergebiet verbreiteten Weißen Bilsenkrautes *(Hyoscyamus albus)*. Nach Dioskurides ist dies die arzneilich wertvollste Art. Das Bilsenkraut war die heilige Pflanze des prophetischen Sonnengottes Apollon.

Bilsenkraut

Es gibt vier Arten vom Bilsenkraut, botanisch *Hyoscyamus niger, Hyoscyamus albus, Hyoscyamus aureus* und *Hyoscyamus reticulatus,* die in Gestalt, Habitat und Wirkung einander ähnlich sind und vielleicht deshalb in den Quellen nicht immer unterschieden werden. Das Bilsenkraut gehört mit seinen nahen Verwandten Tollkirsche, Stechapfel und Alraune zu den Nachtschattengewächsen *(Solanaceae).*[1]

Das Bilsenkraut ist unter vielen verschiedenen volkstümlichen Namen bekannt.[2] Es hat einen alten indoeuropäischen Namen, der vermutlich *bhelena* lautete und die Bedeutung von „Phantasieren" hatte. Auf die narkotische Wirkung spielt der Name *Dulldill* an. Die aphrodisische Bedeutung drückt sich in der Bezeichnung *Tollkraut* aus (*toll* hatte ursprünglich die Bedeutung von „geil"). Die Namen *Belinuntia, Belefio, Apollinaris* und *Pythaion* weisen auf die mantischen Götter. Manchmal trifft man auch die Bezeichnung *Prophetenkraut* an.

Das Bilsenkraut enthält in allen Pflanzenteilen, vor allem aber in den Samen und in der Wurzel, verschiedene Tropan-Alkaloide, wie Scopolamin und Hyoscyamin, die

Links: Die früheste deutsche Darstellung des Bilsenkrautes aus dem Kräuterbuch des Johannes Hartlieb (15. Jh.). Im Begleittext heißt es: „Jusquianus hayst pilsenkraut, das ist gar kalt und sein sam ist gut in vil ertzney und hat kraft ..."

Rechts: Die „Väter der Botanik" haben zahlreiche medizinische Nutzanwendungen des weißen Bilsenkrautes angeführt. (Holzschnitt aus dem *Kreutterbuch* des Hieronymus Bock, 1577.)

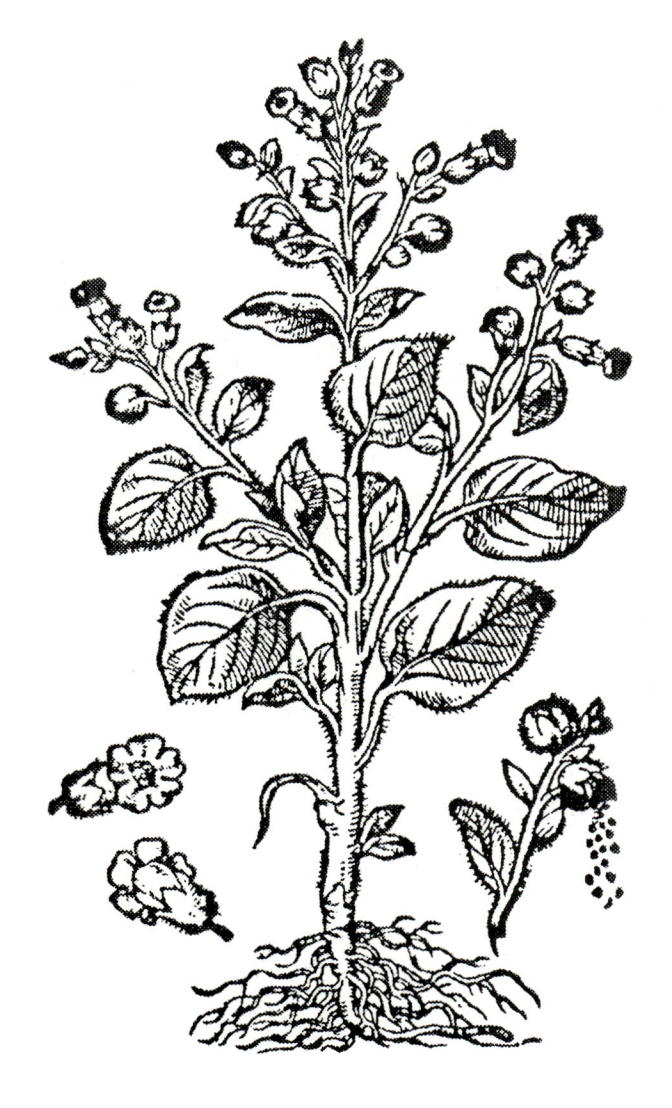

je nach Dosierung stark berauschend, narkotisch oder tödlich giftig wirken. Die Wirkungen sind den Wirkungen des Stechapfels, der Engelstrompete und der Alraune ähnlich.

Der Gebrauch von Bilsenkraut durch vorindogermanische Völker liegt neuntausend Jahre zurück. Seine Samen sind bei Ausgrabungen germanischer Gräberfelder gefunden worden, und es wird in allen frühmittelalterlichen angelsächsischen Arzneibüchern als vielseitig verwendete Heilpflanze erwähnt.[3] Die germanischen Bilsengärten, die in der nordischen Dichtersprache (Skaldik) *Odâinsackr*, „Acker des Odin", genannt wurden, galten als Heil- und Genesungsstätten, wo der Gott der Ekstase seine größten Heilwunder ausübte.[4]

Das einzige schriftliche Zeugnis des germanischen Bilsenkrautgebrauchs ist uns durch Burchard von Worms überliefert worden: „Zur Zeit anhaltender sommerlicher Dürre scharen sich Mädchen zusammen, ziehen eine ihrer Gespielinnen nackt aus und suchen Bilsenkraut [im Original: *herbam jusquiamum quae Teutonice belisa vocatur*]. Dieses muß das entkleidete Mädchen mit dem kleinen Finger der rechten Hand ausreißen, dann wird es an die kleine Zehe des rechten Fußes gebunden. Hierauf führen einige Mädchen mit Ruten die Entkleidete zum nächsten

Oben: Bilsenkraut *(Hyoscyamus niger)* wird heute für pharmazeutische Zwecke angebaut und gelangt getrocknet und zerkleinert in den internationalen Apothekenhandel. In dieser Form ist es als Zusatz zur Bierwürze geeignet.

Rechts: Der getrocknete Fruchtstand des Schwarzen Bilsenkrautes. In jeder Kapsel befinden sich unzählige schwarze Samen.

Fluß und besprengen sie mit Wasser. Auf diese Weise soll der erwünschte Regen herbeigeführt werden. Dann wird das Mädchen, das aber wie ein Krebs rückwärts gehen muß, wieder zurückgeführt."[5]

Das Bilsenkraut war aber auch bei den Klosterbrüdern bekannt und wurde in Klostergärten gezogen. Bilsensamen waren ein beliebter Bestandteil in universal wirkenden Gegengiften und narkotischen Mischungen. Sie wurden zur Enthexung, Dämonenabwehr und Vertreibung böser Geister sowie im kirchlichen Exorzismus verwendet. Bei Ausgrabungen in den Ruinen der Hohenburg in Homburg/Efze wurden noch keimfähige Samen des Bilsenkrautes gefunden.[6] Hildegard von Bingen schrieb im 12. Jahrhundert: „Damit aber ein Betrunkener wieder zu

*„Da ich im Garten schlief,
Wie immer meine Sitte nachmittags,
Beschlich dein Oheim meine sichre Stunde
Mit Saft verfluchten Bilsenkrauts im Fläschchen
Und träufelt' in den Eingang meines Ohrs
Das schwärende Getränk; wovon die Wirkung*

*So mit des Menschen Blut in Feindschaft steht,
Daß es durch die natürlichen Kanäle
Des Körpers hurtig wie Quecksilber läuft
Und wie saures Lab, in Milch getropft,
Mit plötzlicher Gewalt gerinnen macht
Das leichte, reine Blut …"*
Shakespeare, Hamlet[7]

Links: Als das Bilsenkraut dämonisiert wurde, erhielt es den volkstümlichen Namen „Teufelsauge". Man glaubte, in der leuchtenden Blüte das böse Auge Satans zu erkennen.

Rechts: Das Bilsenkraut (*Hyoscyamus niger* var. *chinensis*) ist auch in Asien heimisch und wird dort als Aphrodisiakum, Heil- und Rauschmittel verwendet. (Traditionelle Darstellung auf einem tibetischen Medizin-Thanka.)

sich kommt, lege er Bilsenkraut in kaltes Wasser, und er befeuchte seine Stirn, Schläfen und Kehle (damit) und es wird ihm besser gehen."[8]

Gelegentlich taucht das Bilsenkraut in den Akten der Hexenprozesse auf. In einem Protokoll von 1648 heißt es, die als Hexe angeklagte Puisterflickersche habe einem Bauern, dem ein Ochse abhandengekommen ist, „neun Bilsenknöpfe" gegeben, damit er das Tier wiederfände.[9] Eine Hexe aus Pommern hat vor Gericht gestanden, daß sie einen Mann habe toll werden lassen, indem sie ihm Bilsenkrautsamen in die Schuhe getan hat. Das Bilsenkraut gehörte lange zu den offiziellen Medikamenten. Durch seine Rolle in der Hexenverfolgung wurde es lange Zeit aus den staatlichen Pharmakopöen gestrichen.[10]

Bilsenkraut verursacht bei Überdosierungen wahre Höllenfahrten, vollständige Orientierungslosigkeit, panische Angst, Schluckbeschwerden, Atembeklemmungen, manchmal sogar den Tod als Folge von Atemlähmungen. In der griechischen Mythologie hat Herakles das Bilsenkraut im Hades gefunden und mit auf die Erde zurückgebracht.[11] Mit diesem Kraut kann man leicht dorthin zurückkehren, sei es für ein paar Tage oder für die Ewigkeit. Nimmt man aber eine kleine Dosis, kann das Bilsenkraut erotische Gefühle erzeugen, Euphorie und Ekstase bewirken.

Grutbier und die Berserker

Das Wort *Berserker* kommt aus dem nordgermanischen *berserkr* und bedeutet „Bärenhäuter".[1] Die Berserker konnten in Ekstase ihre menschliche Seele, die *fylgja*, in Gestalt wilder Bären oder Wölfe aussenden und nach Belieben handeln lassen. „Festgewurzelt ist der Glaube der heidnischen Germanen an die Zwiegestaltigkeit des Menschen. In ihm wohnte ein zweites Ich. Das ist die *fylgja*, das *Folgewesen* ... Sie ist körperlich, kann handeln, sprechen, ja auch getötet werden, kann auch den Körper verlassen und zeigt sich bald in Menschen-, bald in Tiergestalt. Trotz der Entfernung von dem eigentlichen Körper ist die Fylgjengestalt immer an diesen gebunden, und was dieser geschieht, geschieht auch ihm. So besteht zwischen dem Körper und der Fylgje der innigste Zusammenhang. Durch den Mund schlüpft sie im Hauch aus diesem, nimmt sogleich körperliche Gestalt an und kehrt in dieser auch zum Körper zurück."[2]

In der *Ynglingssaga* heißt es, die Berserker „gingen ohne Panzer in den Kampf, toll wie Hunde oder Wölfe; sie bissen in ihre Schilde und waren stark wie Bären oder Stiere; sie mähten ohne Unterschied nieder, und weder Feuer noch Eisen taten ihnen etwas". Sie waren die erwählten Krieger aus dem magischen Heer des Gottes der Raserei Odin/Wotan, der auch den Beinamen *Herjan*, „Herr der Krieger", trägt. Ihm hatten sie ihr Selbst geopfert, um angstfrei und bärenstark zu werden.[3] Für sie war der Tod kein schreckenerregender Feind, er war das ersehnte Tor nach Walhall, wo bis ans Ende der Welt, bis zur Götterdämmerung, das Lieblingsgetränk der Berserker, das Bier, in Strömen floß.[4]

Die Berserker der Wikingerzeit waren oft Einzelgänger und blieben *in cognito*, denn sie verloren ihre magischen Kräfte, wenn sie bei ihrem Namen gerufen wurden. Sie tauchten wie aus dem Nichts auf und fielen als ungebetene Gäste und Wegelagerer in Häuser und Höfe ein. Häufig kamen sie in der Julnacht. Den Berserkern, die in feindlicher Absicht gekommen waren, die aber nach den Regeln der germanischen Gastfreundschaft wie alle anderen Besucher bewirtet werden mußten, gab man besonders kräftig berauschendes Starkbier zu trinken. Leider verfielen sie im angetrunkenen Zustand nicht immer in den Schlaf, sondern in ihre sprichwörtliche Rauflust.

Die Berserker kannten einen Zaubertrank, der sie in Zustände besonderer Kraft, Kompromißlosigkeit und Gleichgültigkeit versetzte. Manche Forscher stellten die Theorie auf, daß es der Fliegenpilz war, der den Berserkern sowohl die enorme Körperkraft verlieh, als auch die Verwandlung in ein Tier, den Bären oder Wolf, ermöglichte. Die pharmakologische und ethnologische Erforschung des Fliegenpilzes hat allerdings ergeben, daß dieser denkbar ungeeignet ist, die für die Berserkerwut typischen Wirkungen zu erzeugen.[5]

> *„Die Berserker mit Riesenkraft*
> *Die Berserker von heute,*
> *Sie tranken vom Alraunensaft*
> *Und wurden andre Leute.*
> *Sie kamen wieder von da oben,*
> *Doch diesmal nicht sich auszutoben.*
> *Vielmehr ihre Kraft zu geben*
> *Dieser Erde, und ihr Leben.*
> *Der Preis ist diese unsre Welt*
> *Mit Reinigung und Segen*
> *so komm mit uns, sei wirklich HELD:*
> *Erdschänder wegzufegen!*
> *Die Berserker tun wieder mit,*
> *Damit es ERDZEIT werde.*
> *Sie bringen alle Götter mit*
> *Und weih'n sich Mutter Erde!"*
>
> Norbert J. Mayer

Seite 138 links: Skandinavische Grutbier-Brauerei aus der Mitte des 16. Jahrhunderts (Holzschnitt aus *Olaus Magnus*.)

Seite 138 rechts: Im ausgehenden Mittelalter stellte man sich so die Saufgelage der Germanen vor. (Holzschnitt, 15./16. Jh.)

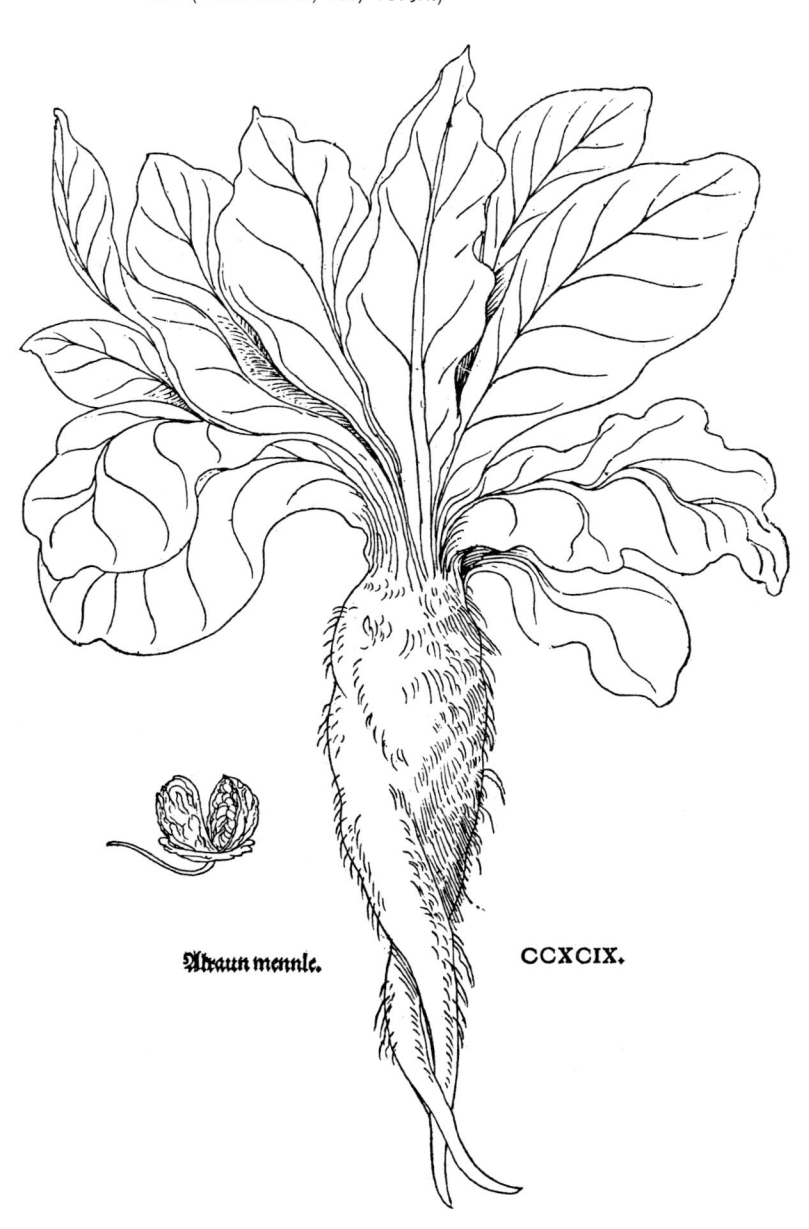

Die „männliche" Alraune *(Mandragora officinarum)*. Sie hat ihren deutschen Namen von der germanischen Seherin Alruna; er bedeutet „etwas Geheimes raunen". (Holzschnitt aus dem *Kreutterbuch* des Leonhart Fuchs, 1543.)

Von alkoholischen Getränken[6], namentlich vom Bier, weiß man, daß es „die fast berufsmäßige Tollheit mancher leidenschaftlicher Raufer in gewissen Gegenden, besonders in Bayern und Tirol, die gleich den wikingischen Berserkern um jeden Preis ‚anbandeln' wollen", stimuliert. „Auch tirolische Frauenzimmer können in solche unbändige, wahnsinnige Raserei verfallen und, alles scheltend, mit zerrauften Haaren und zerrissenen Kleidern herumlaufen."[7] Wohl jeder hat schon Besoffene gesehen, die übermäßig kräftig gewütet haben und sehr zerstörerisch auf ihre Umwelt einwirkten.

Die Droge der Berserker war während der Wikingerzeit ein starkes Bier, das mit dem Zusatz einer oder mehrerer Pflanzen gebraut wurde. In Schweden wurde zur Wikingerzeit das Bier aus gemälztem oder ungemälztem Getreide, meist aus Weizen, und einem Zusatz von Sumpfporst hergestellt. Da dieses Bier nur kurze Zeit haltbar war, wurde es meist zu festlichen Anlässen wie Opferfeiern und für Trinkgelage gebraut und bis zur Neige ausgetrunken. Dieses Bier ist unter dem Namen Grutbier bekannt. Grut ist der mittelgermanische Name des Sumpfporst oder wilden Rosmarin *(Ledum palustre)*. Das Brauen von Grutbier ist bereits für das 5. Jahrhundert belegt. Der Höhepunkt der Grutbierproduktion fällt ins 13. Jahrhundert, also auf das Ende der Wikingerzeit. Das Grutbier war selbst in den südgermanischen Gegen-

„Den Wilden kommt der Zustand des Rausches himmlisch vor,
die Griechen hielten einen immerwährenden Rausch für das schönste Dasein nach dem Tod,
und die Teutonen glaubten sich durch den Rausch nach Walhalla versetzt."
Rudolf Schultze[8]

Oben: Der nordische Gott Odin war der Schutzherr der Berserker, die in Wolfs- oder Bärenfelle gekleidet in den Kampf zogen. Der einäugige Odin, der immer von seinen Raben Hugin („Gedanke") und Munin („Gedächtnis") und zwei Wölfen begleitet wurde, war auch der Gott der Ekstase und der Dichtkunst.

Links: Odin oder Wotan war der Herr der Wal. Seine Töchter, die Walküren, brachten ihm die im Kampf gefallenen Krieger nach Walhalla. In der Götterburg frönten sie ewigen Freuden. Dort floß reichlich Bier, Met und Wein. Aus dem Walkürenritt wurde später die Wilde Jagd, die in der Julnacht über die Wolken stürmt.

Eine durch Bier in einen Werwolf verwandelte Hexe greift Reisende an. (Holzschnitt von Hans Weiditz, *Aus der Emeis*, 1517.)

den, im Rheinland, in Norddeutschland und England, bekannt und beliebt. In Norddeutschland gab es sogenannte Gruthäuser, Gaststätten, die auf den Ausschank von Grutbier spezialisiert waren. Die Herstellung von Grutbier war in Mecklenburg, wo sich sehr lange heidnische Traditionen erhalten haben, noch im 17. Jahrhundert verbreitet. Die Verwendung von Sumpfporst als Bierwürze wurde dort wiederholt verboten, zuletzt 1623 und 1661.[9] In Norwegen und Schweden läßt sich der Sumpfporst als Bierzutat bis ins 20. Jahrhundert nachweisen.[10]

Im Mittelalter verstand man unter Grut oder auch *gruit* nicht nur den Sumpfporst und das daraus bereitete Bier, sondern auch ganz allgemein die Würze eines kräftig berauschenden Bieres. Oft bestand die Würze nicht nur aus einer Ingredienz, sondern war eine Kombination verschiedener Kräuter. So wurde der Gagel, eine damals viel verwendete Bierwürze, oft mit dem Sumpfporst gleichgesetzt oder vermischt. Weitere Kräuter, die in die Grutwürze gelangten, waren Wacholderbeeren, Schafgarbenkraut, Anis und Ingwer.

Wir wissen nur sehr wenig über die tatsächlichen Grutbierrezepte, da zu Beginn der Buchdruckerei die Gruiter, die Grutbierbrauer, schwören mußten, „alle geheimnises des Rades und gruithauses" zu bewahren. In einer Quelle von 1575 heißt es allerdings: „Von Rosmarin Kraut [Sumpfporst] richtet man ein edel Bier zu, dasz die andern alle an Farbe, Geschmack und Krafft übertrifft ... Disz Bier staerket wunderbarlich und gewaltig."[11]

In den ältesten skandinavischen Quellen zum Bier und Bierbrauen wird immer wieder das Grutbier als Ursache für die Berserkerwut angeführt.

„Aufkommender Streit artete oft in Bluttaten aus. In gewissen Gegenden von Småland banden sich die Zweikämpfer nach alter Sitte mit dem Gürtel zusammen, aus dem sie nicht früher freigemacht wurden, bis einer der Zweikämpfer durch das Messer erledigt war. Die Frauen pflegten deshalb das Totenlinnen mitzunehmen, wenn sie ihre Männer zu Trinkgelagen begleiteten."[12]

Der Sumpfporst hat dem Grutbier nicht nur einen aromatischen Geschmack gegeben, sondern auch dessen Wirkung verstärkt und verändert. Der Sumpfporst enthält ein ätherisches Öl, das stark berauschend wirkt und in höheren Dosierungen zu Krämpfen, Wut und Raserei führt.

Johannes Praetorius (1630–1680) hat dargelegt, daß sich Menschen mit Hilfe von Bier in Wölfe, genauer gesagt in Werwölfe, verwandeln können.

„Wenn einen der Vorwitz sticht, daß er begehrt ... in die Versammlung solcher vermaledeiten Menschen (die sich zu Wölfen machen, wann sie wollen) aufgenommen werden will ... so mag er mittels eines in solcher Zauberei Erfahrenen die Gewalt, sich zu verwandeln wider die Natur, erlangen, indem ihm ein Becher Bier gereicht wird, welchen er austrinken und etliche teuflische Worte dazu sprechen muß. Danach, wenn es ihm gut dünkt, geht er in den Keller oder in den Wald und verkehrt die menschliche Gestalt in einen Wolf, welche Wolfsgestalt er hernach, wenn es ihm gefällt, wiederum verläßt und in die alte Menschenhaut schlüpft."[13]

„Es versammelt sich allewege eine große Schar der Menschen, die zu Wölfen werden in der heiligen Christnacht, welche dieselbe Nacht grausam wüten, nicht allein wider das Vieh, sondern auch wider das menschliche Geschlecht selbst, so daß die Einwohner desselben Landes viel verderblicheren Schaden empfangen von den verwandelten Menschen als von den Wölfen selbst. Denn die Erfahrung gibt Zeugnis, daß sie stürmen der Menschen Häuser und Wohnungen in den Wäldern in grausamer Gestalt; unterstehen sich Tür und Tor einzustoßen, um Vieh und Leute zu erwürgen; laufen in die Bierkeller, saufen alle Fässer mit Bier und Met aus, wonach sie die leeren Fässer mitten im Keller aufeinanderlegen, um sich von den echten Wölfen unterscheiden zu lassen."[14]

Sumpfporst

Der Sumpfporst, botanisch *Ledum palustre*, gehört zur Familie der Heidekrautgewächsen *(Ericaceen)*. Er ist unter vielen volkstümlichen Namen bekannt: *Brauerkraut, Gruitkraut, Gruiz, Grund, Gruut, Borse, Pors, Porsch, Post, Pursch, Porst, Porstkraut, Postkraut, Kien-Porst, Kühnrost, Kiefernporst, Tannen-Porst, Rosmarinkraut, Moor-Rosmarin, Wilder Rosmarin, Böhmischer Rosmarin, Waldrosmarin, Morose, Mottenkraut, Flohkraut, Wanzenkraut, Weiße Heide, Hartheide, Zeitheide, Bieneheide, Bienenscheide, Heidenbienenkraut, Mutterkraut, Zeitheil, Altseim, Gichttanne, Sautanne, Gränze, Schweineposse, Roßkraut, Bagen, Baganz* und *Rausch*. In Skandinavien hieß er *Getpors* (Get = Ziege), *Getpores, Sqvattram, Squatram, Ledumpors* und *Lunner*. In Herbarien, Kräuterbüchern und Pharmakopöen trifft man häufig auf die Bezeichnungen *Rosmarin sylvestre, Herba Rosmarini sylvestris, Ledo, Led. pal.* In der frühen Neuzeit wurden allerdings auch nicht näher zu bestimmende Pflanzen, aber auch andere Arten der Gattung *Ledum* mit der einen oder anderen volkstümlichen Bezeichnung benannt. Daher kann man in den frühen Quellen, in denen der Porst angeführt ist, nicht davon ausgehen, daß immer der *Ledum palustre* gemeint ist. Mitunter wird der Sumpfporst mit dem Gagel verwechselt oder gleichgestellt. Manchmal findet man ihn als ein „einheimisch Lorbeer" oder als *myrtus, mirtus, myrto*. Das Wort Porst ist indogermanisch und bedeutet „feuerfarben"; es ist eine Andeutung auf die rostrote Färbung der Stengel und Blattunterseiten.

Der Sumpfporst ist eine typisch nordische Pflanze. In Europa ist er nur nördlich der Alpen zu finden. In Deutschland und Böhmen ist er heutzutage sehr selten geworden. Nach wie vor ist er weitverbreitet in Skandinavien, im nördlichen Rußland und in Sibirien. Ebenfalls kommt er in Nordamerika vor, wobei nicht klar ist, ob er zur einheimischen Flora gehört, oder ob er von den europäischen Kolonisten eingeführt wurde. Der Sumpfporst gedeiht am besten an schattigen Plätzen in sumpfigen und moorigen Orten. Er ist oft als Eiszeitreliktpflanze nachzuweisen. Er hat sich also mit dem Rückzug der

Ein Experiment mit Sumpfporst-Bier

Ich hatte mir eine Flasche dunkles Hefe-Weizenbier aus dem Supermarkt und die Sumpfporst-Urtinktur (Ledum Ø = D1) aus der Apotheke besorgt. Ich habe dann 20 Tropfen in 0,2 l Bier gegeben. Der Geschmack erinnerte mich an Tannenwälder, Harz, Moos, duftende Kräuter in der Nachmittagssonne. Keine Spur bitter. Angenehm aromatisch. Kein Widerwillen, sehr süffig. Ich habe das Glas schnell geleert. Beinahe sofort trat eine Wirkung ein. Ein leichter Taumel, eine dumpfe Entspannung, eine Art Berauschung ohne Suff. Der Sumpfporst scheint die Wirkung des Bieres zu beschleunigen. Der Porst steigt schnell und direkt in den Kopf. Es ist, als wolle er sich durch das Gehirn ausdünsten.

Ich habe mir ein zweites Glas gemischt: Der würzige Kräutergeschmack reizt zum Weitertrinken! Auch dieses Glas ist schnell geleert. Ich beobachte, dass der Schaum durch die Tinktur stark abnimmt. Die Oberflächenspannung des Bieres hat sich also verändert. Wieder erreicht der Porst mein Gehirn schnell und gezielt. Die bierartige Berauschung nimmt stark zu. Ich habe das Gefühl statt 0,4 l Bier mehrere Mass getrunken zu haben. Aber die unangenehmen Seiten der Wirkung des Alkohols bleiben aus. Kein Schwindel, keine Koordinationsschwierigkeiten, keine Müdigkeit. Ich fühle mich leicht berauscht, angenehm angeregt und hungrig nach neuen Taten.

Der aromatische Sumpfporst oder Wilde Rosmarin *(Ledum palustre)* ist im Alpengebiet, in Nordeuropa, im nördlichen Asien und Nordamerika verbreitet. Zur Bierherstellung wurde das frische oder getrocknete Kraut unter die Maische gemischt oder in den Braubottich gehängt.

letzten Eiszeit über das gesamte nördliche Eurasien verbreitet.

Der Sumpfporst ist ein 1,2 m hoher krautiger Strauch mit weißen Blüten, die in endständigen Dolden blühen. Die Blätter sind leicht gerollt und ähneln denen des Rosmarin *(Rosmarinus officinalis)*. Sowohl die Blüten als auch die Blätter sondern einen aromatischen, harzigen bis kampferartigen Geruch ab. Der Geschmack ist würzig, leicht bitter und kampferartig. In den Blättern sind mehrere wirksame Inhaltsstoffe entdeckt worden. Neben einem ätherischen Öl (bestehend aus Ledol, Palustrol, Myrcen u. a.) sind Flavone, Gerbstoffe, Ericolin, Harz, Wachs sowie Spuren von Alkaloiden bisher ungeklärter Struktur entdeckt worden. Ein Hauptwirkstoff ist der Ledum-campher (Porschkampfer). Sowohl das aus dem Sumpfporst gewonnene Öl (Ledumöl) als auch der Gesamtextrakt haben narkotische Wirkungen, die zu rauschartigen Zuständen führen können. Bei Überdosierungen kann es allerdings zu unerwünschten Wirkungen wie Krämpfen und Lähmungen ebenso wie zu Reizungen des Magen-Darmkanals kommen. Eine Verminderung der Bewegungs- und Balancefähigkeit ist ebenfalls beobachtet worden.[1]

Die früheste nachweisliche Quelle für den medizinischen Gebrauch als Arzneipflanze ist das Kräuterbuch des dänischen Arztes Henrik Harpestreng, der im Jahre 1224 gestorben ist. Dort taucht der Sumpfporst als *Pors* auf. In Deutschland wird er erstmals unter dem Namen *Morose* in dem *Gothaer Arzneibuch* (15. Jh.) genannt. Im Kräuterbuch des Pierandra Matthiolus wird der Sumpfporst erstmals als *Wilder Rosmarin* benannt und ist aufgrund des Holzschnittes botanisch eindeutig als *Ledum palustre* zu identifizieren. Danach taucht der Sumpfporst in fast allen Kräuterbüchern, Arzneitaxen und Arzneilehren auf. Es wird immer wieder darauf verwiesen, daß das Kraut als Bierwürze, Fieber- und Ungeziefermittel verwendet wurde. Lange Zeit galt der Sumpfporst als bestes Mittel zur Behandlung des Keuchhustens, da er schwach narkotisch und hustenreizlindernd wirkt.[2] Die Wikinger versetzten die Biermaische mit Blättern und Sprossen. In den Quellen wird die Verwendung als Bierwürze meist kritisiert oder abgelehnt: „Der Mißbrauch, Porst als berauschen-

„*Sumpfporst (Ledum palustre). – In früheren Zeiten wurde in manchen Gegenden, namentlich in Schweden, auch in Sachsen, der Sumpfporst statt des Hopfens bei der Bereitung des Bieres verwendet. Dergleichen Bier zeichnete sich durch heftig berauschende Wirkung aus; es erregte Schwindel, Kopfschmerzen, Koliken, Delirien usw. Vergiftungen mit dem Sumpfporst wäre dieselbe Behandlung entgegenzusetzen, wie sie bei Vergiftungen durch scharf-narkotische Pflanzen überhaupt am Platze ist.*"

Fr. Berge und V. A. Riecke
Giftpflanzen-Buch, 1845

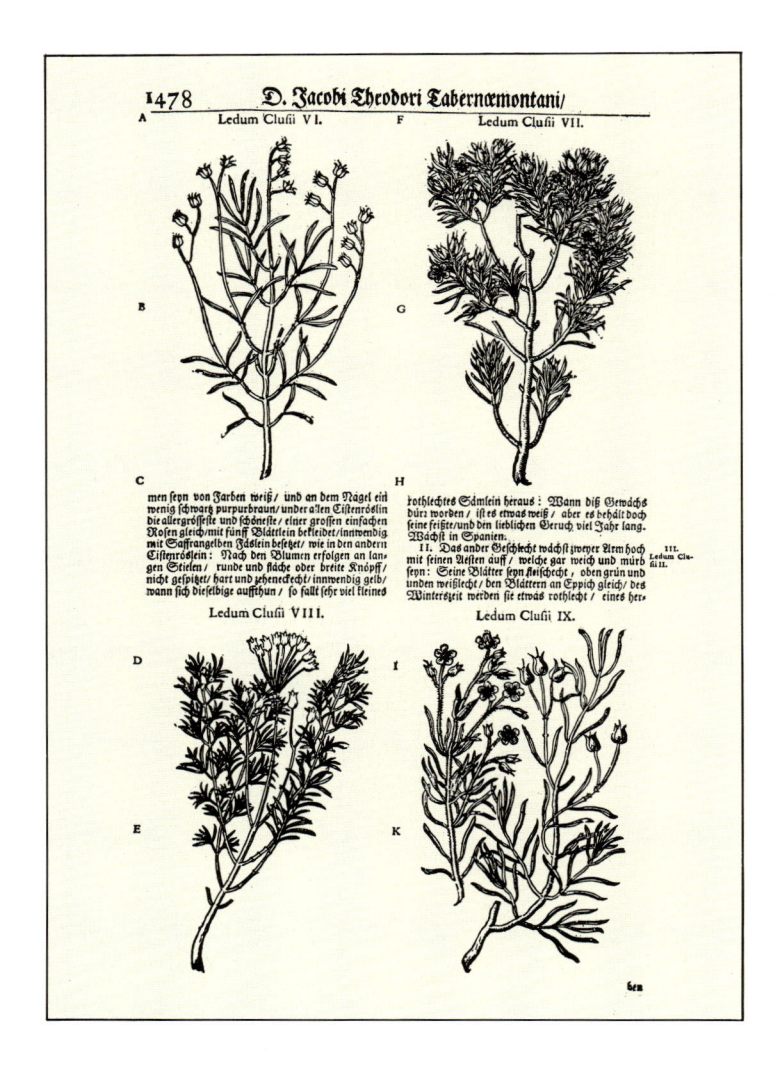

den Zusatz dem Bier beizumischen anstatt des Hopfens, wird als der Gesundheit nachteilig gerügt."³

Der Sumpfporst wird in den Gebieten, wo er häufig zu finden ist, gerne in der Volksmedizin verwendet. Bei den Litauern, Russen und Lappen wird der Porst gegen Flechten und andere Hautkrankheiten benutzt. Im Osten hat man Abkochungen der Pflanze bei Erkrankungen der Samenbläschen und bei Gebärmutterblutungen gegeben. Bei der Landbevölkerung galt der Porst auch als ein Mittel zur Einleitung der Menstruation und als Abortivum. Somit gehört der Sumpfporst in die Reihe der volkstümlichen Frauenkräuter. Merkwürdig klingt die Anwendung gegen „geschlechtliche Erregung der Frauen".⁴

Die für den Gebrauch des Porstes als Bierwürze aufschlußreichste Verwendung ist in Sibirien zu finden. Dort wird er von verschiedenen Völkern als Zauberpflanze im Schamanismus verwendet. Die Schamanen der Tungusen und Giljaken nutzten den Sumpfporst zur Erzeugung einer hellseherischen oder prophetischen Trance. Dazu kauten sie entweder die Wurzel aus, rieben sich mit den frischen Blättern die Knie ab oder atmeten den Rauch des getrockneten Krautes ein. Diese Schamanen nutzten die berauschenden, psychotropen Effekte der Pflanze, um ihr eigenes Bewußtsein wunschgemäß so zu verändern, daß sie über die Schwelle der gewöhnlichen Welt blicken und so Erkenntnisse über Vergangenheit und Zukunft erheischen konnten. Oft wurde der Rauch eingeatmet, um die Krankheit in einem Patienten erkennen zu können.⁵ Die Ainu, die Ureinwohner Japans, kannten den Sumpfporst auch als Schamanenpflanze. Sie stellten einen Tee zur Behandlung schmerzhafter Monatsblutungen her.⁶

Trotz genauer chemischer Untersuchungen konnte in dem Sumpfporst kein Wirkstoff, etwa ein Alkaloid, gefunden werden, das psychedelisch wirkt. Lediglich das Öl kann „plötzliche Erregungszustände, Gemütsdepressionen, Auftreten eines Gefühls von Betäubung und Trunkenheit"⁷ bewirken. Diese Wirkungen haben den Schamanen geholfen, die angestrebte Bewußtseinsveränderung herbeizuführen. Diese Wirkungen erklären auch, warum das Grutbier wesentlich stärker berauschend wirkte als ein ungewürztes oder anders hergestelltes Bier. Versuche an Menschen haben außerdem gezeigt, daß Sumpfporst als Aphrodisiakum wirkt.⁸

Wie bei allen Drogen kommt es auch beim Sumpfporst auf die richtige Dosierung an. Eine kleine Menge erzeugt erwünschte Wirkungen (aphrodisisch-berauschend), während höhere Dosierungen zu Kopfschmerzen, Urinierbeschwerden und Nervosität führen. Da heute kein Grutbier mehr hergestellt werden darf, kann man, wie im Experiment Seite 143 beschrieben, einen kleinen Trick anwenden, um sich Geschmack und Wirkung des alten Germanentrunkes zu vergegenwärtigen.

Ganz links: Gagel taucht in alten Kräuterbüchern auch unter dem Namen „Rausch" auf. Darunter wurde aber meist die berauschend wirkende Trunkelbeere *(Vaccinium uliginosum)* verstanden. (Holzschnitt aus dem *Kräuter-Buch* des Tabernaemontanus, 1731.)

Links: Der Gagelstrauch *(Myrica gale)* hat unter den frühen Botanikern viel Verwirrung gestiftet. Fuchs schrieb zum Gagel in seinem *Kreutterbuch*: „Tamarisken oder Porst würdt bey den Griechen Myrice / wie auch bey den Lateinischen / und Tamarix genent. In den Apotheken heyßt diß gewechß Tamariscus."

Seite 146: Früher wurden ganz verschiedene Pflanzen unter dem Namen „Sumpfporst" oder „Ledum" zusammengefaßt. (Seite aus dem *Kräuter-Buch* des Tabernaemontanus, 1731.)

Gagel

Neben dem Sumpfporst spielte noch eine andere, wenig bekannte Pflanze bei der Grutbierherstellung eine wichtige Rolle. Es ist der Gagel, Gaggel oder Gagelstrauch, botanisch *Myrica gale*[1], der zur Familie der Myricaceen gehört. Er ist vor allem im ausgehenden Mittelalter und in der frühen Neuzeit unter den volkstümlichen Namen *Mirtelbaum, Mirtus, Mirtelbon, Mirtelepoumahi, Gerber-Myrte, Torf-Öl-Myrte, Heidelbeer-Myrte, Myrtenheide, Post, Porse, Borse, Portz, Birtgenbertz, Talgbusch, Wachsbaum* oder *Rausch* bekannt, wurde aber häufig mit der südeuropäischen immergrünen Myrte *(Myrtus communis)*, dem heiligen Baum der Aphrodite[2], verwechselt. In den frühen Kräuterbüchern findet man den Gagel unter so irreführenden Bezeichnungen wie *Rhus sylvestris, Tamariscen, Mirtus pors* oder *Myrten*. Die Grutwürzen enthielten manchmal sowohl Gagel als auch Sumpfporst, was in der späteren Literatur zu Namensverwirrungen und Verwechslungen führte.

Der Gagelstrauch ist an der nordeuropäischen Atlantikküste weitverbreitet. Er kommt ebenfalls in Sibirien, Südafrika und Nordamerika[3] vor. Die Pflanze trägt kleine schmale Blätter, runde Früchte und verströmt einen balsamartigen, würzigen, stark betäubenden Geruch. In den Blättern, Blüten und Früchten sind ein ätherisches Öl mit den Hauptbestandteilen Cineol und Dipenten, daneben Myricetin, Gerbstoffe und Fettsäureester enthalten. Das ätherische Öl hat keimtötende (antibiotische), konservierende und leicht berauschende Eigenschaften.

Die früheste Erwähnung des Gagel stammt von Hildegard von Bingen (11. Jh.): „*De Mirtelbaum.* Der Gagelstrauch ist mehr kalt als warm. Gegen Geschwülste die gerade erst auftreten und noch nicht aufgeplatzt sind, hilft ein Umschlag mit den in Wasser gekochten Blättern … Und wenn jemand Bier bereiten will, koche er Blätter und Früchte dieses Baumes mit dem Bier, und dieses wird gesund sein und schadet dem Trinker nicht."[4]

Conrad von Megenberg in seinem *Buch der Natur* (14. Jh.): „Myrtus heißt ein Gagelstrauch … konservieret die Dinge zu denen man ihn hinzufügt … indessen erregt der Geruch Kopfschmerz … Die ganz eigenartig riechenden Blüten tut man gerne in das Bier, welches aus Wasser mit Roggen und Gerste gebraut wird."[5]

Die Verwendung des Gagel als Bierwürze war in Osteuropa, Schleswig-Holstein, Mecklenburg, England, Dänemark und Skandinavien weit verbreitet. In Schweden wurde Gagel noch zu Anfang dieses Jahrhunderts dem Bier zugesetzt.[6] „Er soll, wenn man ihn anstatt des Hopfens zum Biere nimmt, dasselbe berauschend machen."[7] In Rußland versetzte man auch den Kwaß mit Gagel.

Bierfeste und Festbiere

Der Hase war ein heiliges Tier der germanischen Liebesgöttin, deren Fest im Frühjahr, nämlich zu Ostern, mit reichlich Bier begangen wurde.

„Er war so gewohnt, so lange das Heidentum währte, drei Opfer jeden Winter (jedes Jahr) zu haben, eines bei Winters Anfang, das zweite um Mittwinter, das dritte gegen Sommer; nachdem aber das Christentum allgemein üblich geworden war, behielt er die alte Gewohnheit wegen der Gastmähler. Da hatte er im Herbst ein Freudesmahl, im Winter ein Julgelage, wozu er wieder zahlreiche Leute zu sich einlud; ein drittes Mahl hielt er auf Ostern, und da hatte er wieder viele Leute. So hielt er es fort so lange er lebte."

So berichtet die Jüngere Olofssaga „Helga" im Kapitel 112 über den Halogaländer Sigurd Thorisson

Der Maibock

Bereits Ende Februar leuchten die grünen Etiketten der Maiböcke in den Regalen der Supermärkte und Bierhandlungen. Der Maibock, ein „vorwiegend helles Bockbier der Super-Premium-Qualität, das eigens für den 1. Mai gebraut wird"[1], begleitet die modernen Frühlingsfeste. Er ist das Bier, das auf die alten heidnischen Trankopfer zu Beginn der Maienzeit, zur Begrüßung des Frühlings, zurückgeht.

Das germanische Maifest war der Höhepunkt der Frühjahrsfestlichkeiten. „Bei Fasnacht geht es um ein Wintertöten, ein Aufwecken der Wachstumskräfte, Ostern hat sich die Erde schon mit Grün geschmückt, der Sieg über den Winter ist vollzogen, im Maifest dann ist die Hochzeit zwischen Himmel und Erde."[2]

Alle alten Völker Europas und des angrenzenden Orients feierten im März Frühlingsfeste; die meisten dieser Feste, „die in diesem Monate gefeiert werden, verherrlichen das neue Leben, die Auferstehung der Natur; es sind Osterfeste der physischen Religion."[3]

Der März war dem Gott des Krieges Mars heilig; er besaß als einziger Gott des römischen Pantheon ausreichende Kräfte, die Winterdämonen zu vertreiben und neue männliche Fruchtbarkeit über die Welt zu bringen. Im März begann die Zeit, die vom Sternzeichen des Widders beherrscht wurde. Im alten Rom wurden am 17. März[4] die *Liberalia*, das Fest für Liber, den altitalischen Gott des Weines und des Rausches, genauso wie die ausschweifenden *Bacchanalia*, ein Geheimkult um den Weingott Bacchus, orgiastisch gefeiert. Diese rauschenden Feste leiteten den Monat April, der der Liebesgöttin Venus heilig war, ein.

Zu dieser Zeit wurde im germanischen Norden die Frühlingsgöttin Ostara, die heute noch im Namen Ostern weiterlebt, verehrt. Ostara, deren Name „Morgenröte" bedeutet, ist die Personifikation der aufsteigenden Sonne, die „Göttin des strahlenden Morgens, sie ist der wiederkehrende Frühling."[5] Ostera war wahrscheinlich eine der vielen Manifestationen der germanischen Liebesgöttin Freia, deren Symboltier der Hase war. Ihr Fest wurde

„Das dankt dann alle Kreatur was all da blüht und bald erstirbt,
da die entsündigte Natur
heut ihren Unschuldstag erwirbt."
Richard Wagner, Parsifal

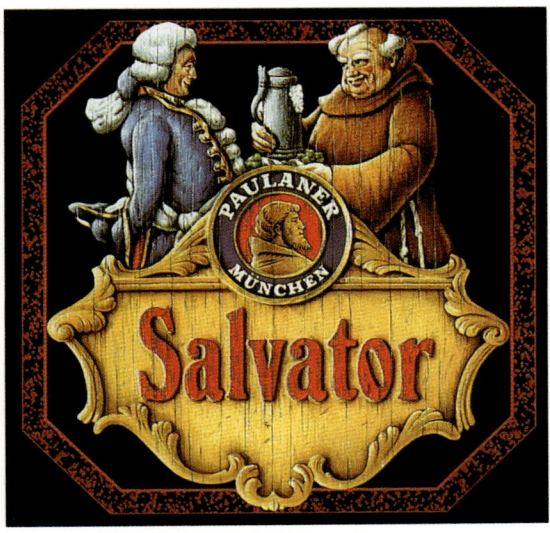

Der berühmte Münchner *Salvator-Doppelbock* wurde ursprünglich von den Paulaner-Mönchen zum 2. April, dem Todes- und Gedenktag ihres Ordensgründers, gebraut. Es hieß zuerst „Des heiligen Franz Öl", später „Sankt-Vaters-Bier". Der bayerische Volksmund machte daraus „Savaterbier" und schließlich „Salvator-Bier".

in der Zeit um die Tag- und Nachtgleiche, am astronomischen Frühlingsbeginn, gefeiert. In einem altsächsischen Bardenchor, in dem sich der Synkretismus von altem Heidentum und neuem Christentum spiegelt, heißt es:

„Ostara, Ostara
Der Erde Mutter,
lasse diesen Acker wachsen
und grünen,
ihn blühen,
Früchte tragen,
Frieden ihm!
Daß seine Erde sei gefriedet,
und sie sei geborgen,
wie die Heiligen,
die im Himmel sind."[6]

Das Symbol der Ostara war das Ei, das ja auch das Symbol des christianisierten Osterfestes ist. Das Ei galt bei vielen alten Völkern, z. B. den Ägyptern, als das Symbol für den Ursprung des Lebens. Viele orientalische und antike Mythen berichten von dem goldenen Weltenei, das bei der Schöpfung zerbrach, damit aus ihm die Welt erstehen konnte.

In germanischen Gebieten glaubte man, daß die Seele die Form eines Eies besaß oder annehmen konnte. Die Germanen schrieben den Eiern zauberabwehrende, dämonenvertreibende und hexenbannende Kräfte zu.[7] Die beim Frühlingsfest der Ostara geopferten Eier markierten den Übergang vom dunklen Winter (die harte, kalte Eierschale) zum lichten Frühjahr (dem aus der Schale brechenden neuen Leben).

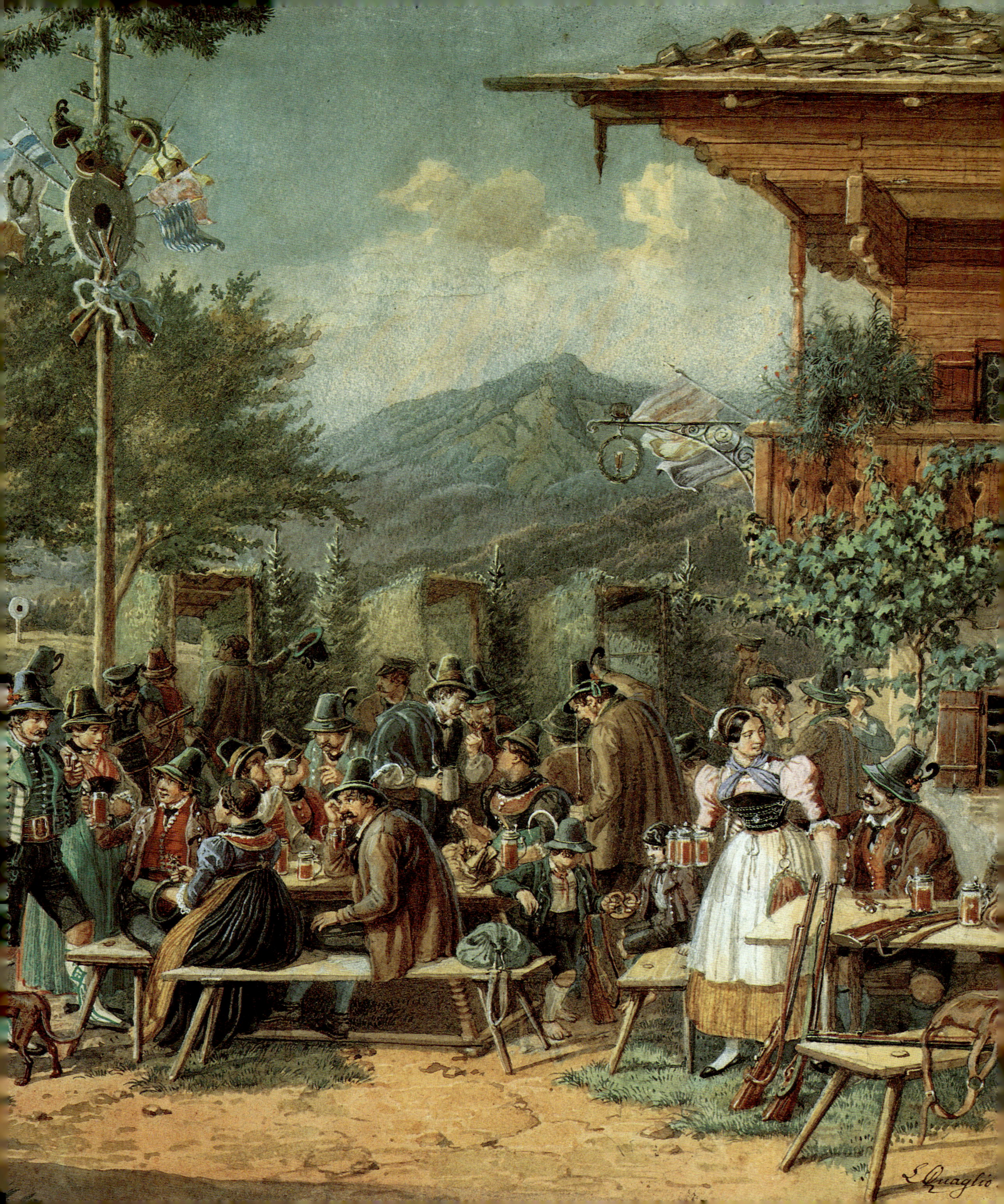

Seite 150: Manche Bräuche im Biergarten, z.B. das Aufstellen von Maibäumen, erinnern noch an die heidnische Zeit, wenn auch unklar ist, ob es sich tatsächlich um alte Traditionen oder unbewußte Erinnerungen handelt. (L. Quglio, „Biergarten", 1853.)

Unten: Wie hoch das Bier geschätzt wurde, zeigen die reich verzierten, mit Silber und Gold beschlagenen Trinkgefäße. (Norddeutsche Bierkrüge aus dem 17. Jh.)

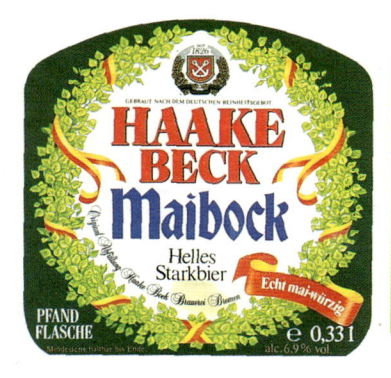

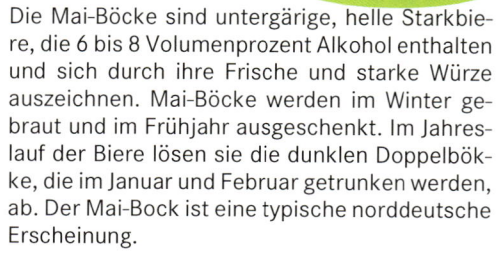

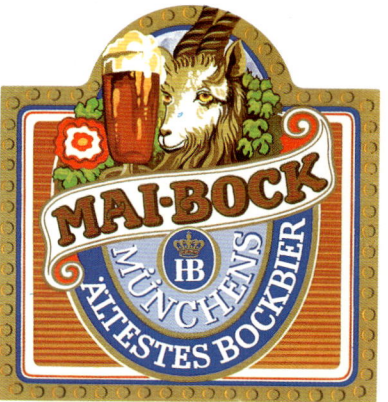

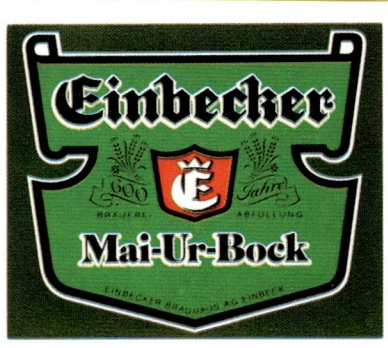

Die Mai-Böcke sind untergärige, helle Starkbiere, die 6 bis 8 Volumenprozent Alkohol enthalten und sich durch ihre Frische und starke Würze auszeichnen. Mai-Böcke werden im Winter gebraut und im Frühjahr ausgeschenkt. Im Jahreslauf der Biere lösen sie die dunklen Doppelböcke, die im Januar und Februar getrunken werden, ab. Der Mai-Bock ist eine typische norddeutsche Erscheinung.

Beim germanischen Frühlingsfest, das auch unter dem Namen *Winter-Maien* bekannt ist, wurde aber nicht nur die Göttin, sondern auch der Fruchtbarkeitsgott Thor/Donar (= Donner, Donnerer) verehrt. Die Frühjahrsgewitter waren das sichere Anzeichen für die Tätigkeit des mächtigen Gottes. Er fuhr mit seinem goldenen Wagen, gezogen vom Gespann göttlicher Böcke, über den Himmel. Mit unbändiger Kraft schwang er seinen zauberkräftigen Hammer, der nach jedem Wurf wie ein Bumerang in seine mächtige Pranke zurückkehrte. Er vertrieb mit diesem gewaltigen Hammer nicht nur die dunklen Wolken der langen Winternächte, er zermalmte mit ihm auch die letzten Winterdämonen. Schlug der Hammer oder ein damit durch die Lüfte getriebener Donnerkeil auf eine Wolke, fuhr donnernd ein Blitz zur Erde nieder und brachte den Regen für die aufkeimende Saat. Thor/Donar wurden bei dem Frühlingsfest seine Lieblingstiere Widder und Ziegenböcke, aber auch Stiere und Pferde geopfert.

„Lieber Donner, wir opfern Dir
(Böcke, Widder, Stiere o. ä.)
und wollen Dich bitten um unser Pflügen und Säen,
daß unser Stroh kupferroth,
unser Getreide goldgelb werde.
Stoß anderswohin alle schwarzen dicken Wolken
über große Sümpfe,
hohe Wälder und breite Wüsten.
Uns Pflügern und Säern gib aber
fruchtbare Zeit und süßen Regen
Heiliger Donner, bewahre unsern Acker,
daß er trage
gut Stroh unterwärts, gute Ähren überwärts
und gut Korn innenwärts."[8]

In Norwegen wurde zur Zeit König Hakons des Guten (936 bis 961 n. Chr.) das Opfer üppig begangen: „Zu solchem Opfergelage brachten die Bauern alle ihre Bedürfnisse und besonders Bier mit; alle Art Vieh ward geschlachtet, auch Pferde; man sammelte das Blut in

Diese alte Bier-Werbung für den Mai-Bock erinnert an die heidnischen Mysterien zum Fruchtbarkeitsfest im Wonnemonat Mai. Der geschmückte Ziegenbock ist das Opfertier für den Donnergott, der den Winter wegfegt. Gleichzeitig symbolisiert der Bock den Teufel, der während der Walpurgisnacht von den Hexen schamlos verehrt wird. Der Maienbaum geht auf die Weltenachse der archaisch-schamanischen Kosmologie zurück.

In Friesland hat das Starkbier ein alte heidnische Tradition. Bis ins 19. Jahrhundert hinein wurde in den norddeutschen Küstenorten zu Allerheiligen (1. November in der lateinischen, erster Sonntag nach Pfingsten in der orthodoxen Kirche) ein Trankopfer mit Starkbier gemacht. Dazu zog das ganze Dorf an den Meeresstrand. Ein Auserwählter nahm einen gefüllten Bierkrug und watete bis an die Hüften nackt ins Meer. Dort goss er das Bier in die Fluten, um die Götter des Meeres und des Himmels um Schutz gegen Sturm, Hochwasser und sonstige Gefahren zu bitten. Im Anschluss an das Opfer tranken alle gemeinsam in fröhlicher Zecherei das frische Starkbier.

Gefäßen, und mit Sprengwedeln wurden Estrich und die Wände des Opferhauses von außen und von innen mit Blut bestrichen, im gleichen die Menschen damit besprengt; das Geschlachtete aber ward zur Kost gesotten. Das Feuer mußte mitten auf dem Estrich des Hauses sein, die Kessel hingen darüber, und man reichte sich darüber hin die Vollbecher zu. Der aber dem Opfermahl vorstand, was immer ein Häuptling war, mußte den Vollbecher und alle Opferkost einsegnen."[9]

Von den alten Preußen ist bekannt, daß sie beim Bocksopfer große mit Bier gefüllte Trinkhörner gemeinschaftlich leerten.[10] Die Nordgermanen entfachten beim großen Minnetrinken auf Thor ein Bockshorn genanntes Opferfeuer und trieben die Winterdämonen in die Flammen, daher stammt der Spruch jemanden ins Bockshorn jagen. Außerdem wurden die Schädel der geschlachteten Opfertiere in dem Feuer verbrannt. Das Feuer verzehrt das Alte und schafft Platz für das Neue. Der volkstümliche norddeutsche Brauch, Pferdeschädel oder Eichhörnchen ins Osterfeuer zu werfen, ist eine Erinnerung an dieses Opferfeuer. Das Widderopfer für Thor finden wir im Osterlamm wieder. Der Minnetrunk aber lebt in den kräftigen dänischen und schweizerischen Osterbieren und in den deutschen Maiböcken fort.

Der Höhepunkt des alten Frühlingsfestes war das Maienfest, das begangen wurde, wenn der Wandelmonat April dem Wonnemonat Mai wich. Die zarte und liebliche Ostara ist inzwischen zur üppigen und prächtigen Maigöttin herangewachsen. Thor/Donar hat die letzten Kämpfe mit den Winterdämonen und Reifriesen bestan-

Das heidnische Maienfest wurde im Christentum dämonisiert. Jakob Grimm schrieb dazu in der *Deutschen Mythologie*: „Es ist bekannt, daß allgemein in Deutschland ein jährlicher Hauptauszug der Hexen auf die erste Mainacht (Walpurgis) angesetzt wird, d.h. in die Zeit eines Opferfestes und der alten Maiversammlung des Volkes. Am ersten Mai wurden noch lange Jahrhunderte vorzugsweise die ungebotenen Gerichte gehalten, auf diesen Tag fiel das fröhliche Maireiten, das Anzünden des heiligen Feuers: der Tag ist einer der hehrsten des ganzen Heidenthums."

den. Der Winter ist endgültig vorbei, der Frost aus dem Boden gewichen, die Saat aufgegangen. Die Natur schwingt sich zu einer kosmischen Hoch-Zeit auf. Um die Fruchtbarkeit der Felder zu sichern und um gut über den Sommer zu kommen, mußte nun die Vermählung zwischen Himmel und Erde, die Vereinigung zwischen Himmelsgott und Erdgöttin, zwischen Mann und Frau stattfinden.

Im alten Rom feierte man dazu die Floralien oder Frühlings-Saturnalien (28. April bis 3. Mai), die sich durch orgiastisch-heitere Entkleidungsszenen berauschter Tänzerinnen und kollektive Hasen- und Ziegenhetzen auszeichneten. In Griechenland wurden die Frühjahrs-Mysterien der Korngöttin Demeter begangen. Und die Kelten feierten in der Nacht zum 1. Mai die erotischen *Beltaine*-Feste, bei denen Männer und Frauen auf den Äckern die Hoch-Zeit der sich vereinigenden Götter auf der Erde nachahmten.

Die Nacht vom 30. April auf den 1. Mai ist uns heute unter dem Namen Walpurgisnacht geläufig. Die Bezeichnung bezieht sich auf eine Frau namens Walburga (710–779 n. Chr.), eine katholische Heilige, die im 8. Jahrhundert aus England nach Deutschland gekommen sein soll, um unter den Heiden das Christentum zu verkünden.

„Bei Arnstadt liegt ein kräuterreicher bergwald, das Walperholz geheissen, weil ehedem auf der höhe ein kloster zur h. Walburga stand. dort ist eine waldecke, wo man es nennt an den hohen buchen und steht auch noch eine sogen. jagdbuche dort. an dieser buche befindet sich ein runder platz, darauf nie rasen wächst, auch sonst kein gras und kraut. dorthin ist der ruhelose geist einer bierzapferin gebannt, deren name ist frau Holle. zu zeiten sieht man sie in altväterischer tracht rastlos um die jagdbuche wandeln. das gemahnt an dort gefeierten minnetrunk, denn die stelle war jedenfalls im heidenthum ein tanzplatz göttlicher wesen, wie all die Walberberge, Walburgenberge, deren zahl so gross ist, der besonders am 1. mai in der Walburgisnacht besucht war. die heilige vertritt also hier die alte Holda."[11]

Die Walpurgisnacht, für die heute der Maibock gebraut wird, war also schon zu heidnischer Zeit ein Bierfest

Das Farnkraut wurde nach dem Volksglauben, ähnlich wie die magische Alraune, in „Männle" und „Weible" unterteilt. (Holzschnitt aus dem *Kreutterbuch* von Fuchs, 1543.)

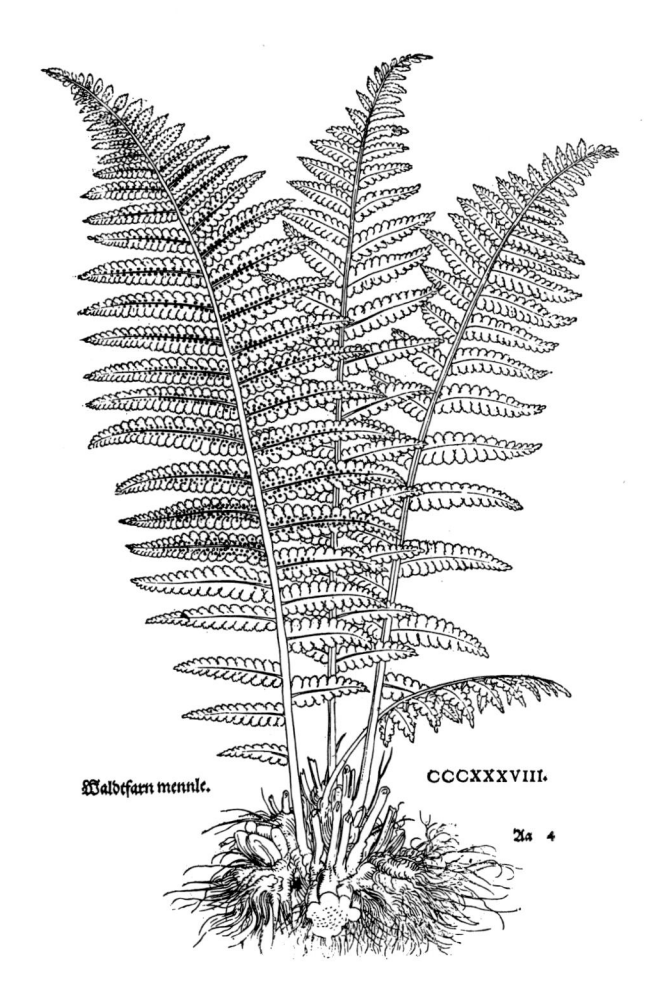

zu Ehren der bierzapfenden Liebesgöttin. Männer und Frauen zogen paarweise in die freie Natur. Dort nahmen sie gemeinsam einen aphrodisischen Minnetrunk, denn sie sollten in Wald, Feld und Wiese zusammenliegen. Berauscht vom Minnebier verwandelten sich die Männer in die himmlischen Götter der Fruchtbarkeit, die Frauen in die irdischen Göttinnen der Liebe. Anschließend wurden Böcke geopfert und üppige Festbankette gehalten. Die Christen sahen in diesem Fest den Hexensabbat, bei dem sich die Hexen mit dem Teufel in Bocksgestalt vergnügten. Trotzdem haben sich viele heidnische Rituale des Festes in den Volksbräuchen von heute erhalten. So trifft man hier und da auf die Hochzeit von Maikönig und Maibraut, eine schnöde Erinnerung an die Heilige Hochzeit *(hieros gamos)*. Noch heute werden in vielen ländlichen Gebieten Maibäume, die an Weltenbaum, Himmelsleiter und kosmische Achse erinnern, aufgestellt und mit „fruchtbarkeitsübertragenden Bierspenden"[12] übergossen. In Österreich und Süddeutschland ist es Brauch, beim „Maibaumkraxeln" das erste Faß Maibock anzuschlagen.[13]

An vielen deutschen Orten trug der Farn den Namen *Walburgiskraut*[14]. Farne wurden schon in der Antike mit Hexerei, Zauberei, der Fähigkeit zu fliegen und sich unsichtbar zu machen assoziiert. Im deutschen Volksglauben galt der Farn als Hexennahrung und Zauberpflanze, die erotisch-sexuell stimuliert. Im Nordgermanischen heißt der Frauenhaar-Farn *(Adiantum capillus-veneris)* entweder *Freyjuhâr* oder *Fruchâr*, „Kraut der Freyja/Freia".[15] Nach der germanischen Mythologie ist die Farnpflanze aus der Milch, die aus Freyjas Brust geflossen ist, entstanden. Andere volkstümliche Namen für den Farn bestätigen die alte Assoziation mit der Liebesgöttin und den Walpurgisnächten: *Hexenfittich, Teufelsleiter, Engelsüß, Schlagenkraut, Krötenkraut, Venushaar*.

Zudem ist der Gebrauch des Farns als Gärstoff und Bierwürze für die germanische Frühzeit dokumentarisch belegt: „Bei der ausgedehnten volksmedizinischen Verwendung, die dieses Kraut erfuhr, möchte man, namentlich deswegen, weil seine Wurzel auch in Bier gekocht wurde, an eine schon germanische Verwendung ... denken."[16]

Es sind sogar genauere Rezepte bekannt: „Die Wurzelstöcke werden in Sibirien im Verhältnis 2/3 zu 1/3 Malz zu Bier gebraut; während sie in früherer Zeit in Europa als Hopfenersatz benutzt wurden. Die Wurzelstöcke und jungen Triebe werden nach Spargelart zubereitet, aus den Wurzelstöcken ist Stärke gewonnen worden. Die ganze Pflanze, oder nur die Blätter und Triebe, kochte man zu Aufgüssen ..."[17]

Viele Farnarten (so der Wurmfarn *Dryopteris filixmas*) enthalten Wirkstoffe (Butanonphloroglucide) die in geringer Konzentration wurmtreibend, in hoher Dosis aber abtreibend wirken. Die unfruchtbarmachende Wirkung des Farns war schon in der Antike, etwa bei Dioskurides, bekannt. Die meisten Farne sind bislang weder phytochemisch noch pharmakologisch untersucht worden. Typisch für Farnkräuter scheint die Kombination von verschiedenen Wirkungen zu sein. Zum einen verhindern sie die Konzeption oder treiben ab, zum anderen regen sie die Sexualität und Erotik an. Sollte das Farnkraut benutzt worden sein, um Lust zu empfinden, dabei aber nicht fruchtbar zu sein? Könnte es sein, daß man in der Walpurgisnacht nicht die Frauen, sondern lediglich die Natur schwängern wollte? Gilt der Farn deshalb als Hexenkraut?

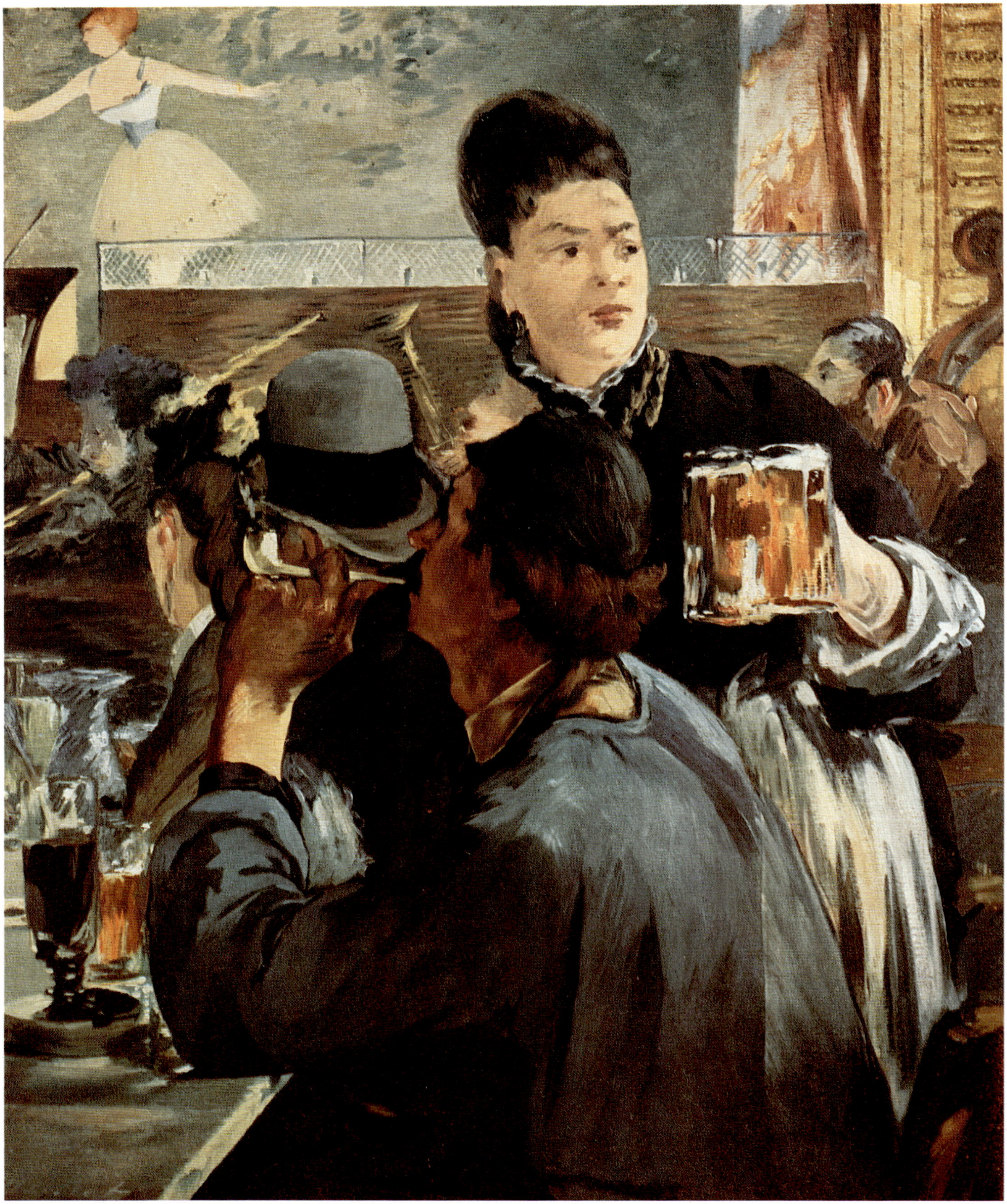

Seite 156: Der Impressionist Edouard Manet (1832–1883) stellte auf seinen Bildern oft Absinthtrinker und Gelage dar, bei denen sich seine französischen Zeitgenossen vornehmlich Rotwein zu Gemüte führten. Er malte aber auch Variété-Bars wo das seltener konsumierte Bier ausgeschenkt wurde.

Das Bedürfnis nach Bier hat in der Neuzeit zu einer allgemeinen Industrialisierung des Bierbrauens geführt, wie ein Blick in den Hof des Münchner Hofbräuhauses (Malerei eines unbekannten Künstlers, 1859) zeigt. Dadurch gingen sicherlich viele Geschmacksnuancen der alten Biere verloren.

Das Märzen

Das wohl berühmteste Bierfest der modernen Welt, das Münchner Oktoberfest, ist eine Erfindung der Neuzeit – es wurde als Volksfest von Ludwig I. am 17. Oktober 1810 gestiftet –, dennoch erinnert es an die rauschenden orgiastischen Erntedank- und Herbstfeste unserer Ahnen.

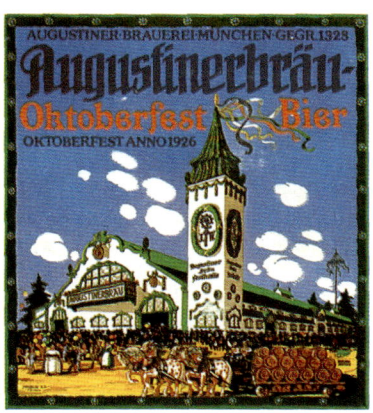

Die Ahnen der Bayern waren die Bajuwaren, ein südgermanischer Stamm, der Wotan und Donar in heiligen Hainen verehrte, der Ahnen gedachte und wüste Trinkgelage abhielt.[1] Schon Tacitus schrieb in seiner *Germania*: „[nach der Morgenmahlzeit] gehen sie an ihre Geschäfte, nicht weniger häufig auch zu Gelagen, und zwar in Waffen. Tag und Nacht ohne Unterbrechung zu zechen ist für niemand ein Vorwurf. Vielfach gibt es dann, wie eben unter Betrunkenen, Händel, die nur selten mit bloßen Schmähreden, öfter mit Totschlag und Verletzungen enden. Aber auch über gegenseitige Versöhnung von Feinden, über die Anknüpfung verwandtschaftlicher Bande und über Berufung von Fürsten, schließlich über Krieg und Frieden beraten sie meist bei solchen Gelagen, weil sich angeblich zu keiner Zeit das Herz leichter für aufrichtige Gedanken erschließt oder für hohe erwärmt."[2]

Alle Völker, die Ackerbau treiben, kennen herbstliche Erntedankfeste. Bei diesen Festen, die aus der Frühzeit des Menschen stammen, werden die jeweils ersten Feldfrüchte in der Zeit um die Tag- und Nachtgleiche (Äquinoktial) den friedlichen und vegetabilen Göttern und Göttinnen des Ackerbaus und des Getreides als Dank geopfert. Weit verbreitet ist die Vorstellung, daß den Göttern die „Seele", die unsichtbare Essenz der Feldfrüchte zusteht. Die Götter laben sich daran und überlassen das tatsächliche Korn den Menschen. Erntedankbräuche schließen oft die magische Bannung von Getreidedämonen (Kornwolf, Roggenhund) ein, Wesen, die nur danach trachten, die Saat oder die Ernte zu zerstören. In Norddeutschland wurden Puppen aus den Halmen geflochten und auf den abgeernteten Feldern hinterlassen, auf Altären aufgestellt oder öffentlich verbrannt.

Die häufigsten Opfer beim Erntedankfest sind weltweit frisch bereitete Brote aus dem neuen Getreide, gekochte junge Maiskolben oder vergorene Trünke aus den Feldfrüchten des vorangegangenen Jahres. Weltweit gibt es Trankopfer aus Bier. So bei den Sumerern, Babyloniern, Ägyptern, Thrakern, Römern und ackerbautreibenden Indianern. Götter und Menschen sind gleichermaßen glücklich, wenn alle berauscht sind.[3]

Die Germanen bauten auf ihren Äckern Weizen, Roggen, Hafer, Gerste, Erbsen, Bohnen, Kohlrüben, Runkelrüben, Flachs, Lein und Hanf an.[4] Das Getreide war den Göttern Wotan/Odin, Fricka/Frigg und Sif (Frau Gaue, Fro Gode, Roggenfrau, Kornmuhme) heilig. Der Hafer stand unter dem besonderen Schutz von Fricka, Wotans Gemahlin. Das gereifte Korn erschien als Geschöpf des Himmelsgottes Wotan und der Erdgöttin Fricka. Der Roggen war das erwählte Getreide der goldgelockten Vegetationsgöttin Sif, der Gemahlin des Donnergottes Thor/Donar, und der Hanf war die geliebte „Blume" der Liebesgöttin Freia/Freyja.[5] Beim großen Herbstfest wurden Wotan und die fruchtbarkeitsbringenden Göttinnen Fricka, Sif und Freia bedacht. Die Leinernte war ein Fest (*Hörmeitidr*), das dem Donnergott Thor geweiht war. In der Edda heißt es, daß die Asen-Götter die Leinernte bei dem Meeresgott Ägir, dessen Braukessel berühmt war, feiern wollten. Das Leinerntefest war also ein Zechgelage mit unerschöpflichen Biervorräten. Die ehemals mit My-

„München is one of those cultures in which beer is … ‚essential and blessed' … It is a focus for an annual festival – the Oktoberfest – … it is, in effect, the Münchner totem."

Per Hage
Münchner Beer Categories

Alle Münchner Brauereien produzieren für das Oktoberfest spezielle Biere, die in Bayern „Wiesnbiere" genannt werden. Nur das ins außerbayerische Ausland exportierte Bier trägt stolz seinen Namen: „Oktoberfestbier".

Das Märzenbier wird im März gebraut und im Herbst zur Erntedankzeit ausgeschenkt oder auf den Markt gebracht.

sterien begangene Flachsernte lebt in den festlichen Schwingtagen (Erntezeit) der bäuerlichen Gegenden fort. Bei der Flachs- und Hanfernte wurde der Freia bzw. ihrer späteren Erscheinungsform Holla ein Dankopfer gebracht. „Auch die Ernte des Hanfs war allerorten ein Fest … Zweifellos liegt es am Geruch eines reifen Hanffeldes, daß es dabei fröhlich-gesellig zuging und immer auch Gelegenheit war für die zarteren Formen bäuerlicher Erotik."[6]

Das germanische Erntedankfest zwischen Mitte September und Mitte Oktober fiel sowohl mit dem Abschied des alten Jahres und dem Gedenken an die Verstorbenen als auch mit dem Begrüßen des neuen Jahres und dem zukünftigen Leben der Sippe zusammen. Mit der eingebrachten Ernte begann der „Winter", das neue Jahr.

Im Gedenken an die Toten wurde ihnen Bier geopfert. Dieses Totenbier lebt in dem skandinavischen *Engelsbier* und dem Schweizer *Engelsbock* fort.

Der geschmückte Erntewagen, die Erntekränze und -kronen, Strohpuppen sowie der gemeinsame Festschmaus, das Erntebier und der Erntetanz gehen auf heidnische Traditionen zurück. Im Rheinland wurde ein Faß *Beubier* auf dem Wagen, der die Maisernte einbrachte, mitgeführt und geleert. In Norddeutschland, wo heute noch die Wotanspferde als Hausschmuck weit verbreitet sind, wurde bis ins 19. Jahrhundert Wotan angerufen: „In Niedersachsen ließen die Schnitter bei der Roggenernte ein Bündel Halme stehen, steckten einen geschmückten Stock hinein und banden die Ähren daran fest. Dann riefen sie dreimal ,Wode! Wode! Wode!', tanzten um den Busch herum und warfen ihre Mützen in die Luft."[7] In Mecklenburg sprenkelten die Männer Bier über das abgeerntete Feld. Das dunkel gebraute Erntebier hieß *Wadelbier* oder *Wodelbier* (Wotansbier).[8] Damit wurde die Waut genannte Strohpuppe übergossen. Man trank der Frigg zu und goß für sie das Bier auf die Erde. Anschließend wurden Waut-Puppe und Erntekranz unter Gesängen ins Dorf zurückgebracht:

„Wold, Wold, Wold (= Wotan, Wotan, Wotan)
Himmelsbühne weiß was geschieht
Vom Himmel er hernieder sieht
Volle Krüge und Garben hat er
Auf dem Holze wächst mancherlei
Er ist nicht geboren und wird nicht alt
Wold, Wold, Wold."[9]

Überall in Deutschland gab es Erntebiere, die unter den Namen *Weizenbier*, *Erntebier* oder *Bitterbier* bekannt waren. Im Schaumburgischen wurde den Feldern unmittelbar nach dem letzten Sensenschlag Branntwein, Milch und Bier geopfert, indem die Getränke auf die Erde gegossen wurden. Das war die letzte Huldigung im Jahr an die Fruchtbarkeit der Erdgöttinnen und Erdgeister.

Bei dem Stamm der Pruszen, den alten Preußen, und ihren slawischen Nachbarn, den Polen, den Litauern, Livländern und Kurländern, wurde das Bier vom Mittelalter bis in die Neuzeit in großen Ehren gehalten. Sie alle kannten den Biergott *Rauguzemapat*, wörtlich „Herr der Gärung", oder auch *Raugupatis*, „Herr des Sauerteigs", dem sowohl beim Bierbrauen als auch beim Erntefest ein Trankopfer dargebracht wurde. „Die Bauern eines Dorfes kamen, ehe der Feldbau begann, mit einigen Fässern Bier zusammen. Der Priester nahm eine Schale voll, hielt eine Lobrede auf den Gott *Pergubros*, faßte den Rand der Schale, ohne die Hände zu gebrauchen, mit den Zähnen, schlürfte sie aus und warf sie dann mit dem Munde rückwärts über den Kopf. Ein anderer Priester fing sie auf, füllte sie und rief den Gott *Perkunos* an, leerte sie, und nachdem er sie wieder gefüllt, rief ein dritter Priester die Götter *Schwairtir* und *Pelvit* an, bat sie um ihre Hilfe und Schutz für Zelt und Haus. Dann wurde wieder getrunken. Nachdem man noch mehrere Götter angerufen, ging die Schale unter sämtlichen Anwesenden herum. Jeder leerte sie. Schließlich wurde getanzt und geschmaust."[10]

Welche Götter sich hinter den Namen Pergubros, Schwairtir und Pelvit verbergen, ist unbekannt. Der Gott Perkunos hingegen ist kein anderer als der Donnergott Donar/Thor im litauischen Gewande. *Perkunos* ist der Spender des Regens und der Fruchtbarkeit, dem Feuer und die Eiche heilig sind, der Hüter des Rechts, der Überwinder der Dämonen.[11]

Das litauische Erntebier enthielt vielleicht Eichenlaub. Die Blätter des heiligen Baumes machten es bitter („Bitterbier") und weihten es Perkunos.

Der Hanf wurde schon vor 2500 Jahren bei germanischen und keltischen Bestattungsriten – ähnlich wie das Bier – als Opfergabe den Toten mit ins Grab gegeben. Bei archäologischen Untersuchungen von germanischen Gräbern aus dieser Zeit wurden Hanfsamen, Hanffasern und die weiblichen Blütenstände (Marijuana) gefunden. Auch wurde noch zu Beginn der Neuzeit Bier mit Butter und Hanf versetzt und medizinisch verwendet.[12]

Heutzutage werden für das Oktoberfest und ähnliche Volksfeste mit dem Charakter von Massenbesäufnissen, z. B. das Cannstatter Volksfest in Stuttgart und diverse kirchliche Erntedankfeste[13], spezielle Biere gebraut: viele süddeutsche Brauereien bringen die sogenannten *Märzen* oder *Märzenbiere* rechtzeitig zum Ende des Sommers heraus. Diese untergärigen Vollbiere sind wenig gehopft, daher süß und süffig, haben aber kaum mehr als vier Prozent Alkohol. Eine Spezialität unter diesen Bieren ist das fränkische *Aecht Schlenkerla Rauchbier* aus Bamberg. Sein rauchiger Geschmack, der durch das Darren des Grünmalzes über einem Buchenholzfeuer entsteht, hat es weit über die Grenzen Bayerns bekannt gemacht. Selbst im Norden gibt es ein Märzen; in Lüneburg wird ein *Märzen-Stark-Bier* mit 13,2 % Stammwürze gebraut.

Das Märzen wird, wie schon sein Name verrät, im März gebraut. Im März gab es in Süddeutschland die letzte sichere Möglichkeit, vor den warmen Sommermonaten noch ein untergäriges Bier zu brauen. Damit es dann in den Kellern der Brauereien den Sommer überdauern konnte, mußte die Würze etwas kräftiger angelegt werden.[14]

Das Märzenbier ist somit eine letzte Erinnerung an den Lauf der Natur. Es wird gebraut, wenn die erste Saat auf die Felder gelangt und getrunken, wenn das letzte Korn geerntet ist.

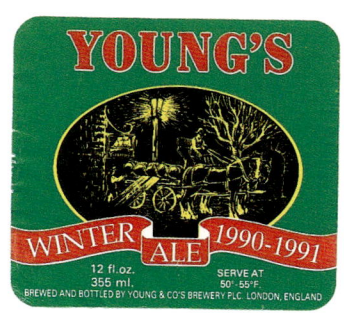

Der Julbock

Heutzutage vertreiben viele Brauereien besonders starke untergärige Biere für das Weihnachtsfest.[1] In Hamburg gibt es den *Festbock*, ein bernsteinfarbenes würziges Starkbier; in Bayern wird ein dunkles Starkbier, der *Ayinger Weihnachts-Bock* gebraut; im Schwarzwald wird ein dunkles Bockbier mit dem vielverheißenden Namen *Wodan* ausgeschenkt; Österreich wartet mit *Hainfelder Weihnachtsbier* und einem *Fest-Bock* auf; in der Schweiz wird eines der stärksten Biere der Welt (14 Vol.% Alkohol!) unter dem Namen *Samichlaus* (Sankt Nikolaus) in einer hellen und einer dunklen Variante hergestellt. In den USA brauen viele kleinere Brauereien sogenannte *Christmas Beers* oder *Xmas Beers* unter der Verwendung von typisch weihnachtlichen Gewürzen wie Zimt, Kardamom, Nelken und Anis. In Norwegen aber wird ein hopfenarmes Bockbier von goldbrauner Farbe mit dem traditionsreichen Namen *Jule* gebraut und in großen Mengen zum Julfest getrunken. All diese Biere sind eine bewußte oder unbewußte Erinnerung an die Kulte und Rituale, die im alteuropäischen Heidentum zur Weihnachtszeit stattgefunden haben.

Unser heutiges Weihnachtsfest mit weißbärtigen Weihnachtsmännern, überbordenden Geschenken, üppigen Mahlzeiten und gemütlichen Familienzusammenkünften ist eigentlich alles andere als ein christliches Fest. Weihnachten ist zugleich ein Familien- wie auch ein Volksfest. Ein Charakteristikum des Volksfestes ist die Tatsache, daß das Volk zwar feiert, aber eigentlich gar nicht genau weiß, warum. Außerdem, so stellte unlängst ein deutscher Volkskundler fest, dienen die Volksfeste den meisten Feiernden nurmehr der Befriedigung privater Bedürfnisse und nicht mehr dem ehemals rituellen Rahmen: „die Gemeinsamkeit der Feste werde weiterhin durch isolierte Rauscherlebnisse ersetzt."[2]

In der offiziellen christlichen Lesart ist Weihnachten das Fest der Geburt Christi. Es war jedoch ein Beschluß des Gegenpapstes Hippolytos (um 1217 n. Chr.), daß Jesus am 25. Dezember geboren worden sei.[3] Vorher herrschte ein heilloses Durcheinander: „Der Legende

Ein feuerfester Weihnachtsbock

Stockholm. Als Gartenzier und Christbaumschmuck ist der Weihnachtsbock den Schweden in dieser Jahreszeit lieb. Der aus Stroh gebundene, pralle und gehörnte Bock ist eines jener alt-heidnischen Fruchtbarkeitssymbole, die den Übergang in die kommerzielle Weihnachtsgegenwart unbeschadet überstanden haben. Jetzt schmückt er en miniature jedes schwedische Heim.

Er schmückt auch, überlebensgross, so manchen schwedischen Marktplatz. Ein Bock ganz besonderer Dimensionen steht auf jenem in Gävle. Er ist landesweit bekannt, nicht seiner imposanten Ausmasse wegen, sondern wegen des Schicksals, das er zu erleiden pflegt. Kaum ist der Bock mit grossem Hallo am ersten Adventssonntag im Gävler Zentrum festgezurrt worden, da brennt er lichterloh. Jahr für Jahr stecken Spitzbuben und Lausmädels das Strohgebilde in Brand und äscherten das Weihnachtssymbol schon lange vor dem Weihnachtsabend ein.

Im Vorjahr hat die Polizei den Zündlern einen harten Kampf versprochen. Endlich sollte das gewaltige Tier die heilige Nacht schauen dürfen. Mit feuerfesten Sprays imprägnierte man den «Julbock». Aber dann brannte er doch. Die landesweite Aufmerksamkeit hat die Gävle-Jugend nicht ruhen lassen, bis sie eines Nachts die Lunte doch noch in die strohenen Eingeweide steckte und den Bock niederbrannte. Ganz Schweden sah andertags die Flammensäule im Fernsehen.

Im diesem Jahr aber scheint der Bock dem Feuertod endlich zu entkommen. Als «absolut brandsicher» bezeichnet die Feuerwehr die diesjährige Bockausgabe. Jeder einzelne Strohballen, aus dem das fünf Meter hohe Tier zusammengesetzt ist, wurde imprägniert. Und Tag und Nacht hält die neugegründete Gesellschaft «Die Freunde des Bocks» Wacht vor ihrem Symboltier. Keine zwielichtige Gestalt soll im schwedischen Abenddunkel dem Weihnachtsbock zu nahe kommen. Unversehrt steht das gehörnte Strohvieh immer noch auf dem Marktplatz.

Und nicht nur Pyromanen werden unruhig: Es ist, als sei der Feuerschein des brennenden Bocks auch schon ein lieber Weihnachtsbrauch geworden. Irgend etwas fehlt in diesem Jahr im Gävler Advent.

Hannes Gamillscheg

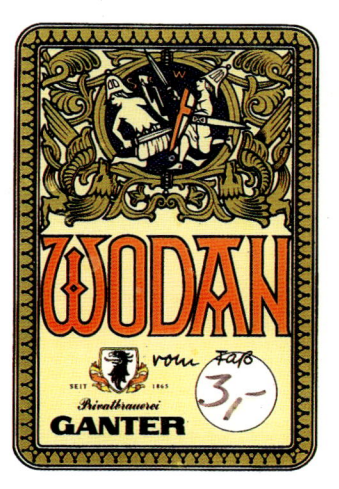

Viele Brauereien bringen zu Weihnachten, dem alten heidnischen Sonnenwendfest, besondere, meist sehr starke Biere heraus. Das Schweizer *Samichlaus* („Sankt-Nikolaus-Bier") ist mit 14% Alkohol und 29% Stammwürze das stärkste Bier der Welt. Das *Wodan* genannte Starkbier erinnert an die von Wotan angeführte Wilde Jagd, die zur Zeit der Wintersonnenwende durch die Lüfte tobt.

nach … schien zunächst für die Christgeburt nur das Halbjahr Frühling bis Herbst in Frage zu kommen, denn in Judäa können im Winter Menschen und Tiere kaum im Freien nächtigen, so daß die Geburtsgeschichte von den Hirten auf dem Felde einen winterlichen Termin unwahrscheinlich machte. Man errechnete den 28. März, den 2. oder 19. April, den 20. Mai, aber auch den 8. und den 18. November. Dieser Gedanke nun, neue Feste als Gedenktage an das Leben des Erlösers zu erfinden und zu feiern, wurde insbesondere von den Gnostikern aufgenommen und verbreitet, einer religiös-philosophisch-sozialen Bewegung im Mittelmeerraum, die sich vom Christentum nicht nur die Erfüllung ihrer Lehren erhoffte, sondern auch die innere Erneuerung von älteren Kulten und Festen."[4] – Warum aber entschied der Gegenpapst, daß Jesus Christus am 25. Dezember geboren worden sei?

Der 25. Dezember war ein wichtiger Termin in den Kultkalendarien der heidnischen Religionen und antiken Mysterienkulte. Im spätantiken Rom feierte man vom 17. bis zum 24. Dezember die wüsten Saturnalien, Orgien von ekzessiver Zügellosigkeit zu Ehren des Gottes Satur-

In Dänemark werden zur Weihnachtszeit süße und alkoholschwache *Juleøls*, „Weihnachtsbiere", gebraut. Die Etiketten zeigen Weihnachtsmänner, in denen noch ihre Vorläufer, die Wichtelmänner oder Fliegenpilzgeister, weiterleben.

nus, dem Herrn des Ackerbaus, der Obst- und Weinkultur. In dieser Zeit waren alle gesellschaftlichen und kulturellen Schranken aufgehoben. Herren und Sklaven verkehrten in karnevalistischer Ausgelassenheit miteinander, man schenkte sich Tonfiguren und Kerzen. Kaum hatten sich die Massenberauschungen und sexuellen Freizügigkeiten am Abend des 24. gelegt, begann auch schon das nächste Fest, die Geburt des Gottes *Sol Invictus* („Unbesiegbare Sonne") oder des Mithras.[5] Mithras war ein strahlender Sonnengott, der aus Kleinasien in das römische Imperium eingewandert ist und der in geheimen Mysterien verehrt wurde.[6] Obwohl der Kult des Mithras für ganz Mittel- und Südeuropa belegt ist, weiß man doch wegen des Schweigegelöbnisses der Kultanhänger nur sehr wenig darüber. Mithras, der aus dem Felsen geborene Schöpfergott, galt allgemein als ein siegreicher – *invictus* – Kämpfer gegen die Kräfte der Finsternis. Er befreite die Sonne nach der Sonnenwende aus den Klauen der Dunkelheit und ließ sie neu erstrahlend das kommende Jahr bescheinen.

„Die Heiden pflegten nämlich am 25. Dezember das Fest des Geburtstages der Sonne zu feiern und zu Ehren des Tages Feuer anzuzünden. Zu diesen Riten luden sie sogar das Christenvolk ein. Da nun die Lehrer der Kirche wahrnahmen, daß sich auch Christen zur Teilnahme verleiten ließen, beschlossen sie, am selben Tag das Fest der wahren Geburt zu begehen", so ein syrischer Glossator des 6. Jahrhunderts.[6] So wurde der 25. Dezember, der *Natalis Invicti*, der „Geburtstag des unbesiegten Gottes", in die Geburt Jesu Christi umgedeutet. Hinzu kam die Tatsache, daß ebenfalls zur Zeit der Wintersonnenwende in Rom innerhalb des ekstatischen, aus Ägypten importierten Isis-Kultes um die mächtige Göttin der Magie und der Zauberkräuter die Geburt des Horus-Kindes gefeiert wurde.[7] Es verwundert nun auch nicht mehr, daß die Christen aus dem Geburtstag des Dionysos, der mit erotischen Ritualen am 6. Januar gefeiert wurde, den Tag der Heiligen Drei Könige machten.[8] Bei all diesen Festen spielten berauschende Tränke und spezielle Speisen eine wichtige Rolle.[9]

*„So wisset, was das Wütes Heer sei.
Nun ist Wütis Heer eine Versammlung aller Hexen
und Unholden zusammen, gleicherweis,
als wenn sich eine Rott zusammen fügt,
auf eine Kirchweih zu gehen."*

Paracelsus[10]

Das Bier als Weihnachts-Rauschmittel geht auf die nordischen Traditionen, namentlich auf das Julfest, zurück, dessen ältestes schriftliches Zeugnis von Beda Venerabilis (674–735 n. Chr.) stammt. Er schildert es als Totenfest und Fruchtbarkeitskult um die Zeit der Wintersonnenwende. Das Sonnenwendfest ist für Skandinavien, damals gemeinhin unter dem Namen Thule bekannt, schon durch den Bericht des Römers Prokop[11] belegt. Darin drückt sich die tiefe Verehrung der Sonne aus, die nach der Sonnenwende wieder am Himmel erscheint.

Das Julfest findet in Skandinavien traditionell zwischen Mitte Dezember und Mitte Januar, also während der ganzen Julzeit, statt.[12] Im Mittelpunkt dieses wichtigen Festes stand früher der Gott Odin oder Wodan (Wotan) und sein Sohn Thor oder Donar (Donner). Odin/Wodan war der Gott der Erkenntnis, der Runenmagie oder der Totengeleite. Deshalb wurden in der Julzeit besonders die Toten, also die Ahnen und Vorväter, geehrt. Man brachte ihnen im Kreise der Sippe Seelenopfer in Form eines *Seelenbieres* und anderer Nahrungsmittel. „Nach der Verehrung der Toten wandte man sich mit neuer Kraft dem Leben zu, blickte voller Zuversicht in die Zukunft in dem Bewußtsein des ewigen Kreislaufs des Lebens, daß nach jedem Sterben neues Leben aufkeimte, nach jedem Winter ein Frühling kam und nach der Dunkelheit das Licht."[13]

In neuzeitlichen nordischen Bräuchen erscheinen erstmals die Julböcke, die zu Anfang der Julzeit (heutzutage am 1. Advent) aus Stroh in der Gestalt von Böcken gebunden werden. Diese Opferpuppen werden in der Mittwinternacht oder am 24. Dezember verbrannt, die wiedergeborene und zurückkehrende Sonne zu begrüßen. Es gehörte zum Fest, daß sich Mädchen und Jungen als Ziegen und Böcke verkleideten. Die Böcke waren wie das Bier dem Fruchtbarkeitsgott Thor heilig.[14]

In der Julzeit wurde auch der Vegetations- und Fruchtbarkeitsgott Freyr (Froh), der das Wachstum des Getreides bewirkte und somit den Grundstoff des Bieres zur Verfügung stellte, verehrt. In der *Saga von Hervör* wird das Julopfer an Freyr beschrieben: „König Heidrek brachte Freyr ein Opfer dar; er wollte Freyr den größten Eber anbieten, auf dessen Borsten man in allen wichtigen Angelegenheiten schwören mußte. Dieser Eber nun sollte als Sühneopfer dargebracht werden; dort pflegten die Männer die Hände auf seine Borsten zu legen und heilige Gelübde abzulegen."[15]

Bei derartigen Gelübden, die durch das gemeinsame Leeren eines geweihten Trinkhorns gefüllt mit Bier besiegelt wurden, rief man die Götter der Fruchtbarkeit und des Bieres an: „So helfe mir Njörd und Freyr und der allmächtige Ase."[16] So wie sich alle Rituale, seien sie noch so alt, rudimentär erhalten, hat sich der Eberschwur ebenfalls erhalten. Bei den neuzeitlichen Weihnachtsfesten in England wurde ein gekochter Eberkopf aufgetragen, dem die Anwesenden eine Hand auflegten, Gesänge und Gelübde von sich gebend. Ebenfalls in die Julzeit fiel das *Große Opfer von Uppsala*. Es fand nur alle neun Jahre im Mittwinter statt.[17] Der mystischen Zahl neun entsprechend wurden während des neun Tage andauernden Festes jeweils neun Opfer von „jeder" Sorte Lebewesen geopfert, darunter Menschen, Pferde, Schweine, Böcke und Gänse. Es gab also für jedes der kommen-

Der alkoholstarke *Eisbock* ist ein typisches Weihnachtsbier. Dieses schwere Spezialbier wird durch Einfrieren und Entfernen des Eises hergestellt. In alten Zeiten führte man das Vereisen des Bieres übrigens auf den üblen Einfluß der Bierhexen zurück. Ihnen wurde auch nachgesagt, daß sie Bier als Eiszapfen an das Gebälk hexen könnten.

Rechts: Bestimmte Fossilien, wie versteinerte Seeigel und Donnerkeile (Belemniten) wurden von den Germanen als Schutzamulette für das Bier benutzt. In Norwegen wurden die heiligen Steine des Donnergottes in der Julnacht mit Bier übergossen. (Holzschnitt aus Gesner, 1647.)

den neun Jahre ein Opfer. Bei diesem Fest wurden Freyr, Thor und Odin, der allmächtige Ase, dessen Symbolzahl die Neun war, verehrt. Die Menschen, weiße Pferde und Gänse wurden dem Odin, die schwarzen Pferde und Schweine dem Freyr, die Böcke aber dem Thor geopfert. Die Opferhandlungen wurden von erotischen Tänzen, komödiantischen Darbietungen und Liedern, die dem christlichen Berichterstatter Adam von Bremen als „zu unsittlich, als daß man sie wiedergeben könnte", klangen, begleitet.[18] Offensichtlich spielte auch eine sexuelle Zügellosigkeit mit allen erdenklichen Praktiken (ritueller Analkoitus, Transvestie und homosexuelle Handlungen[19]) zu Ehren Freyrs eine wichtige Rolle beim Uppsala-Opfer. Diese sexuellen Ausschweifungen sollten besondere magische Kräfte freisetzen.

Dem Odin waren die Esche und die Alraune heilig, beide wurden dem Bier zugesetzt. Dem Freyr war die Eberwurz, die sowohl als Gärstoff als auch als Biergewürz bekannt ist, geweiht. Dem Thor aber war die Eiche zugehörig, deren Rinde dem Bier den rechten Bitterstoff verlieh.[20] Welcher Bierzusatz konnte aber geeignet sein, das Julbier so zu würzen, daß es die angestrebten erotischen Rituale und die Nähe der Götter bewirkte? Weder das Eschenlaub, noch die Eberwurz oder die Eichenrinde enthalten entsprechende Wirkstoffe, wohl aber die Alraune. Die Alraune wächst aber nicht in Skandinavien und ist auch sonst in germanischen Gebieten zu selten, als daß sie für Volksfeste zum Bier verbraut hätte werden können.[21] Der Hauptkandidat für den entsprechenden Wirkstoff des alten Julbieres ist der Fliegenpilz.

Der Fliegenpilz (*Amanita muscaria*) ist eine alte Schamanendroge, die weltweit bei Ritualen Verwendung fand. Überall gilt der „Märchenpilz" als ein Tor in die Anderswelt, in das Reich der Feen und Kobolde.

Der Pole Joseph Kopec erlebte 1796 in Sibirien unter den Kamtschadalen einen Fliegenpilz-Trip, der 1837 in polnischer Sprache publiziert wurde: „Ich fand mich in einem Zustand, als wäre ich magnetisch angezogen von den verlockenden Gärten, in denen nur Freude und Schönheit zu herrschen schien. Blumen der verschiedensten Farben und Formen, wundersam duftend, tauchten vor meinen Augen auf; eine Gruppe schönster Frauen in weißen Gewändern wandelte hin und her und schien in diesem irdischen Paradiese für die Gastlichkeit zu sorgen. Als erfreuten sie sich meines Kommens, boten sie mir verschiedene Früchte, Beeren und Blumen an. Dieses Entzücken währte meinen ganzen Schlaf hindurch und der dauerte um Stunden länger als gewöhnlich ... Es ist schwierig, beinahe unmöglich, die Visionen meines langen Schlafes nachzuzeichnen und nebenbei sind da noch weitere Gründe, die mich davon abhalten, dies auch nur zu versuchen. Was ich in diesen Visionen erblickte und wo ich hindurchging, sind Dinge, die ich nie zuvor in meinen Gedanken vermutet hätte. Ich kann lediglich erwähnen, daß jene Zeit hervorgeholt wurde und ich dann alles vor mir sah von meinem fünften, sechsten Lebensjahr an, alle Gegenstände und Menschen mit denen ich in der Folge Bekanntschaft gemacht und mit denen ich Beziehungen eingegangen war, alle meine Spiele, meine Beschäftigungen, Handlungen, eine nach der andern, Tag auf Tag, Jahr auf Jahr, kurz, das Bild meiner gesamten Vergangenheit wurde vor meinem Blick lebendig. Was die Zukunft betrifft, so folgten verschiedene Bilder aufeinander, die hier keinen besonderen Platz einnehmen sollen, da sie Traumgebilde sind. Ich sollte nur anfügen, daß ich, wie von einem Magneten inspiriert, einigen dummen Fehlern meines Predigers auf die Spuren gekommen war und ich gab ihm die Anweisung, er möge sich in diesen Dingen bessern. Und ich bemerkte, daß er meine Warnungen fast wie die Stimme der Offenbarung annahm."

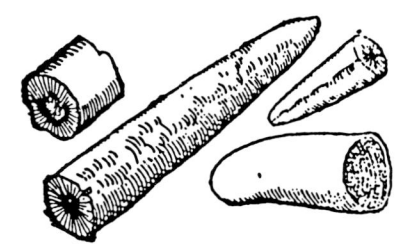

Zwischen Weihnachten und Neujahr werden kleine Pappmachénachbildungen von Fliegenpilzen verkauft. Der Fliegenpilz gilt gemeinhin als ein glücksverheißendes Symbol für das kommende Jahr, für die lichterfüllte Zukunft. Seine typischen Farben Rot und Weiß sind schließlich die Farben der Kostüme der Weihnachtsmänner.[22]

Der Ursprung des Fliegenpilzes wird nach südgermanischer Überlieferung mit Odin/Wotan und dessen wilder Jagd („Wildes Heer/Wütis Heer") assoziiert: „Der Gott Wotan ritt am Weihnachtsabend auf seinem Pferd aus und wurde plötzlich von Teufeln verfolgt. Das Pferd fing an zu galoppieren, und dabei tropfte rotgesprenkelter Schaum von seinem Maul. Wo der Schaum hinfiel, erschienen im folgenden Jahr die bekannten weißgefleckten, roten Hüte der Fliegenpilze."[23]

Der Fliegenpilz war früher auch unter dem Namen Rabenbrot bekannt.[24] Nun waren aber die Raben ebenfalls dem Wotan/Odin heilig; mehr noch, er besaß zwei Raben – Hugin, „Gedanke/Denken", und Munin, „Gedächtnis/Erinnerung", genannt –, die ihm stets berichteten, was in der Welt vor sich geht.[25] Diese beiden Raben, gleichzeitig die seherischen, schamanischen Augen des Gottes, als auch die wichtigsten Funktionen des Gehirns symbolisierend, ernährten sich – der Sage nach – vom Rabenbrot, dem Fliegenpilz. Der Fliegenpilz aber ist ein uraltes Sakrament der Seher und Schamanen der nördlichen Hemisphäre.[26] Der gezielte Genuß des Pilzes bewirkte Einblicke in die Geheimnisse der Vergangenheit, Gegenwart und Zukunft, er ließ Lichterscheinungen und Lichtwesen auftreten und schenkte aphrodisische Seligkeit. Wer den Fliegenpilz einnimmt, gibt seinen *inneren* Raben, seinem Denken und seiner Erinnerung, gutes Futter, wie es sich für das Minnebier, den „Erinnerungstrunk", gebührt. Und im Julfest geht es um die Erinnerung an die Ahnen und das Denken an die Zukunft.

Der Fliegenpilz ist in allen germanischen Gebieten Mittel- und Nordeuropas weit verbreitet. Er ist sicherlich die häufigste wilde Rauschpflanze und tauchte früher unter dem volkstümlichen Namen *Narrenschwamm* in der Literatur auf. Es heißt auch, daß die Germanen ihren Rauschtrünken neben Honig und Eichenrinde auch Narrenschwämme zusetzten.[27] Die sibirischen Kamschadalen und Korjaken lassen Mixturen aus getrocknetem Fliegenpilz, der bei ihnen Muchumor oder Naliv heißt, ausgepreßten Rauschbeeren und Getreiden (Wildgräser, Gerstenarten) gären und nehmen dieses Bier rituell zu sich:[28] „Der Muchumor der Korjaken, ein Gebräu aus Fichten, Tannen, Roggen, Gerste und einer bei ihnen wachsenden Pflanze *Naliv* genannt, das angeblich so gut schmeckt, daß die Armen, die sich dieses Getränk nicht erzeugen, da nur die Vornehmen es bei ihren Festen genießen, sich um die Häuser derselben lagern und wenn einer derselben sein Wasser abschlägt, dasselbe in Schalen auffangen und sich von demselben berauschen."[29] Der Wirkstoff des Fliegenpilzes wird unverändert mit dem Urin wieder ausgeschieden. Wer also den Urin eines Fliegenpilzberauschten trinkt, der wird selber einen Rausch erleben.

Trommelnde Schamanen der Kamschadalen, die vor der Seance getrocknete Fliegenpilze in Rauschbeeren- und Gerstensaft eingenommen haben. (Illustration nach Peter Simon Pallas, 1776.)

Das Hopfenzeitalter

Seit mehr als zehntausend Jahren wird Bier gebraut. Aber erst seit 1000 Jahren verwendet man dazu Hopfen. Für den modernen Biertrinker ist das typische Bieraroma ein hopfenherber Geschmack, die typische Bitternis.

In Mesopotamien und Ägypten wurden süße Biere bevorzugt. Die keltischen und germanischen Ur-Gebräue waren säuerlich-erfrischend. Die afrikanischen und asiatischen Hirsebiere schmecken überwiegend süß-sauer. Das indianische Maisbier hat ein fein säuerlich-würziges Aroma. Die meisten in der Geschichte des Bieres verwendeten Zusätze gaben den gegorenen Getränken wohlriechende, kräuterige Noten; selten wurde ein Bitterstoff zugesetzt. Aber alle Zusätze zum Bier hatten die gleiche Aufgabe: sie sollten das Bier verändern, ihm einen anderen Geschmack geben, ihm längere Haltbarkeit verleihen, es berauschender machen.

Der Hopfen verleiht dem Bier das „typische Aroma" – feinherb bis stark bitter –, macht es länger, bis zu drei Jahren, haltbar, stärkt die Schaumkrone; wirkt harntreibend und beruhigend. Der Hopfen beruhigt das Gemüt. Zusammen mit Alkohol ist er ein ungefährliches Betäubungsmittel.

Der Hopfen wurde erst im Mittelalter zu einer Kulturpflanze. Die Talmudisten, babylonische Juden des dritten und vierten Jahrhunderts, beschrieben ihre Methode, Bier zu brauen, im Talmud, der wichtigsten, nachbiblischen religiösen Schrift der Juden. Darin wird als Zusatz zum Bier eine Gewürzpflanze namens *kasuta* erwähnt. *Kasuta* heißt auf Hebräisch Hopfen. Die Gelehrten sind sich nicht einig, ob das im Talmud genannte Kraut *kasuta* den Kulturhopfen, seinen wilden Vorgänger, den Weidenhopfen, oder gar eine ganz andere Pflanze, nämlich die auf Dornenhecken schmarotzende Kleeseide ist.[1]

Im Mittelalter taucht der Kulturhopfen gelegentlich in verschiedenen europäischen Klostergärten auf. Der Gebrauch als Biergewürz ist allerdings erst für das späte Mittelalter belegt.[2] Der Gebrauch von Hopfen als Bierzusatz wurde im späten Mittelalter von der Kirche verboten. Zu Beginn der Neuzeit wurde sein Gebrauch nur den Klosterbrauereien gestattet und trat von da aus seinen Siegeszug durch die neue christliche Welt an.[3] Mit dem

Seite 168: Der Hopfen *(Humulus lupulus)* – die „Seele des christlichen Bieres". Zum Bierbrauen sind nur die weiblichen Blüten (Hopfenzapfen) brauchbar. (Holzschnitt aus dem *Kreutterbuch* von Fuchs, 1543.)

Unten: Wie das Bierbrauen ursprünglich Frauensache war, so war auch die Hopfenernte eine typische weibliche Tätigkeit. *(Hopfenernte* von William Henry Pyne, 19. Jh.)

Reinheitsgebot wurde schließlich öffentlich der Sieg des Hopfens über die alten Götterpflanzen und Hexenkräuter bekundet.

Heutzutage verwenden alle modernen, technologisierten Brauereien, ob sie in Europa, Südostasien, Mittelamerika oder Afrika ansässig sind, Hopfen.[4] Das Bier aus aller Welt versucht sich am Deutschen Reinheitsgebot zu orientieren und dadurch international marktfähig zu bleiben. Immer nach dem christlichen Motto „Hopfen und Malz – Gott erhalt's."

Das Deutsche Reinheitsgebot

Im Jahre 1516 wurde eine Urkunde mit einem Gesetzestext herausgegeben, der zunächst „Bayerisches Reinheitsgebot"[1], später allgemein „Deutsches Reinheitsgebot" genannt wurde. Dieses Gesetz wurde am 24. April von dem Bayern-Herzog Wilhelm IV. im Landtag von Ingolstadt verabschiedet: „Wir woellen auch sonderlichen, das füran allenthalben in unsern Stetten, Märckten und auff dem Lannde zu kainem Pier merer stückh dann allain Gersten, Hopffen und wasser genomen und gepraucht sölle werden."[2]

Im frühen 16. Jahrhundert begann sich die Wissenschaft aus den Klauen der christlichen Lehre zu lösen. Die Kräuterbücher der Väter der Botanik erlebten ihre ersten Drucklegungen. Die alleinherrschende katholische Kirche war durch die Reformation zerrüttet und in ihren Grundfesten erschüttert worden. Religiöse Sekten suchten nach einem neuen Sinn des Lebens. Überall schossen Ketzer wie Pilze aus dem Boden. Die Antwort von Staat und Kirche war die heilige Inquisition und die brutale Hexenverfolgung.[3]

Die frühe Neuzeit wird durch die systematische Ausrottung der letzten Überbleibsel des Heidentums gekennzeichnet. Die Ausbeutung Neuspaniens lieferte den Fürsten, Inquisitoren und Kirchenfunktionären eine wirtschaftliche Macht, die weiterhin für die Unterdrückung aufkeimender Rebellion genutzt werden konnte.

Die alten Kräuter wurden als Bierzusätze verboten, weil sie allesamt unchristliche Wirkungen hatten. Sie waren aphrodisisch, menstruationsfördernd, abtreibend, erregend oder mystisch wirksam.[4] Ihnen haftete der dunkle Schleier der Magie an. Sie waren berauschend, wild und weiblich. Bilsenkraut und Taumellolch galten als Be-

*„Die aber / so Lulchsaamen / Ruß / Bilsensaamen / Indianischen Kockelkernen und anderen
dergleichen schädlichen Dingen das Bier stärcken /
sollen verworffen und verdamt werden / und solte man auch diejenigen /
so mit dergleichen schädlichen Künsten das Bier verfälschen /
als abgesagte Feind des menschlichen Geschlechts / als Dieb und Mörder am Leib und Leben straffen."*

Tabernaemontanus, Kräuter-Buch (1731)[6]

standteile der berüchtigten Hexensalben.[5] Es waren fast alles Kräuter, die in prähistorischer Zeit oder im Altertume heilig waren, d. h., sie waren den heidnischen Göttern und Göttinnen geweiht und wurden rituell in deren Kulten gebraucht. Die alten Götter und Göttinnen wurden in Teufel, Dämonen und Hexen umgedeutet.[7] Die heidnischen Rituale wurden zu Schwarzen Messen pervertiert, die Anbetung der fruchtbarkeitschenkenden Böcke wurde als Hexensabbat interpretiert. Aus dem Bilsenkraut, der heiligen Pflanze des Apollon, wurde das „Teufels-

Seite 170 oben: Herzog Wilhelm von Bayern erließ 1516 das Deutsche oder Bayerische Reinheitsgebot für Bier.

Seite 170 unten: Faksimile des gedruckten Reinheitsgebotes, nach dem Bier nur mehr aus Wasser, Hopfen und Gerste gebraut werden durfte. Mit der Bildung der Europäischen Union verliert dieses Gebot zunehmend an Bedeutung. Von manchen wird das Reinheitsgebot als erstes deutsches Nahrungsmittelgesetz gepriesen, von anderen als erstes deutsches Betäubungsmittelgesetz kritisiert.

„Es ist daher gar keine zu harte Strafe, wenn der Breieigentümer, welcher das Bier mit Wurzeln, Post, Tobak, Galgant, Kienruß und anderen schädlichen und ungesunden Sachen verfälscht, mit 10, 20 bis 50 Rthlr., und wenn er dessen zum zweitenmahl überführt wird, mit dem Verlust der Braugerechtigkeit auf seine Lebenszeit, der Braumeister aber, so sich zu solcher Verfälschung gebrauchen lassen, mit der Cassation und einer von der Cammer zu bestimmenden exemplarischen Strafe, bestrafet wird. Ja selbst die Verfälschung des Bieres mit Nach- oder Speisebier und mit Wasser, muß sowohl in dem Brauhause, als in dem Schenkkeller, sorgfältigst verhütet und nachdrücklich geahndet werden. In dieser Absicht soll der brauende Bürger, das Nachbier, bei nahmhafter Strafe, nicht in seinem Hause, sondern im Brauhause, verkaufen, auch davon weiter nichts nach Hause nehmen als was er für sich und die Seinigen höchst nöthig gebrauchet, und von den Braudeputirten determiniret worden; als welche deswegen, sobald das Brauen vollendet ist, sich in das Brauhaus verfügen, die Quantität und Beschaffenheit des Biers untersuchen, und nicht eher fortgehen müssen, als bis das Bier völlig weg- und in die Keller getragen worden."

Gutachten von Dr. Johann Georg Krünitz, 17. Jh.

Karikatur aus *HÖRZU* 15/91

auge", aus der Belladonna eine „Teufelsbeere". Aus harmlosen Wurzeln wurden Teufelshoden, aus Pilzen aber Teufelseier. Die Herbstzeitlose wurde zur Teufelsküche oder zum Hexenfurz, Farne zu Hexenkräutern.[8]

Das Deutsche Reinheitsgebot war das erste Drogengesetz, mit dem der Gebrauch von bewußtseinserweiternden und -verändernden Pflanzen ausdrücklich verboten wurde. Unsere modernen Drogengesetze sind allesamt christliche Attacken gegen die heidnischen Heilkräuter unserer Vorfahren. Hanf, Opium, Zauberpilze fallen unter das Betäubungsmittelgesetz, Stechapfel, Alraune, Bilsenkraut unterliegen der Giftverordnung.[9] Die einzigen Drogen, die die christliche Drogenpolitik und -gesetzgebung gestattet, sind die schädlichsten unter den bekannten, nämlich Alkohol und Tabak.

171

Hopfen

Die Hopfenrebe *(Humulus lupulus)* gehört mit dem Hanf zur Familie der Cannabinaceen, die mit den Maulbeergewächsen *(Moraceae)* verwandt ist. Hopfen und Hanf sind die beiden einzigen Vertreter dieser Pflanzenfamilie. Es gibt den wilden Weidenhopfen, der an Wegrändern, auf Waldlichtungen und in Hecken schmarotzt. Der herzblättrige Hopfen, ebenfalls eine Wildart, wird nicht zum Brauen verwendet. Der japanische Hopfen dient lediglich als Zierpflanze.[1]

Es gibt viele domestizierte und kultivierte Hopfensorten, die sich in Aussehen, Farbe, Blütenform und Reifezeit unterscheiden. Die berühmtesten Hopfensorten stammen aus Saaz in der Tschechei (Saazer Hopfen), Spalt und Hallertau in Bayern (Nittelfrüh-Hopfen), Stammheim in der Schweiz und Tettnang in Württemberg (Tettnanger Hopfen). In England werden vor allem Fuggles- und Goldings-Hopfen angebaut. Allerdings werden fünfunddreißig Prozent des Weltbedarfs aus amerikanischen Anbaugebieten (Cascade-Hopfen) gedeckt.[2]

In Kulturen rankt sich die vieljährige Schlingpflanze acht bis zehn Meter hoch an Stangen und Gittern empor. Hopfen ist getrenntgeschlechtlich. Für die Bierbereitung werden nur die jungfräulichen, unbestäubten weiblichen Blüten, die Hopfendolden oder -zapfen verwendet.

Heutzutage werden einhundert bis vierhundert Gramm Hopfen auf ein Hektoliter Bier gegeben. Dabei werden allgemein helle Spezial- und Starkbiere stärker gehopft als Dunkel- und Lagerbiere. Die Hopfenharze verhindern eine die Qualität mindernde Gärung der im Malz enthaltenen Milchsäure. Der Gerbstoff fällt unerwünschtes Eiweiß in der Maische aus (sog. „Bruch").[3]

Der Hopfen enthält das bittere Hopfenharz oder Lupulin, sowie Hopfenöle, die allesamt auf den Menschen eine beruhigende oder sedierende Wirkung ausüben. Das Lupulin verhindert beim Manne vorzeitigen Samenerguß *(Ejaculatio praecox)* durch übermäßige Erregung.[4] Die Stoffe Lupulon und Humulon haben antibiotische Wirkungen auf die grampositiven Bakterien und verhindern Wachstum und Vermehrung von Keimen und Erregern im Bier.[5] Hopfen enthält auch Spuren von Östrogen, dem weiblichen Sexualhormon. Östrogen im Tee oder im Bier kann bei Frauen die Tätigkeit der Sexualdrüsen anregen.[6] Bei Männern führt es leicht zu einer Verweiblichung. Auf die Wirkung des Östrogens wird auch die Verweiblichung vieler starker Biertrinker zurückgeführt, besonders jene Verformung, die im Volksmund *Biertitten* genannt wird.[7]

Im *Lexikon der offizinellen Arzneipflanzen* wird als Indikation für Hopfen angeführt: „Als Tagessedativum, als Anaphrodisiakum, bei allgemeiner Übererregbarkeit."[8]

Der medizinische und volksmedizinische Gebrauch

*„Was das Saltz bey den Speisen und anderen Sachen,
so man aufbehalten will, verrichtet,
solches thut der Hopffen auch bey dem Getränck,
unmassen dasselben Krafft und Tugend,
besage der täglichen Erfahrung, in Beybehaltung
der Stärcke des Biers bestehet,
damit es länger bleiben,
und aufbehalten werden möge."*
Florinus
Der kunsterfahrene Mälzer und Bräuer, 1772[9]

Seite 172: Der Hopfen stammt aus dem nördlichen Eurasien und hat sich im Gefolge des bierliebenden Menschen in alle Welt verbreitet. Für die Bierbrauerei hochwertiger Hopfen wird heute im großen Stil in Tasmanien angebaut. Tasmanien hat die beste Luft der Welt, viel Regenfall und leider schon zuviel UV-Einstrahlung.

des Hopfens als Nervenberuhigungs- und Schlafmittel[10] oder als Stomachikum ist erst seit der Neuzeit anzutreffen. Im Mittelalter wurde er kaum als Heilmittel, lediglich als Konservierungsstoff geschätzt: „Der Hopfen ist warm und trocken, und er hat etwas Feuchtigkeit, und zum Nutzen des Menschen ist er nicht sehr brauchbar, weil er bewirkt, daß die Melancholie im Menschen zunimmt, und den Sinn des Menschen macht er traurig, und er beschwert seine Eingeweide. Jedoch mit seiner Bitterkeit hält er gewisse Fäulnisse von den Getränken fern, denen er beigegeben wird, so daß sie um so haltbarer sind."[11]

Oben links: Der Querschnitt durch den Hopfenzapfen zeigt die gelben Harzkörnchen, die das bittere Lupulin enthalten. Das antibiotische Lupulin verleiht dem Bier die charakteristische Bitterkeit und wirkt auf den Menschen beruhigend.

Oben: Viele Brauereien produzieren stark gehopfte Biere, die meist sehr bitter schmecken und als Schlaftrunk brauchbar sind.

Unten: Der Hopfen bildet einen gelben Farbstoff aus, der früher in der Färberei benutzt wurde. Die Stengel liefern Fasern (ähnlich wie der Hanf, aber nicht so dauerhaft), die zu Leinentüchern verarbeitet wurden. (Englischer Kupferstich, 19. Jh.)

Unten rechts: Der Hopfen wurde wegen der starken Nachfrage, die mit Eintritt des Reinheitsgebotes einsetzte, in großem Maße kultiviert. Die Hopfenernte und Vorverarbeitung fand meist im Familienverband statt. (*Die Hopfenpflücker*, Stich nach einem Gemälde von H. Stelzer, 19. Jh.)

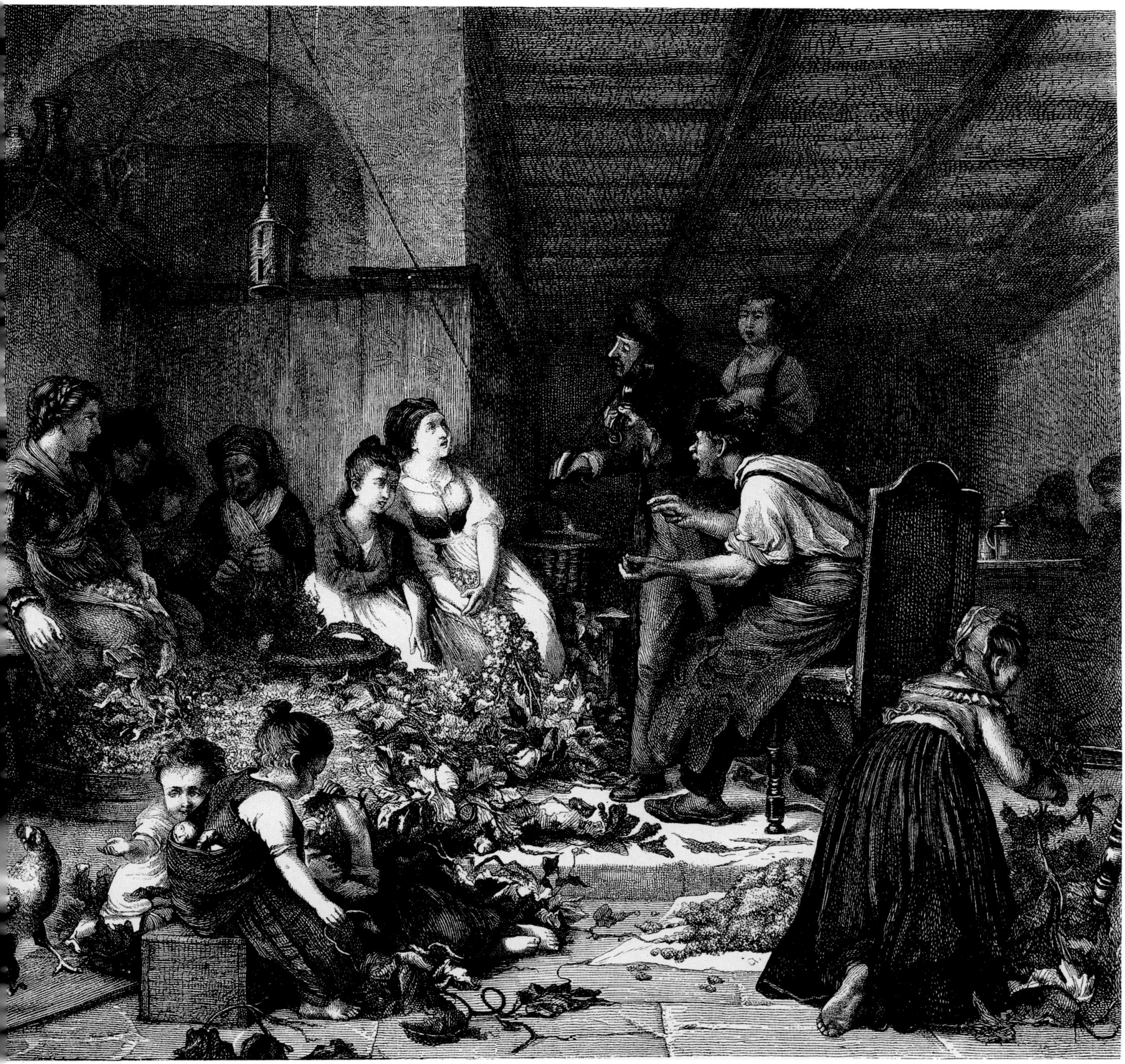

Das falsche „Pilsener"

Viele Biere, die süffig-herb, fein-bitter oder edel-bitter schmecken, werden heute unter den Namen *Pilsener, Pilsner* oder *Pils* verkauft. Sie werden mit sehr viel Hopfen gebraut, enthalten relativ wenig Alkohol, zeichnen sich durch eine sehr helle („blonde") Farbe und eine starke Schaumkrone aus. In der bierseligen Literatur werden sie als Nachfolger des angeblich einzig echten Pilsener Bieres beschrieben. Es ist aber mit dem echten Pilsner nicht das alte Bilsenkrautbier, sondern das extrastark gehopfte, bittere *Pilsner Urquell* oder *Ur-Pils* gemeint. Die Brauereien in Plzen (Pilsen) wollten zunächst anderen, besonders den deutschen Brauereien verbieten, die Namen Pilsner oder Pils für ihre hopfenherben, hellen Biere zu verwenden.[1]

Das in Plzen (Böhmen, Tschechien) gebraute Ur-Pils ist ein modernes Bier, dessen Rezept im 19. Jahrhundert entstand. Es war „der Welt erstes goldfarbenes, klares und haltbares, mittels Untergärung" hergestelltes Bier, das erstmals 1842, natürlich nach dem Deutschen Reinheitsgebot, gebraut wurde und selbstverständlich kein Bilsenkraut enthielt, nur übertrieben viel Saazer Hopfen (Böhmischer Hopfen).[2]

Kurioserweise stand das Bilsenkraut bei der Namens-

176

*„Unser Pils ist nicht irgendein Pils.
Für unser Pils müssen Sie mehr bezahlen als für das Gebräu der Konkurrenz."*
Dietrich Höllhuber und Wolfgang Kaul[3]

Heutzutage ist das *Pilsener* oder *Pils* das meistgetrunkene Bier in deutschen Landen. Viele Pils-Biere werden für besondere Anlässe herausgegeben. Auf die altgermanische Tradition, beim Abschluß von Friedensverträgen ein *Befestigungsbier* zu brauen und gemeinsam zu trinken, geht das Bier zum Tag der Deutschen Wiedervereinigung zurück.

gebung der erstmals 1272 urkundlich erwähnten Stadt Pate: „Die deutsche Bezeichnung ‚Bilsenkraut' verlieh der Stadt der Bohemians, ‚Pilsen', ihren Namen, in der während des Mittelalters auf riesigen Feldern Schierling wuchs, dessen zerstoßener Samen man dem Bier beimengte, um es berauschender zu machen – so gesehen muß das ‚Pilsener' der vergangenen Tage ein umwerfendes Gebräu gewesen sein."[4]

Das echte Pilsener vergangener Tage war ein aphrodisischer Liebestrank, das falsche Pilsener des modernen Brauereigewerbes ist nur mehr ein sedierender Schlaftrunk.

177

Klosterbrüder und Klosterbiere

Im Mittelalter verbreitete sich durch aggressive Missionierung langsam das Christentum von Süden nach Norden. Die Bastionen der Mission waren von Anfang an die Klöster der verschiedenen katholischen Orden. „Die Klöster waren zu eigenem Unterhalt und zur Erfüllung ihrer missionarischen Aufgaben auf Einnahmen aus gewerblicher Tätigkeit angewiesen."[1] Diese gewerbliche Tätigkeit fand ihren wesentlichen Ausdruck in den klostereigenen Brauereien. Sie gehen auf den irischen Ordensstifter St. Kolumban den Älteren (Kolumkill), 521–597 n. Chr., zurück. Er galt als sehr naturverbunden und tierliebend – sofern das als Christ überhaupt möglich ist. Ihm werden leuchtende Visionen und die Begründung der klösterlichen Diät zugeschrieben: „Die Kost soll einfach sein und erst am Abend gereicht werden; sie soll ebenso wenig zur vollen Sättigung wie der Trunk zur Berauschung führen, sie soll das Leben erhalten, ohne ihm zu schaden."[2] Die Kolumbaner-Mönche „brauten sich das Bier aus dem Getreide oder dem Safte der Gerste zum Getränke, welches damals nicht nur bei den skordischen und dardanischen Völkern, sondern auch in Gallien, Britannien, Irland und Germanien und bei verwandten Völkern im Gebrauche war."[3]

Nach kolumbanischem Vorbild richteten bald auch die Klosterbrüder anderer Orden eigene Brauereien ein. Mit dem Bier versorgten sie aber nicht nur die umliegenden Dörfer und Städte, sondern auch sich selbst. Das Bier war über Jahrhunderte die wichtigste Einnahmequelle. Die Klöster führten auch den Hopfenanbau und den Hopfen als Biergewürz ein.

In vergangenen Zeiten waren die Mönche weitaus mehr mit dem Bierbrauen und -trinken als mit der christlichen Nächstenliebe beschäftigt. (Diskutierende Mönche, Karl Gebhardt, 19. Jh.)

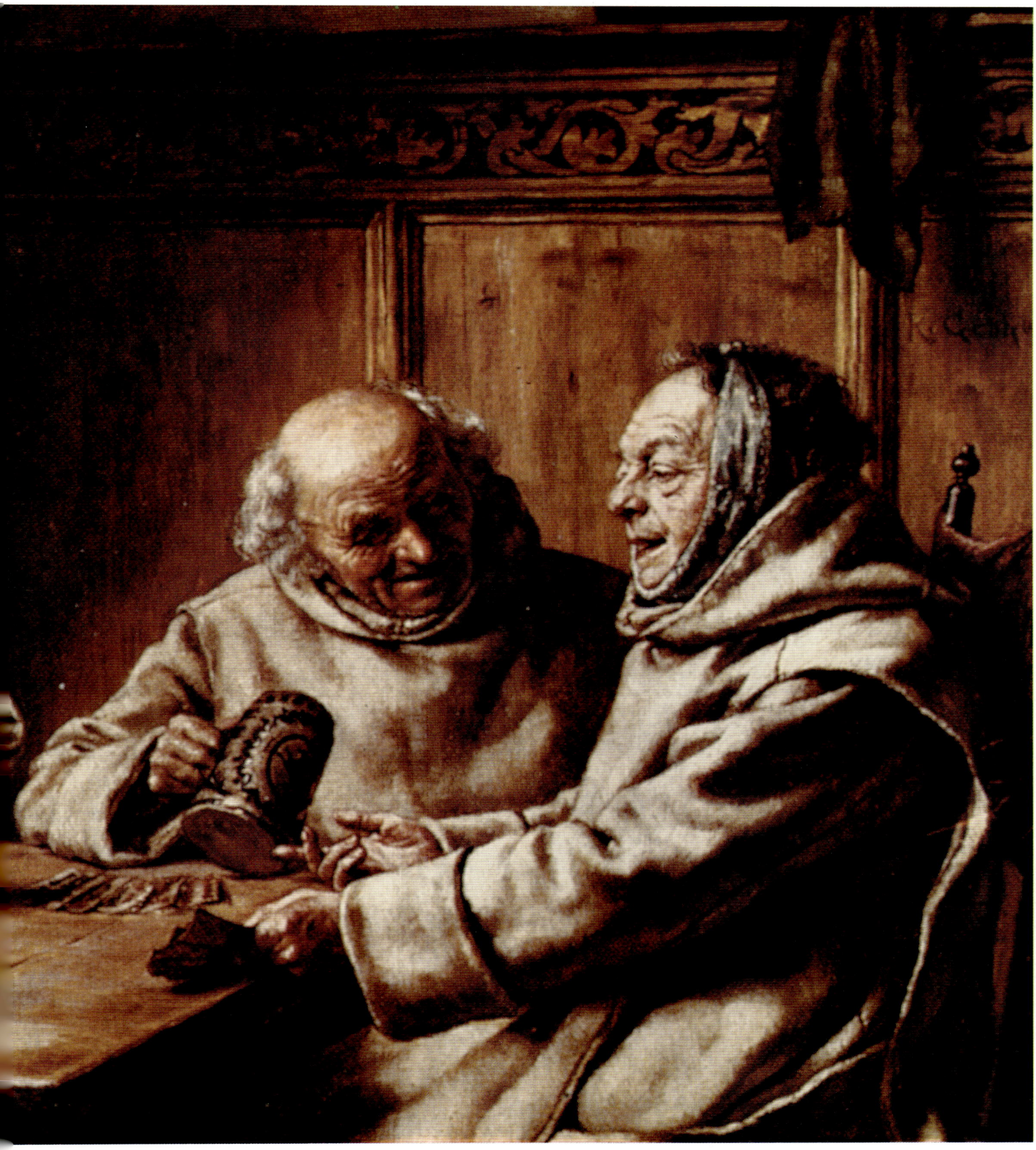

Die Mönche erkannten schnell, daß das Bier eine Art flüssiges Brot und sehr nahrhaft ist. Bei den häufigen Fastenzeiten, die den Mönchen auferlegt wurden, war zwar das Essen verboten, das Trinken aber erlaubt. Also ließ man ab vom Brot und griff zum Krug. Das Fastenbier wurde mit der Zeit immer stärker gebraut. Je mehr Malz, desto nahrhafter, aber auch desto berauschender. Es gibt berechtigte Gründe für die Annahme, daß die Klosterbrüder ihr Leben lang Gott dienten, indem sie ständig besoffen waren: „Im 10. Jahrhundert trank jeder von den Mönchen in St. Gallen täglich fünf Maß Bier und dazwischen beim Frühstück, Mittag- und Abendessen Wein und Obstwein."[4]

Unten: Noch heute sind einige Klosterbrauereien in Betrieb. Ob es dort noch zum Gottesdienst kommt, ist ungewiß. Auf jeden Fall wird mit dem Bier ein einträgliches Geschäft gemacht.

Oben: Obwohl die christlichen Mönche oft bei schmaler Kost im Kloster lebten, waren sie doch meist wohlbeleibt. Ihre Hauptnahrung war das klösterliche Starkbier, das gut gehopft war. Vom Hopfen versprach man sich auch die Dämpfung des Geschlechtstriebes und erhoffte sich dadurch ein keusches Leben – leider meist erfolglos. (Pater bei der Vesper, Eduard Grützner, 19. Jh.)

Seite 181: Das Weltenburger Kloster soll angeblich die älteste Klosterbrauerei der Welt besitzen, die noch in Betrieb ist. Das dortige Bier wird leider nicht nach Rezepten von 1050, sondern gemäß dem Deutschen Reinheitsgebot gebraut.

*„Was der Teufel selbst sich nur zu denken schämt,
das thun die Mönche."*

Johannes von Goch, 1453[5]

Bald schon galten die mittelalterlichen Klöster als „Schauplätze tumultarischer Orgien"; viel wurde über die „viehische Sauflust" und „pfäffische Trunkenheit" gespottet. Erst in der Neuzeit wurde die Rolle der Klosterbrauereien beeinträchtigt. Den weltlichen Herrschern wurden ihre geistlichen Brüder zunehmend suspekt. So lautet dann eine Verordnung des Herzogs Ernst Ludwig von Hessen-Darmstadt aus dem Jahre 1725: „Uns ist mehrmals mißfällig vorgekommen, daß einige Geistliche in unseren Landen mit Wein und Bier Handel treiben und solche in- und außerhalb ihrer Häuser ausschenken und verkaufen, mithin in der Bürger und Bauern Gewerbe die Hände mischen, auch sogar die Trinksteuer unterschlagen. Weilen wir nun dgl. dem officio eines Geistlichen ganz unanständiges Beginnen nicht dulden können, also befehlen wir hiermit gnädigst, daß allen Geistlichen in unseren Landen der Bier- und Weinausschank oder Handel bey Strafe verboten seyn soll."[6]

Die Mönche aber brauten fleißig weiter. Sogar heute werden in Süddeutschland und Belgien noch einige Klosterbrauereien betrieben.[7]

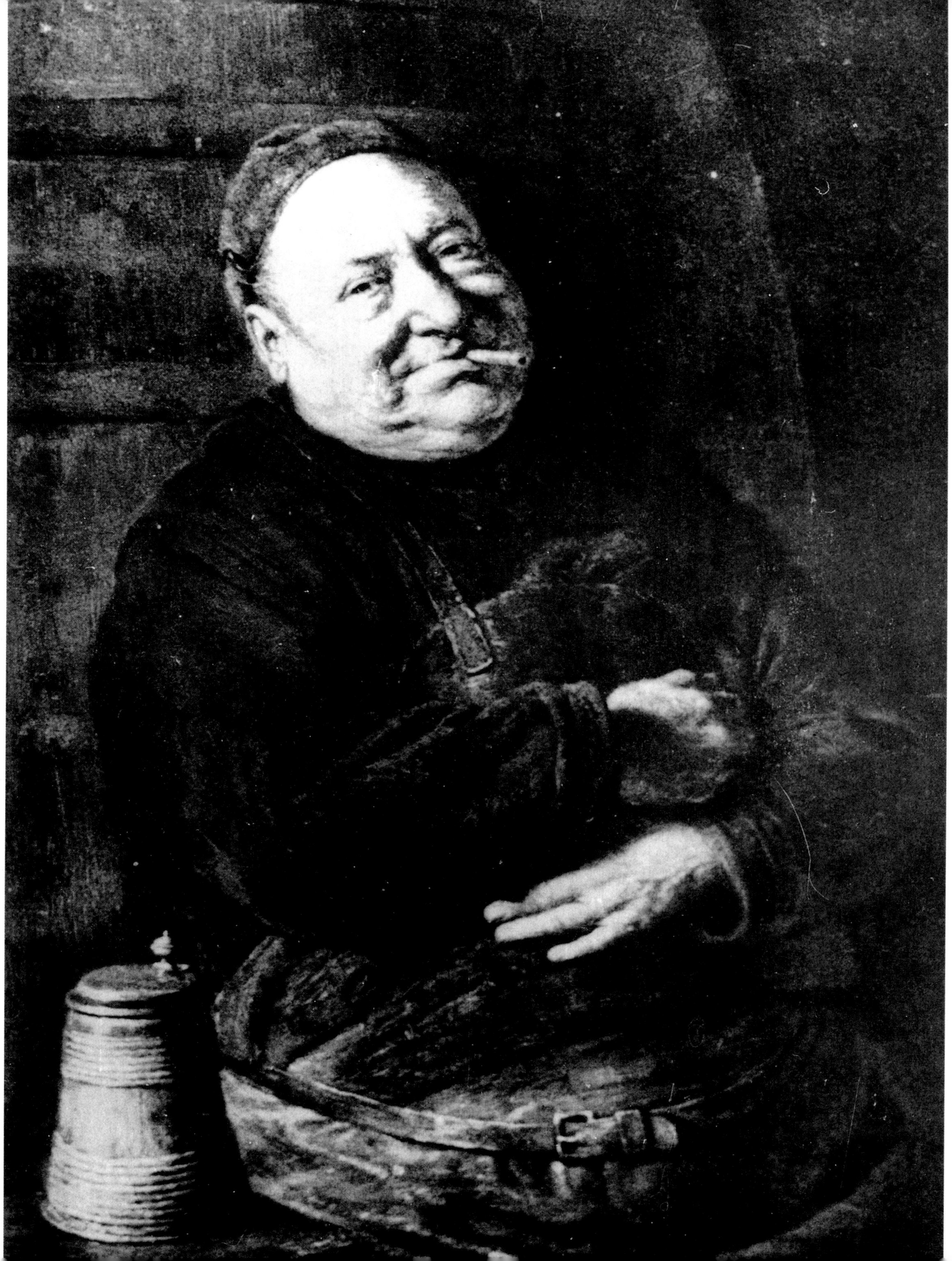

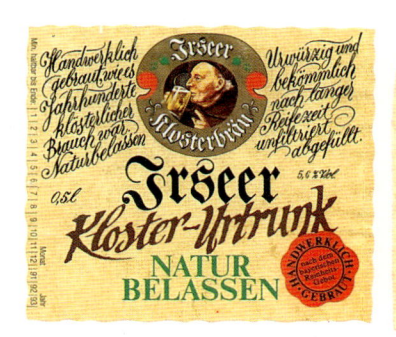

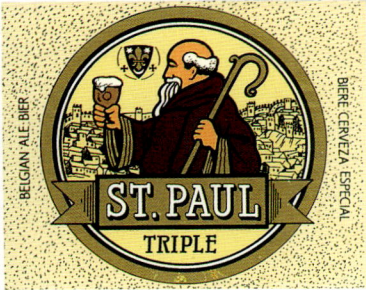

Heutige Klosterbiere zeichnen sich durch eine hohe Stammwürze und einen entsprechend hohen Alkoholgehalt aus. Besonders die belgischen Trapistenbiere, die zweimal oder sogar dreimal in der Flasche vergoren werden, gehören zu den stärksten Bieren der Welt. Ein hoher Bierkonsum führt, wie unschwer auf den beiden Bildern von Eduard Grützner (19. Jh.) zu erkennen ist, zu einer charakteristischen Leibesfülle sowie zu dem berühmten Bierbauch.

183

Der neue Bierheilige

Als sich im Mittelalter die Klosterbrauereien etablierten, wurden die heidnischen Götter und Schutzgöttinnen des Bieres durch katholische Heilige verdrängt und ersetzt. In St. Gallen wurde der heilige Otmar, eigentlich nur ein Abt des Klosters, mit einem Bierfaß, das niemals versiegt, abgebildet. Den heiligen Florian baten die Brauer um Schutz vor Feuersbränden in den Brauereien. In Rom machte der heilige Nonnosus mit einem Faß Werbung für die Klosterbiere seiner Zeit.[1]

Im 16. Jahrhundert, etwa zur Zeit des Erlasses des Reinheitsgebotes, erschien ein neuer Bierheiliger, der heilige Gambrinus. Hopfenbekränzt, geharnischt und gekrönt, erklärte er sich selbst zum Erfinder des Bieres und zum König der Brauer. Er wurde in vielen Trinkliedern besungen und gepriesen und soll eine historische Gestalt des ausgehenden Mittelalters gewesen sein. Die einen behaupten, er hätte tatsächlich Gambrinus geheißen und wäre der Leibbrauer Karls des Großen gewesen. Andere leiteten seinen Namen von Jan Primus (Johann I.) oder von Jan Primus, dem König von Flandern und Brabant, ab.[2] Mehrere moderne Brauereien, z. B. in Pilsen, sind nach Gambrinus benannt worden.

In der frühen Neuzeit wurden vom Volk viele Sagen und Legenden, die mit der Bierbrauerei zusammenhängen, auf Gambrinus übertragen. Mal erscheint er als Riese, ein andernmal als Gespenst: „In Oberfranken ißt er mit bei dem großen Geisterbankett, welches die alten fränkischen Könige an jedem ersten Mai bei Gräfenberg an dem sogenannten Teufelsstich halten, wo sich mittels aus der Erde ein freilich nur wenigen Personen sichtbar werdender Zauberpalast aus Krystall erhebt. Einst kamen zufällig zwei arme Musikanten dahin und als sie am Morgen aufwachten, waren in dieser einzigen Nacht hundert Jahre verflossen. Bei ihrem Eintritt in die Kirche zu Gräfenberg zerfielen ihre Leiber zu Staub."[3]

In Irland gilt Gambrinus als der Herr der Sternschnuppen und „als der Erfinder von wohlthätigen Tränken, aus Brombeeren gebraut, aber er lehrte auch giftige Liebestränke aus einer Art Nachtschatten, Teufelsbeeren genannt, zusammensetzen."[4] Irland war bekannt für seine Liebestränke; besonders berühmt wurde der Liebestrank von Tristan und Isolde. Er wird in den Quellen meist als eine Art Wein, mit „bitteren Kräutern" gewürzt, beschrieben.[5] Aber in Irland gibt es keinen aus Trauben gekelter-

„Gambrinus im Leben ward ich genannt,
Ein König in Flandern und Brabant,
Aus Gersten hab ich Malz gemacht, und das Bierbrauen daraus erdacht.
Darum können die Brauer mit Wahrheit sagen,
daß sie einen König zum Meister haben."[6]

Oben: Typische Darstellung des „falschen" Bierheiligen Gambrinus als König, der unter einem Baldachin aus Hopfen über der trinkenden Menschheit thront. (Holzschnitt, 19. Jh.)

Links: In Lille hieß der Bierheilige nicht Gambrinus sondern St-Arnould; er wurde als Schutzpatron der Bierbrauer verehrt.

Seite 184: Manche Biere sind nach dem neuzeitlichen Bierheiligen Gambrinus benannt worden.

ten Wein, nur Fruchtweine und aus Gerste gebraute Biere. Die Teufelsbeeren genannte Nachtschattenart könnte entweder der Gartennachtschatten (*Solanum hortense*, syn. *S.nigrum*), die Schlafbeere (*Withania somniferum*), die Tollkirsche (*Atropa belladonna*) oder der Bittersüße Nachtschatten (*Solanum dulcamara*) sein. All diese Pflanzen kommen in Britannien vor,[7] wirken sehr stark berauschend[8] und wurden seit prähistorischer Zeit zur Herstellung von Liebestränken und zum Aufbessern des Bieres verwendet.

Bierhexen und Hexenbiere

Nicht nur die Klosterbrüder hatten einen sagenumwobenen Durst auf Bier. Es gibt viele Sagen und Legenden, in denen berichtet wird, daß die Hexen einen ebenso großen Durst auf Bier, den „stärkenden Seelen- und Geistertrunk" haben.[1] In den Protokollen der Hexenprozesse bekennen die angeklagten Frauen oft, daß sie beim Sabbath oder Hexenmahl Bier, meist *rotes Bier*[2], aus Gläsern getrunken haben. In der Mark Brandenburg trieben die Hexen schon im 15. Jahrhundert Zaubereien mit Bier.[3] In Mecklenburg glaubte man noch im letzten Jahrhundert, daß die in Gläsern und Krügen verbliebenen Bierreste den Hexen bei ihren höllischen Orgien als Trunk dienten. Von Hexen in Krötengestalt heißt es, daß sie das auf den Boden verschüttete Bier auflecken. In den Volkssagen wird auch von geisterhaften Brauereien, Hexenkesseln, gefüllt mit brodelndem Hexenbier, und ähnlichen „abscheulichen" Gebräuen berichtet. Bier war also ein Nahrungs- und Rauschmittel der Hexen.

In einem Hexenprozeß zu Schlawe im Jahre 1538, also kurz nach dem Erlass des Reinheitsgebots, wurde die Bürgermeisterin angeklagt, ihrer Stieftochter ein „dickes schwarzes Bier ‚Momye' gesandt zu haben, worauf diese in Raserei ausbrach".[4] In der Schweiz wurden noch 1581 Bierhexen verbrannt, weil das St. Galler Bier nicht so schmeckte, wie man es gerne hätte.[5] Auch den eigentlichen Brauern warf man Hexenkünste vor: „Indessen sind die Brauer nicht alle von so weißem Gewissen gewesen, als das Bier war, welches sie siedeten. Man erzählt, es gebe Leute unter ihnen, die mit Teufelskünsten zu wege gebracht, daß ein anderer Gewerbsgenosse kein Glück im Sieden hatte."[6] In Brandenburg wurde eine Hexe verbrannt, weil sie „fliegende Geister" in eine Brauerei geschickt und so großen Schaden angerichtet hätte.[7]

Weitverbreitet war die Auffassung, daß die Hexen das Bier im Faß sauer machen könnten. Die Hexen können die Biersieder beim Brauen durch ihre Ligaturen (Beschwörungen) behindern und so zum Mißlingen des Brauprozesses beitragen. In Leobschütz wurden 1581 zwei Frauen als Bierhexen verbrannt, weil sie angeblich den guten Bürgern das Bier abgezogen und es auf ihrer nächtlichen Ausfahrt auf unheilige Weise ausgesoffen haben sollen. Man beschuldigte die Bierhexen auch, den Brauern die Kübel zu stehlen, um in ihnen des Nachts durch die Luft zu reiten. Manchmal sollten die Hexen auch das fertige Bier aus den Brauereikellern geraubt haben, um es im Fluge mit dem Teufel zu leeren.[8]

Gegen den Schadenzauber der Bierhexen wurden viele Mittel empfohlen. So sollte eine abgestreifte Schlangenhaut ins Bierfaß gelegt werden. Die wohlhabenderen Bürger schützten ihre Bierfässer mit einer Schnur aus roten Korallen. Makaber wirkt eine Verordnung von 1792: „Eines Gehangenen Finger im Bierfaß aufgehängt schafft dem Bier guten Abgang".[9] Die Vorhaut eines Gehängten sollte nicht nur das Bier vor Hexen schützen, sondern zudem die Kundschaft in die Schenke locken.

Auch die bürgerlichen Biertrinker glaubten noch an den schädlichen Einfluß der Hexen. So soll man den Schaum auf dem Bier vor dem Trinken abblasen, da sonst die Bierhexen Gewalt über den Trinker gewinnen. Geschieht das, hilft nur noch totale Trunkenheit, denn die Hexen verlieren ihre Gewalt erst wieder, wenn der Trinker sturzbesoffen ist.[10]

„*Die Heilige und die Hexe – auf ihre Weise eine Heilige mit umgekehrtem Vorzeichen – spiegelten die beiden Kehrseiten, das Gerade und das Verkehrte, einer und derselben neurotischen Tendenz wider, sich aus der Realität zu entfernen, die Reise ins Imaginäre anzutreten und ins Visionäre überzuspringen.*"
Piero Camporesi, Das Brot der Träume[11]

Oben: Hexen, Zauberer und Teufel beim Gastmahl, bei dem „rotes Bier aus Gläsern" gereicht wird. (Englischer Holzschnitt, 1613.)

Unten: Im Volksglauben Norddeutschlands hat sich die Vorstellung entwickelt, daß die Hexen bei ihren Zusammenkünften Bier trinken. (Hexenmahl, Holzschnitt von Ulrich Molitoris, 1489.)

Das populäre Hexenbild hat sich in den letzten Jahren gewandelt. Die Hexe von heute ist nicht mehr die niederträchtige Schadenzauberin, sondern das Symbol für die mit den Kräften der Natur vertraute weise Frau. Im Zuge dieser Umdeutung ist auch das *Hexenbräu*-Bier entstanden, das angeblich nur in Vollmondnächten gebraut wird.

„Gehopft wie gehanft – das ist hier die Frage!"
Galan O. Seid

Das Hanf-
zeitalter

Seite 189: Der THC-reiche Indische Hanf (Cannabis indica) gedeiht noch heute wild im Himalaya. Die prächtige weibliche Blüte, von der das wirkungsvolle Harz abgerieben werden kann, wurde auf 3000 Metern Höhe vor dem Annapurna-Massiv fotografiert. In Nepal ist der Hanf eine heilige Pflanze der Götter.

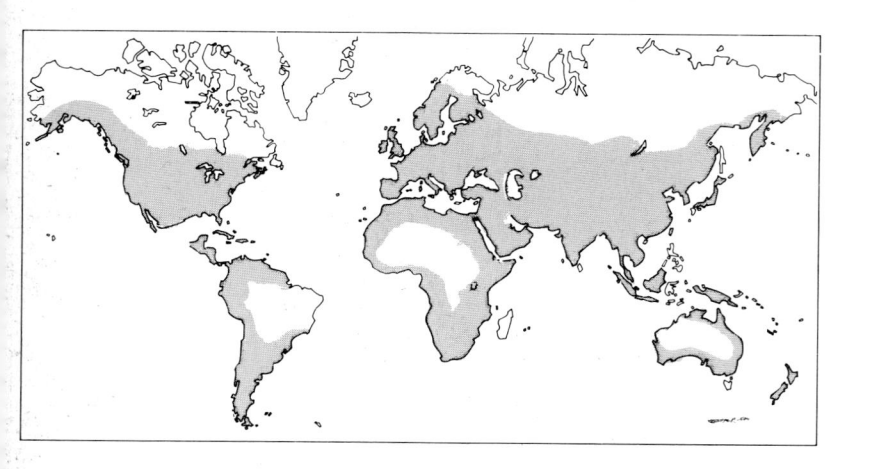

Der Hanf (Cannabis) stammt vermutlich aus Zentralasien. Der älteste archäologische Fund hingegen wurde in Eisenach in Thüringen gemacht und gehört in die Bandkeramikzeit (Neolithikum). Der Hanf ist ein typischer Kulturfolger des Menschen. Überall wo der Mensch hingelangte, nahm er den Hanf mit. Heute ist der Hanf fast weltweit verbreitet.

Das Hanfzeitalter begann vor mehr als zehntausend Jahren, als in Zentralasien die Blütenstände einer dort häufig anzutreffenden Wildpflanze im Feuer der umherstreifenden Nomaden zum Glühen gebracht wurde. Die aufsteigenden Dämpfe stiegen zu Kopfe und befreiten den Geist aus den Fesseln des Körpers und des Alltags. Die vom Hanfrauch ausgelöste Euphorie und köstliche Stimulation bewirkten, daß die Pflanze unter den Namen „Nektar der Verzückung", „Heiliges Kraut der Ekstase", „Elixier der Unsterblichkeit", „Same der Erleuchtung" und „Freudenspender" in die Geschichte einging.[1]

Die Assyrer atmeten den Hanfrauch ein, um Sorgen und Trauer zu vertreiben.[2] Die alten Ägypter gebrauchten Klistiere mit in süßem Bier gelöstem Hanf und gaben Hanf neben Bier ihren Toten mit ins Grab. Und es „besteht der Verdacht, daß der Buza zuweilen Mohn, Mohnkapseln und der heute in Ägypten in großen Mengen gerauchte indische Hanf (Haschisch) zugesetzt werde".[3]

Im europäischen Mittelalter gehörte der Hanf zu den Biergewürzen.[4] Bei den heidnischen Litauern wurde der Hanf- und Flachsgott Waizganthos besonders verehrt: „Das an Statur größte Mädchen im Dorf füllte ihre Schürze mit Kuchen (Sikies genannt), trat dann mit einem Fuße auf einen Stuhl und, in der linken Hand ein Stück Lindenbast, in der rechten aber einen großen Krug Bier haltend, betete sie zu dem Gott, er solle ihnen hohen Hanf geben, trank dann den Krug aus, füllte ihn wieder und goß nun das darin enthaltene Bier dem Gott als Trankopfer auf die Erde und warf den Kuchen für die Anwesenden zum Schmause hin. War sie während dem mit dem einen Fuße fest und gerade stehen geblieben, war es ein gutes Zeichen, wo nicht, ein schlechtes."[5]

Die in Nordafrika und Südspanien lebenden Mauren brauten noch im 19. Jahrhundert ihr *Cerub* genanntes Bier aus Weizen, Gewürzen und Hanf oder Haschisch.[6]

Mehr als ein Jahrhundert war das gehanfte Bier in Vergessenheit geraten. Aber jetzt wurde es wiederentdeckt.

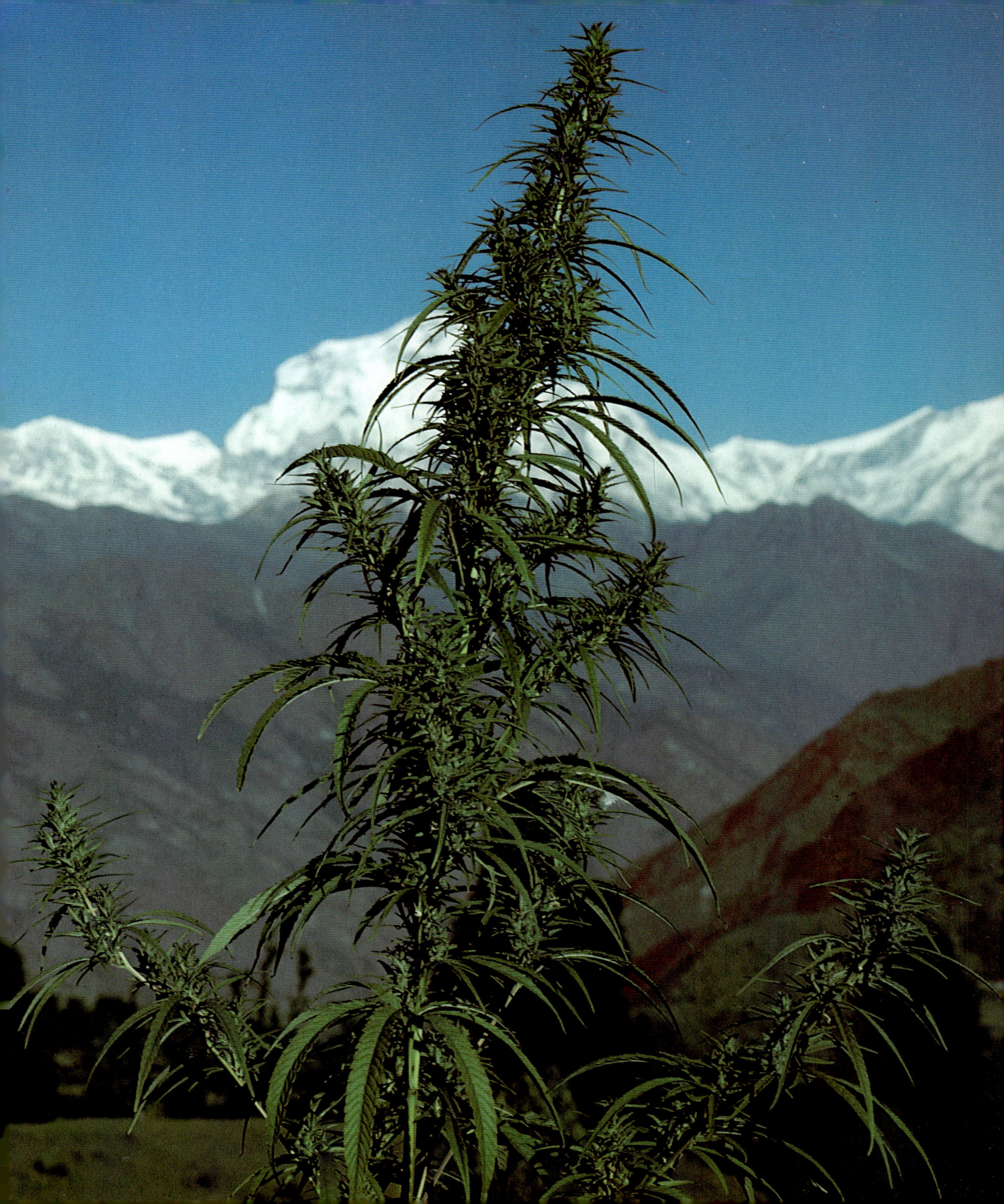

Hi-Brew, ein Neubeginn

Anfang der achtziger Jahre ist das *Hi-Brew*, das „Hoch-Bräu", ein echtes Hanf- oder Marijuana-Bier entstanden.[1] Ed Rosenthal ist einer der unverwüstlichen Alt-Hippies, die die Meinung vertreten, daß Marijuana das tägliche Brot des Psychedelikers sei. Ed wurde in der *Psychedelic Scene* besonders durch sein illustriertes Buch *Ed Rosenthal's Marijuana Growing Tips*[2] bekannt, nach dessen Methode eine außergewöhnlich gute Marijuana-Ernte zu erwarten ist. Rosenthal hat nach vielen Versuchen eine recht aufwendige Methode zur Erzeugung eines Bieres aus Malz, Wasser und Hanf entwickelt.[3]

Die Hanfwirkstoffe (THC) sind nicht wasserlöslich. Sie lösen sich aber in Fett, Honig und Alkohol. Will man Bier mit Hanf brauen, kann man Hanf (Blüten oder Harz) in Honig einlegen oder mit Honig kochen. Dieser THC-angereicherte Honig wird dann mit Hefe vermischt und zu der Maische gegeben. Man kann aber auch Hanfblüten vor der Gärung in das Bierfaß legen. Der durch die Gärung entstehende Alkohol löst dann das begehrte THC. Diese Methode ist allerdings nicht so ergiebig wie die erstgenannte.

Adam Gottlieb schlägt in seinem Buch *Kochen mit Cannabis*[4] eine ganz andere Methode zur Herstellung eines *Cannabieres* vor, wobei er sich auf die Forschungsergebnisse zweier amerikanischer Botaniker, Warmke und Davidson, aus den vierziger Jahren beruft. Diese

*„Doch glaub' nicht, der Hanf sei dem Wein unterlegen –
nimm Haschisch mit Rosenwein im Verein. Zum Edelstein mische die Hefe des Denkens,
denn Haschisch ist Erde und Blut ist der Wein."*

Aus dem Buch der schönen Mahsat

gewissenhaften Wissenschaftler haben festgestellt, daß man Hopfenranken auf Hanfunterlagen aufpfropfen kann. Gedeiht die Pfropfranke, so bildet sie gewöhnlich aussehende Hopfenzapfen aus. Aber diese Zapfen enthalten anstelle des Lupulin den Hanfwirkstoff THC.[5] Dieser gehanfte Hopfen ist auch für traditionelle Braumethoden geeignet. Man kann ihn beim häuslichen Bierbrauen – das zunehmend populärer wird – anstelle des „normalen" Hopfens benutzen. Da diese Methoden aber alle sehr aufwendig sind, schlägt Gottlieb vor: „Wenn man keinen cannabinierten Hopfen besitzt, kann man eine Marijuana/Alkohol-Lösung in ganz normales Bier hineinmischen. Man sollte selbst mit unterschiedlichen Mengen experimentieren und dabei versuchen, ein gewisses Gleichgewicht herzustellen: nicht soviel Wodka oder Äthylalkohol, daß man betrunken wird, aber genügend Cannabis, um high zu werden."[6]

Bekanntermaßen trocknet das Rauchen von Cannabis die Schleimhäute aus. Das dadurch entstehende Durstgefühl kann vermieden werden, indem man der Notwendigkeit des Trinkens auf angenehme Art mit ein paar Schlucken gekauften Bieres nachkommt.

Hanf

Der Hanf (*Cannabis Indica* oder *Cannabis sativa*) ist der nächste Verwandte des Hopfens. Er ist heute neben dem Bier das am weitesten verbreitete Rauschmittel. Genau wie beim Hopfen sind nur die weiblichen Blüten (Marijuana), und das von ihnen abgesonderte Harz (Haschisch) zu gebrauchen. Ihre Wirkung kann als eine milde Euphorie beschrieben werden. Im Hanfrausch verändert sich die Wahrnehmung von Raum und Zeit, die Empfindsamkeit nimmt zu, aphrodische Gefühle und erotische Bedürfnisse steigen auf, und die Phantasie wird beflügelt. Seine erregende Wirkung ist der des gehopften Bieres genau konträr.

Der Hanf war immer eine heilige Pflanze der Götter, denn er schenkte dem Menschen Rohstoff (Fasern), Nahrung (Samen, Öl, Mehl) und Rauschmittel (Haschisch,

Oben: Das typische Cannabisblatt – früher ein Symbol der jugendlichen Revolte, heute ein Emblem des ökologischen Bewußtseins.

Seite 190: Anfang der achtziger Jahre hat ein kalifornischer Hippie das *Hi-Brew Beer*, ein marijuanahaltiges, stark euphorisierendes Bier erfunden. Im Grunde genommen könnten alle Biere mit Hanf anstelle von Hopfen gebraut werden.

Rechts: Die weibliche Hanfblüte bildet das begehrte THC-haltige Harz aus.

Unten: Charas heißt das von den weiblichen Hanfblüten abgeriebene Harz (Haschisch), das auch unter dem Namen „Schwarzer Nepali" in den internationalen Handel gelangt. Unter Cannabis-Genießern gilt es als die feinste Qualität.

Marijuana). In manchen Kulturen wurde der Hanf zu Ehren der Götter geraucht oder in Form von (meist ungegorenen) Getränken geopfert und getrunken. Im Himalaya wird er noch heute rituell benutzt. Man raucht ihn zu Shivas Ehren. Oder man trinkt ihn mit Gewürzen und Büffelmilch vermischt zur Feier von Shivas Geburtstag. Dieses Getränk heißt Bhang. Es ist ein wahrer Trank für die Götter.[2]

Aber auch unsere germanischen und keltischen Ahnen kannten den Hanf.[3] Die Germanen hatten Hanfgärten, die dem Odin/Wotan heilig waren und als heilkräftige Orte galten.[4] Der Hanf war der Liebesgöttin geweiht und wurde den Toten mit ins Grab gelegt. Seine euphorisierende und aphrodisierende Wirkung[5] war gut bekannt. Im Mittelalter schätzte man seine Wirkungen hoch ein. Hildegard von Bingen schrieb: „Der Hanf ist warm, und wenn die Luft weder sehr warm noch sehr kalt ist, wächst er, und so ist auch seine Natur, und sein Same enthält Heilkraft, und er ist für gesunde Menschen heilsam zu essen, und in ihrem Magen ist er leicht und nützlich, so daß er den Schleim einigermaßen aus dem Magen wegschafft, und er kann leicht verdaut werden, und er vermindert die üblen Säfte und macht die guten Säfte stark. Aber wer im Kopfe krank ist und wer ein leeres Gehirn hat und Hanf ißt, dem bereitet dies leicht etwas Schmerz im Kopf. Jenem aber, der einen gesunden Kopf hat und ein volles Gehirn im Kopf, dem schadet er nicht."[6]

Als das Deutsche Reinheitsgebot im 16. Jahrhundert zuschlug und alle berauschenden Zutaten des Bieres verbannte, wurde aber nach wie vor dem Hanf gefrönt: „In den Hanfanbaugebieten gab es sogar Mehl aus Hanfsamen, das Eingang in die Küche fand. Aus ihm wurden Mehlspeisen und Brot zubereitet, die ‚einen um den Verstand kommen lassen' und ‚einen immer wiederkehrenden Rausch und eine gewisse Blödheit erzeugen' (Boldo, 1576)."[7]

Heute ist der Hanf als aphrodisisches Rauschmittel weltweit verboten.[8] Anbau, Besitz und der Handel mit Hanfprodukten sind bei empfindlichen Strafen untersagt. Die derzeitigen Legalisierungskampagnen in der Schweiz und in Deutschland deuten auf einen Gesinnungswandel.

„*In mäßigen Gaben bringt er [der Hanf] eine Erheiterung des Geistes hervor und reizt vielleicht höchstens zu einem unzeitigen Lachen. Nimmt man aber größere Gaben, welche dann die sogenannte ‚Phantasie' hervorrufen, so bemächtigt sich unser ein unbeschreibliches wonniges Gefühl, welches alle Thätigkeiten des Geistes begleitet. Es ist, als ob die Sonne jeden Gedanken beschiene, der das Hirn durchzieht, und jede Bewegung des Körpers ist eine Quelle von Luft. Der Haschischesser fühlt sich nicht in der Art glücklich wie der Feinschmecker oder wie der Hungrige, wenn er seinen Appetit befriedigt, noch wie der Wollüstling, wenn er seiner Liebeslust frönt, sondern er ist glücklich wie Jemand, der erfreuliche Nachrichten hört, wie der Geizige, welcher seine Schätze zählt, wie der Spieler, wenn ihn das Glück begünstigt, oder wie der Ehrgeizige, den der Erfolg berauscht. Wir werden, wenn wir Haschisch genommen haben, zum Spielball jedes Eindruckes. Unser Gedankenlauf kann durch die leichteste Veranlassung unterbrochen werden, und wir werden so zu sagen von jedem Winde bewegt. Ein einziges Wort oder eine Gebärde genügt, um die Gedanken nach einander auf eine Menge der verschiedenartigsten Dinge zu richten, und zwar mit einer Raschheit und Klarheit, die wirklich wunderbar ist. Der Geist empfindet einen Stolz, welcher der Erhöhung seiner Fähigkeiten entspricht, die, wie er sich bewußt ist, an Energie und Kraft zugenommen haben. Die leichteste Anregung reißt ihn mit sich fort. Aus diesem Grunde entfernen die Haschischesser des Orients, wenn sie sich dem Rausche der ‚Phantasie' ergeben wollen, alles, was ihrer Aufregung eine melancholische Richtung geben, oder ein anderes Gefühl als das des angenehmsten Genusses erregen könnte. Sie benützen dabei alle die Mittel, welche die freien Sitten des Orients ihnen zur Verfügung stellen. Mitten in ihrem Harem, umgeben von ihren Weibern, unter dem Zauber der Musik und üppiger Tänze, die von den Almies ausgeführt werden, genießen sie den Rausch des Dawamese und wähnen sich unter die zahllosen Wunder versetzt, welche der Prophet in seinem Paradiese für sie bereit hält.*"

Dr. J. Moreau de Tours
Du Haschisch et de l'Aliénation Mentale, Paris 1845

Oben: Der Hindugott Shiva ist der Herr der Erotik und der Askese, des Yoga und des Tantra. Er ist der Schutzherr der Schamanen und Tänzer. Sein Lieblingskraut ist der Hanf, der ihm zu Ehren im Himalaya reichlich genossen wird.

Links: Skythische Räuchergefäße, die zum Inhalieren von Hanfrauch benutzt wurden. Man vermutet heute, daß die Skythen, ein nomadisches Reitervolk der Antike, stark zur Verbreitung von Hanf und Haschisch in Europa und Asien beigetragen haben.

Psychedelische Biere der Zukunft

Wer heute sein eigenes Bier brauen will, muß sich beim zuständigen Finanzamt oder Hauptzollamt melden und eine spezielle Steuernummer holen. Jeder Liter selbstgebrauten Bieres muß nämlich versteuert werden.[1]

Aber wer zu Hause braut, braucht sich nicht um das Deutsche Reinheitsgebot kümmern. Er kann alles Erdenkliche in die Bierwürze mischen, Hauptsache er bezahlt seine Steuern ...

Statt Hopfen kann man Hanfextrakte, Bilsenkrautsamen oder -blätter, Alraunenfrüchte oder -wurzel, Stechapfelsamen, Mohnsaft, Sumpfporstextrakte oder Gagelblätter nehmen. Hanf und Mohnsaft sind zwar illegal, aber die Nachtschattengewächse kann man im Garten ziehen. Sumpfporst und Gagel kann man in der freien Natur sammeln.

Zu Beginn der neunziger Jahre hat ein Schweizer Freund, dessen Namen ich aus verständlichen Gründen verschweigen muß, damit begonnen, ein Psilocybin-Bier herzustellen. Dazu hat er Malz, Honig und psilocybinhaltige Pilze aus einer *Stropharia-cubensis*-Kultur[2] zu einer Maische vermischt, in Wasser gekocht und mit Bierhefe zum Gären gebracht. Das Ergebnis war ein leichtes Gebräu, das zwar nicht betrunken machte, aber um so berauschender war. Das Psilocybin, der psychedelische Wirkstoff der vielgerühmten Zauberpilze, war in das Bier übergegangen. Ein kleines Quantum dieses Bieres war erregend, etwas mehr führte auf den Pfad in aphrodisische Gefilde und etwa anderthalb Liter bewirkten eine psychedelische Reise durch den Hyperraum.

Durch das Verbrauen zu Bier wird die Wirkstoffintensität des Psilocybins verbessert, so daß eine geringere Dosis der Pilze eine stärkere Wirkung garantiert. Im Gegensatz zum Essen der Pilze, bei dem jeder Teilnehmer des Rituals für sich alleine seine Portion zu sich nimmt, kann das Trinken im Kreis aus einem gemeinsamen Gefäß verbindend und damit magisch wirken. Sollte Psilocybin die rechte Würze für das Bier der Zukunft sein?

Ein anderes Rezept könnte ein ayahuasca-ähnliches[3] Bier abgeben. Dazu nehme man den Wurzelstock des Rohrs *(Arundo donax)* als Stärke- und Psychedelika-Lieferant. Der Wurzelstock[4] enthält neben der Stärke fünfzehn Prozent DMT (Dimethyltryptamin). Da DMT oral nicht wirksam ist, wenn kein MAO-Hemmer mitgegeben wird, sollte man ein geeignetes Gewürz finden. Die Samen der Steppenraute, die schon im alten Ägypten als Bierzusatz benutzt wurde, scheinen dafür prädestiniert zu sein. Sie enthalten das notwendige Harmalin, das die MAO hemmt, und so dem DMT die Tore zum Gehirn, dem Bewußtsein, oder den Zugang zum Weltall der Seele öffnen.

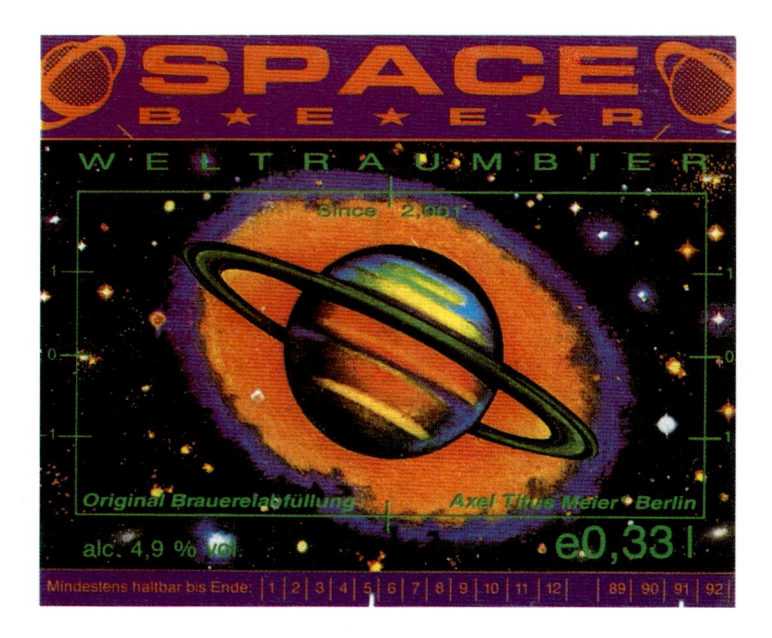

Vielleicht wird in Zukunft wieder ein *Soma-Urbock*, ein *Aechtes Pilsener*, ein *Daturator Doppelbock*, ein fliegenpilzhaltiges *Muchumor Spezial* oder ein lysergsäurehaltiges *Kykeon Urtyp* gebraut werden. Diese Spezialbiere eignen sich jedoch bestimmt nicht für das alltägliche Besäufnis. Mit ihnen kann man nicht vor der Glotze abhängen und sich volldröhnen.

Man kann viele Rezepte entwickeln, nach denen aus dem langweiligen Bier der Gegenwart wieder ein Ritualtrunk werden kann, der den Menschen der nahen Zukunft psychedelische Erkenntnisse und mystische Erfahrungen ermöglicht. Diese Biere könnten, wenn sie in entsprechendem Rahmen und mit der nötigen Ehrfurcht genossen werden, der Trank eines neuen Eleusis werden.

„Die Revolutionierung der Gehirne, das ist die Hoffnung,
das ist die Arbeit aller,
die für die Zukunft der Menschheit kämpfen."
Viktor Adler, 19. Jh.[5]

Oben: Die psilocybinhaltigen Pilze *(Stropharia cubensis)* aus heimischer Zucht eignen sich auch zum Brauen eines psychedelischen Bieres.

Links: Der stärkehaltige Wurzelstock des Pfeilrohrs *(Arundo donax)* wurde schon in prähistorischer Zeit als Gärstoff verwendet. Die Wurzel enthält den extrem psychedelischen Wirkstoff DMT. Wenn damit ein Bier gebraut werden soll muß man noch die Samen der Steppenraute *(Peganum harmala)* hinzufügen. Dadurch wird das DMT oral wirksam.

Seite 194: Viele Leute glauben, daß die Zukunft des Menschen im Weltraum liegt. Dieses *Spacebeer* ist natürlich nach dem Deutschen Reinheitsgebot gebraut. Aber die Biere der Zukunft sollten doch besser mit den Früchten der Erkenntnis gewürzt werden.

Epilog: Und noch mehr Zaubertränke

Die geheime oder unterdrückte Geschichte des Bieres ist eigentlich nur ein Aspekt einer viel umfassenderen geheimen oder absichtlich vergessenen und verdrängten Geschichte der alkoholischen Zaubertränke. Es wurde nämlich nicht nur das Bier mit psychoaktiven Zutaten verbessert und als Ritualtrank genossen, auch der Wein wurde mit verschiedenen Zusatzstoffen zu einem sakralen Rauschmittel, einem Medium zwischen Mensch und Gottheit gemacht. Sogar in der Geschichte der destillierten Alkoholika gibt es genug Beispiele für psychoaktive und rituell benutzte Schnäpse.

Der Wein wurde viel später erfunden oder entdeckt als das Bier. Die erste urkundliche Erwähnung findet sich im Gesetzbuch des Hammurabi (ca. 2500 v. Chr.).[1] Er bestand aus gekelterten Trauben der heiligen Weinrebe oder aus anderen zuckerhaltigen, saftigen Früchten, wie Granatapfel, Waldbeeren, Feigen, Datteln. Aus der Antike sind zahlreiche Beispiele überliefert, wie der Wein mit Kräutern, Wurzeln und Zauberpflanzen gewürzt wurde. Die berühmte „Blume" des Weins ist nicht etwa dessen Geruch, der über dem Wein im Glas entsteht, sondern der psychoaktive Zusatz zum Wein.[2] Die Ägypter, Griechen und andere vorderorientalische Völker haben ihren Weinen Opium, Alraune (*Mandragora*), Bilsenkraut, Tollkirsche (*Atropa*), Nieswurz (*Helleborus*), Safran (*Crocus*) Weihrauch (*Olibanum*), Harze, Pilze (*Panaeolus?*), Fliegenpilz, Oleander (*Nerium*), Alpenveilchen (*Cyclamen*) und Efeu (*Hedera helix*) zugesetzt;[3] fast alles Beigaben, die auch unter die Biere gemischt wurden!

Die Ägypter hatten große Weinkeller,[4] tranken ihn bei Tempellibationen und bereiteten aus ihm psychoaktive Aphrodisiaka. Der berüchtigte „Wein der Kleopatra", eine Mischung aus Wein, Opium und Nachtschattengewächsen, muß eine starke Wirkung ausgeübt haben.[5] Der griechische Wein war eine sakrale Droge, die eine wichtige Opfergabe darstellte, der man große Heilkraft zusprach und die eine soziale Funktion erfüllte.[6] Der psychoaktive und aphrodisische Wein wurde bei den zügellosen, ekstatischen Orgien zur Verehrung des Dionysos, des thrakischen Gottes des Weins, ebenso wie bei Aphrodisien, den Liebesfesten zu Ehren der Aphrodite, der zypriotischen Göttin der körperlichen Liebe, als Trankopfer in reichlicher Menge genossen.[7] Der Wein enthielt die Seele des Gottes und war somit eine geradezu magische und schamanische Droge.[8] Der Wein spielte im sozialen und kulturellen Leben bei dem *Symposion* eine zentrale Rolle. Das Symposion ist nicht – wie im heutigen Sprachgebrauch üblich – eine wissenschaftliche Konferenz gewesen, sondern ein Trinkgelage, bei dem sich die Berauschten poetisch, philosophisch oder intellektuell austauschten.[9] Der Leiter oder Gastgeber des Symposions bestimmte das Mischungsverhältnis von Wein und Wasser, denn es galt als zu gefährlich, den Wein unverdünnt zu trinken. Durch das Verdünnen des Weines konnte bei den Symposien die anregende Wirkung des Weines gefördert und zu schnell einsetzende Trunkenheit verhindert werden. Die meisten philosophischen Schriften der Griechen entstanden unter dem Einfluß der Droge Wein, namentlich das *Trinkgelage* des Platon. Schon die Griechen lobten den Wein, den Hildegard von Bingen ehrfürchtig „Blut der Erde" nannte, als Medizin.[10] Es sind unendlich viele Rezepte überliefert, wie der Wein in der Heilkunde zur Anwendung gelangte. Oft diente der Wein auch als Basis oder Lösungsmittel für medizinische Kräuter und Harze.

Die Destillation wurde von den antiken Alchemisten erfunden. Sie destillierten allerlei Trünke, Pflanzenauszüge, sogar Mineralien und Tiere. In der Spätantike hat ein ägyptischer Alchemist entdeckt, daß man Wein destillieren und so seinen Geist purifizieren konnte. Dieses Verfahren wurde lange Zeit als Geheimwissen gehütet, bis es in Vergessenheit geriet und im Mittelalter von den arabisch inspirierten Alchemisten wiederentdeckt werden mußte.[11] Der Brannt oder das Destillat aus dem Wein wurde zum Geist des Weines. Man konnte die Seele des Dionysos in reiner Form genießen. Schon bald fand man heraus, daß man dem Wein vor dem Brennen noch so manche berauschende Pflanze zusetzen konnte. So entstand ein Branntwein, dem vor dem Destillieren die Samen vom Stechapfel (*Datura stramonium*) zugesetzt wurden. Diese Praktik war noch im 19. Jahrhundert in Böhmen verbreitet.[12] In Kärnten wird noch heute ein Schnaps aus den Beeren der Tollkirsche gebrannt. Er soll neben seinen stark berauschenden auch erotisierende und

> *„Um mich zu verehren, nehmt Wein und ungewohnte Drogen,
> davon ich meinem Propheten erzählen will, und berauscht euch daran!"*
>
> Aleister Crowley
> Das Buch des Gesetzes

aphrodisierende Eigenschaften aufweisen. In Amazonien werden die Blätter von der Engelstrompete oder vom Stechapfel in Zuckerrohrschnaps (Rum) eingelegt. Dieser Datura-Schnaps wird bei Ayahuasca-Sitzungen, traditionellen Heilritualen, als Tonikum getrunken.

Im 19. Jahrhundert gelangte der Absinth genannte Schnaps zu Ruhm. Er wurde aus einer Maische aus Wermut *(Artemisia absinthium)* gebrannt, mit Anis und anderen Kräutern gewürzt. Der smaragdgrüne Absinth enthielt einen hohen Anteil an thujonhaltigem Wermutöl. Thujon hat stark berauschende, gelegentlich sogar psychedelische, visionen-induzierende Wirkungen. Leider bewirkt der ständige Gebrauch chronische Schäden im zentralen Nervensystem, die zur völligen Verblödung führen können.[13] In Frankreich kam es zu vielen Suchterscheinungen, die mit körperlichem und geistigem Verfall einhergingen. Als Heilmittel für die Absinthsucht wurde Opium empfohlen.[14] Daraus leiteten manche Absinth-Liebhaber ab, daß es besser sei, den Absinth gleich mit Laudanum, einer Opium-Tinktur, zu mischen und so doppelten Genuß zu haben. Trotz der unerwünschten und äußerst unangenehmen Nebenwirkungen dieses Schnapses wurde der Absinth zu einer einflußreichen Modedroge unter Künstlern, Literaten und Politikern. Der Absinth wurde besonders von Oscar Wilde, Charles Baudelaire, Vincent van Gogh, Jule Massenet, Toulouse-Lautrec, selbst von Picasso getrunken, verherrlicht und popularisiert.[15] 1917 wurde Absinth verboten. Er gehört seither zu den illegalen Drogen.

Schnäpse wurden meist nicht rituell oder magisch benutzt. Die extrem starke Alkoholwirkung bei bereits geringer Dosierung macht Schnaps für Rituale und Trankopfer fast gänzlich ungeeignet. Allerdings können manche Schamanen, so die der Sibirier und die der Hochlandindianer von Chiapas in Mexiko, mit einer Flasche Schnaps *intus* in die angestrebte schamanische Trance verfallen.[16] Der Alkohol in der extrem hohen Dosierung versetzt diese Schamanen nicht in ein Delirium tremens, sondern wirkt bei ihnen als Katalysator für die schamanische Begabung. Mitunter stellen die sibirischen Schamanen auch einen Schnaps aus Fliegenpilzen[17] her – nach dem Motto: Doppelt hält besser!

Der Wermut *(Artemisia absinthium)* war der Geburtsgöttin Artemis (Diana) heilig und diente in Antike und Mittelalter als Abtreibungsmittel. Deshalb wurde auch der Absinth, der aus dem Wermut destillierte Schnaps, verboten, weil mit ihm illegale Abtreibungen herbeigeführt wurden. Die Blätter des Wermut dienten früher als bitteres Biergewürz.

Rezepte zum Selberbrauen

Bierbrauen ist eigentlich sehr einfach. Man benötigt kaum mehr als einen Bottich, den man abdecken kann. Es gibt zahlreiche Bücher und Broschüren mit detaillierten Brauanweisungen und z. T. komplizierten Rezepturen.

Die im folgenden wiedergegebenen Rezepte sind mehrfach erfolgreich ausprobiert worden. Da die Alkaloide der zugesetzten Nachtschattengewächse (Alraune, Bilsenkraut) starke psychotrope Eigenschaften haben, sei an dieser Stelle ausdrücklich vor dem übermäßigen Genuß gewarnt. Da Menschen individuell unterschiedlich auf die Nachtschatten-Alkaloide reagieren, muß ein jeder für sich selbst die richtige Dosierung herausfinden. Dabei ist große Vorsicht geboten!

Alraunenbier

Zutaten:

1 Liter (ca. 1,2 Kilo) Braumalz (Gerstenmalz)
450 g Honig (z.B. kretischer Thymianhonig)
5 Stangen Zimt (ca. 10 cm lang)
50 g Alraunenwurzel (*Radix mandragorae conc.*)
obergärige Hefe (getrocknet ca. 5 g)
20 Liter Wasser

Zubereitung:

Zuerst werden 50 g getrocknete, zerkleinerte Alraunenwurzel und die Zimtstangen mit einem Liter Wasser ausgekocht (zwecks der erforderlichen Sterilität). Die Wurzelstücke verbleiben im Wasser, bis alles abgekühlt ist.

Das Braugefäß (Kunststoffeimer) muß zunächst mit kochendem Wasser sterilisiert werden. Zuerst wird das verflüssigte Malz in das Gefäß gegeben; dazu 2 Liter heißes Wasser und der Honig. Nachdem alles verrührt ist, wird der Alraunensud samt der Wurzelstücke und der Zimtstangen hinzugegeben. Nachdem nochmals alles gut verrührt wurde, wird mit kaltem Wasser auf ca. 21 Liter (insgesamt 20 Liter Wasser + 1 Liter Malz) aufgefüllt. Zum Abschluß wird die Hefe auf der Lösung verteilt.

Das angesetzte Gebräu muß wegen der obergärigen Hefe an einem warmen Ort (20°–25° C) verbleiben.

Die Gärung setzt nur langsam ein, da die Hefe von den Tropanalkaloiden zunächst gelähmt wird.

Nach 4–5 Tagen ist die Hauptgärung abgeschlossen und geht in die Nachgärung über.

Die Hefe setzt sich langsam ab und bildet einen Bodensatz.

Jetzt kann man das Gebräu auf Flaschen ziehen, wobei in jede Flasche (0,7 l) zwecks weiterer Nachgärung ein gehäufter Teelöffel brauner Zucker zugesetzt wird. Das Alraunenbier schmeckt am besten, wenn es für zwei bis drei Monaten kühl (im Keller) gelagert wird.

Bilsenkrautbier

Zutaten:

1 Liter (ca. 1,2 Kilo) Braumalz (Gerstenmalz)
900 g Honig (z.B. Fichten- oder Tannenhonig)
5 g Gagel oder eine andere *Myrica*-Art (diese Zutat kann man auch weglassen)
40 g getrocknetes Bilsenkraut (*Herbae Hyoscyamus niger conc.*)
obergärige Hefe (getrocknet ca. 5 g)
23 Liter Wasser

Zubereitung:

Zuerst werden 40 g getrocknetes, zerkleinertes Bilsenkraut und der Gagel mit einem Liter Wasser ausgekocht (zwecks der erforderlichen Sterilität). Das Bilsenkraut verbleibt im Wasser, bis alles abgekühlt ist.

Das Braugefäß (Kunststoffeimer) muß mit kochendem Wasser sterilisiert werden. Zuerst wird das verflüssigte Malz in das Braugefäß gegeben; dazu 2 Liter heißes Wasser und der Honig. Nachdem alles verrührt ist, wird der Bilsenkrautsud samt dem Kraut (und Gagel) hinzugefügt. Nachdem nochmals alles gut verrührt wurde, wird mit kaltem Wasser auf ca. 25 Liter aufgefüllt. Zum Abschluß wird die Hefe auf der Lösung verteilt.

Das angesetzte Gebräu muß wegen der obergärigen Hefe an einem warmen Ort (20°–25° C) verbleiben.

Weiter verfährt man genau wie beim Rezept für das Alraunenbier.

Hanfbier

Zutaten:

1 Liter (ca. 1,2 Kilo) Braumalz (Gerstenmalz)
ca. 1 Kilo Honig
50–100 Gramm weibliche Hanfblüten
obergärige Hefe
20 Liter Wasser

Zubereitung:

Zuerst vermischt man den Honig mit 2 Liter Wasser und gibt die Hanfblüten in die Lösung. Alles wird erhitzt und für ein paar Minuten gekocht. Diese Lösung (samt der Hanfblüten) gibt man in den sterilisierten Braubottich und setzt das verflüssigte Malz hinzu. Umrühren und mit Wasser auf ca. 22 Liter auffüllen. Hefe aufstreuen. Die Gärung setzt schneller ein als bei dem Alraunen- oder Bilsenkrautbier. Ansonsten ist das weitere Vorgehen gleich.

Glossar

Afterbier Nachbier, das aus der bereits ausgekochten Maische nochmals gebraute Bier. Es ist heute vollständig verschwunden, wird aber noch in den Glossen des 19. Jh. geführt.

Alchemie Die Kunst der Verwandlung, besonders der Verwandlung von Materie in Geist; eine philosophische Methode, um zu höheren Erkenntnissen zu gelangen.

Ale Obergäriges Bier (meist aus England); geht auf das germanische Alu zurück.

Alkaloid Stickstoffhaltige organische Verbindung mit medizinischen, psychotropen oder toxischen Eigenschaften.

Altbier Obergäriges Bier nach alter Brauart.

Anaphrodisiakum Ein Mittel, das den Geschlechtstrieb dämpft oder eliminiert.

Aphrodisiakum Ein Mittel, das den Bereich menschlicher Erotik und Sexualität anregt, verändert, erweitert oder steigert.

aphrodisisch Erotisch oder sexuell anregend oder stimulierend.

Barbaren, barbarisch Aus dem Altgriechischen stammender Ausdruck, der die „wilden, unzivilisierten" Völker nördlich der Alpen sowie die Randvölker der antiken Großreiche bezeichnet, wie etwa die Äthiopier, Fellachen und die Schwarzafrikaner. *Barbarisch* war es z. B., keine Tempel zu besitzen.

Befestigungsbier Bei den Germanen ein Bier, das für Hochzeiten und Vertragsabschlüsse gebraut wurde.

Bieresel Ein Gespenst in Eselsgestalt, das nachts die Bierkeller leersäuft und Betrunkenen im Nacken sitzt.

Biermutter Der Bodensatz (Hefe) im Faß.

Bierprinzessin Alter bayerischer Ausdruck für Kellnerin.

Bierschwefel Trinksprüche auf das Bier bei den Trinkgelagen studentischer Burschenschaften.

Bierwürze Das Produkt von Darrmalz und Wasser.

Brautbier Im germanischen Norden für Verlöbnisse gebrautes Bier.

Cerevisiologie Die Wissenschaft vom Bier; im Studentendeutsch aber auch ein *Bierschwefel*.

Darrmalz Das gedörrte Malz.

Diätbier Zuckerarmes Bier, das auch von Diabetikern getrunken werden darf.

diuretisch Harntreibend. Oft wird Bier als diuretisch empfunden, daher auch die volkstümlichen Bezeichnungen „Nierenspüler" oder „Urinol".

Divination Eigentlich „Verkündigung des göttlichen Willens oder Planes"; Sammelbegriff für alle Wahrsagemethoden.

Doppelbock Extrastark gebrautes, meist dunkles untergäriges Bier mit einem Alkoholgehalt von 6–8 Prozent.

Dünnbier Im Volksmund auch „Filterbier", „Anti-Mille-Bier" oder „Fensterschwitz" (wienerisch).

Dunkel Name eines dunklen Vollbieres; meist mit hartem Wasser gebraut.

Ferment Substanz, die eine Veränderung der Materie bewirkt.

Fermentation Gärung.

Festbier Für besondere Feste gebrautes, meist sehr starkes Bier (Festbock).

Gärstoff Stärke- und/oder zuckerhaltiger Ausgangsstoff (Getreide, Malz, Honig) für die Bierbrauerei.

Gärung Durch den Stoffwechsel der Hefe bedingter Prozeß; bei der alkoholischen Gärung wird der Zucker in Äthylalkohol und Kohlendioxid zerlegt.

Halluzinogen Droge, die Halluzinationen oder Visionen auslösen kann. Oft wird das Wort synonym zu Psychedelikum gebraucht.

Heiden, heidnisch Ursprünglich ein norddeutscher Ausdruck, der die Leute von der Heide (Lüneburger Heide), bezeichnete. Da diese Leute von der Heide noch in christlicher Zeit an alten vorchristlichen Bräuchen und Glaubensvorstellungen festhielten, galten sie als Anti-Christen, Hexen und Teufelsbündner.

Hell Hellgebrautes Vollbier.

Höpfner Hopfenanbauer.

Initiation Einweihung, Übergang von einem Zustand in einen neuen; *Rite de Passage*.

Kellerbier Ungefiltertes Lagerbier.

Kumyß Gegorenes Getränk aus Milch oder Molke und ggf. anderen Zutaten.

Kwaß Russisches Bier aus verschiedenen Getreiden und gelegentlich Milchprodukten.

Lager Bier, das durch seine besonderen Eigenschaften lange lagerfähig ist und deshalb voll ausgereift ausgeschenkt wird.

Lambic Belgische Bierspezialität, oft mit Früchten zusammen gebraut. Die Gärung geschieht durch wilde Hefe.

Libation Trankopfer, meist im Tempel.

Malt liquor Dunkles, malziges Starkbier.

Malz Das gekeimte Getreide. Bei der Keimung wird durch eigene Fermentierung die Stärke in Zucker umgewandelt. Daher schmeckt Malz so süß.

Malzbier Alkoholarmes, dunkles süßes Bier.

Mälzen Das Keimen des Getreides bewirken.

Märzen In Bayern im März gebrautes, meist im Herbst gezapftes Bier. Der Begriff kommt schon in dem Text des Reinheitsgebotes des „Bierherzogs" Wilhelm IV. von Bayern vor.

Maische Das mit Wasser vermischte geschrotete Malz.

Met Gegorenes Getränk aus Honig, Wasser und ggf. anderen Zusätzen (Honigwein).

Mollenfriedhof (Berlinerisch) Bierbauch.

Mumme Altes Braunschweiger Starkbier, das mit vielen Kräutern gebraut wurde. Nicht mit der heutigen Mumme, einem harmlosen Malztrank, zu verwechseln.

Nabid Ein bierartiges Getränk der Wikingerzeit, das Bilsenkraut enthielt und stark wirksam war.

obergärig Mit obergäriger Hefe fermentiert.

Psychedelikum Bewußtseinserweiternde Droge, die weder süchtig macht noch dem Körper schädlich ist. Psychedelika sind in vielen alten Kulturen unter dem Namen „Pflanzen der Götter" verehrt worden. Sie gelten als Schlüssel zu einer kosmischen Intelligenz.

Psychedelisch Bewußtseinserweiternd, Visionen erzeugend.

psychoaktiv Den Geist oder das Bewußtsein aktivierend; daher oft therapeutisch wirksam.

psychotrop Auf das Bewußtsein einwirkend, bewußtseinsverändernd.

Rausch Ein weitgefaßter Begriff. Räusche können als veränderte Bewußtseinszustände bezeichnet werden.

Schamane Ein Mensch, der durch ein initiatorisches Erlebnis von Göttern oder Geistern dazu berufen und von ihnen dafür mit den nötigen Eigenschaften/Fähigkeiten ausgestattet wurde, durch ekstatische Reisen in andere Wirklichkeiten zu gelangen, notleidenden und kranken Menschen zu helfen.

Stärke Organische Stoffe, die bei der Zersetzung in Zucker verwandelt werden. Getreide ist besonders reich an Stärke.

Zeittafel

Stammwürze Der in Wasser gelöste Anteil der Würze im Bier vor der Gärung. Je höher die Stammwürze, desto höher auch der Alkoholgehalt. Nach dem Stammwürze-Gehalt unterscheidet man:
Einfachbier   2 – 5,5 %
Schankbier   7 – 8 %
Vollbier   11 – 14 %
Starkbier   16 – 28 %

Symposion Griechisch „Trinkgelage".

Tonikum Allgemeines Kräftigungs- oder Stärkungsmittel, das gesund erhält, die Spannkraft bewahrt und vor Krankheiten schützt (oft durch Stärkung des Immunsystems).

tonisierend Kräftigend, stärkend.

Treber Die festen Rückstände der süßgewordenen Bierwürze.

Triple Dreifach vergorenes Starkbier (Belgien).

untergärig Mit untergäriger Hefe gebraut.

Wein Vergorenes Getränk aus unverdünntem Fruchtsaft.

Weiße Ursprünglich die *Berliner Weiße*, sie wurde auch „Die kühle Blonde" genannt. Später wurde Bier allgemein als „Blondes" bezeichnet.

Weizenbier Aus Weizen(malz) gebrautes Bier (meist Flaschengärung).

Würze Der für die Gärung aufbereitete Gärstoff.

Zucker Süß schmeckende Abbauprodukte der Stärke.

25 000 v. Chr.	Darstellung einer Frau mit Trinkhorn, die „Venus von Laussel"
10 000 v. Chr.	Kulturgerste in Mesopotamien
3100 v. Chr.	Früheste sumerische Darstellung eines Bierrituals
3000 v. Chr.	*Monument bleu*; sumerische Bierbrauanweisung
2894–2817 v. Chr.	Herrschaft des Gilgamesch
2500 v. Chr.	Früheste Darstellung der Bierbereitung im ägyptischen Grab des Ti in Sakkara (V. Dynastie)
1728–1686	Hammurabi regiert Babylon; unter ihm entstehen die „ersten Biergesetze".
1003 v. Chr.	Erste Erwähnung griechischen Bieres
um Christi Geburt	Cäsar überfällt die Gallier und berichtet von ihrem Bier; Dioskurides und Plinius schreiben ihre Bücher.
6. Jh. n. Chr.	Die ersten Klosterbrauereien entstehen.
768 n. Chr.	Pipin erwähnt Hopfengärten *(humolaria)* in einem Schenkungsbrief.
818 n. Chr.	Erste urkundliche Erwähnung des Bieres *(cervisia)* in Bayern
12. Jh.	Hildegard von Bingen verfaßt ihre *Physica*.
1290 n. Chr.	Nürnberg erläßt das Verbot, aus Hafer, Roggen, Dinkel und Weizen Bier zu brauen.
1406	Stiftung des Ordo lupuli oder Hopfenordens
1430	In Augsburg wird bestimmt, daß Bier nur aus Hafer gebraut werden darf.
1493	Kolumbus „entdeckt" Amerika.
1516	Das Deutsche Reinheitsgebot tritt in Kraft.
1585	Der böhmische Leibarzt des deutschen Kaisers Rudolf II., Thaddeus Hájek, verfaßt eine Enzyklopädie des Bieres.
1616	Erlaß der peruanischen Bierverordnung
1872	Grässes *Bierstudien* erscheinen.
1876	Louis Pasteurs Buch *Etudes sur la bière* erscheint; darin wird die Haltbarmachung des Bieres dargestellt.
1984	Rosenthals Buch *Marijuana Beer* erscheint.
1990	Zum erstenmal wird ein Psilocybin-Bier gebraut.
1993	Richter Neskovic proklamiert das „Recht auf Rausch".

Anmerkungen

Was ist Bier – was war Bier?
1. Siehe dazu die Statistiken in HOFFMANN 1956, JACKSON 1989, LOHBERG 1984.
2. In den gesetzlichen Bestimmungen aus dem Jahre 1883, die die Herstellung von Bier betreffen, heißt es in § 1: „Unter ‚Bier‘ ist ein wässriger Auszug aus Malz und Hopfen zu verstehen, der durch Hefe in Gärung versetzt worden ist und sich in langsamer Nachgärung befindet." (MICHEL 1901: S. 21) – Eine weitergreifende – diesem Buch zugrundegelegte – Definition gibt HARTMANN 1958: S. 10: „Unter Bier wird jedes aus stärkehaltiger Substanz durch alkoholische Gärung gewonnene Getränk verstanden."
3. Z. B. GERLACH et al. 1984, HOFFMANN 1956, JACKSON 1988, JUNG o. J., SCHRANKA 1886.
4. Die *Orphischen Hymnen* sind antike, aus Kleinasien stammende Texte, die im Ritual der Orphischen Mysterien benutzt wurden.
5. Diese These wurde jüngst von SIEGEL 1989 formuliert, begründet und ausführlich medizinisch und pharmakologisch belegt.
6. Der Ausdruck stammt von dem französischen Literaten Charles Baudelaire, der zum Club der Haschischesser gehörte, aber offensichtlich die Natur des Rausches verkannte, Ch. BAUDELAIRE, *Die künstlichen Paradiese*, Köln, Hegner 1972.
7. Nach der Theorie von Terence McKENNA 1990 und 1992 war das erste Rauschmittel der Menschheit ein psychedelischer Pilz. Dieser Pilz hat eigentlich erst den Menschen aus dem Affen hervorgebracht. Um diesen Pilz zu konservieren, wurde er in Honig eingelegt. Dabei scheint es zur Entdeckung der Gärung und der Rauschwirkung von Alkohol gekommen zu sein. So entstand der erste Met. Später vergaßen die Menschen den Pilz und betranken sich am Alkohol.
8. SCHULTES & HOFMANN 1995.
9. Bei der Christianisierung des Bieres wurden die wirkungsvollen Gewürze verboten. Bei der Islamisierung wurde hingegen das Bier, wegen seines Alkoholgehaltes, nicht aber die viel wirkungsstärkeren Zusätze (Hanf, Opium, Stechapfel etc.) verboten.
10. RÄTSCH 1990a; oft sind Aphrodisiaka ebenfalls psychedelisch wirksam; dazu auch Robert Anton WILSON, *Sex & Drugs*, Phoenix, AZ, New Falcon Publ., 1990.
11. STARK 1984: S. 165. – Die einzigen Menschen die Anaphrodisiaka nötig haben, sind christliche Mönche, die sich dem Zölibat unterziehen. Deshalb haben sie sich am dämpfenden Hopfen gütlich getan – Rausch ohne Regung.
12. ECKSTEIN 1927: S. 1278. Speichel und Fledermausblut gelten auch ohne Bier schon als wirksamer Liebeszauber; vgl. Edward S. GIFFORD, *Liebeszauber*, Stuttgart, Steingrüben 1964.
13. Zit. nach CYPERREK 1975: S. 104. Zu Paracelsus siehe Lucien BRAUN, *Paracelsus: Alchemist – Chemiker, Erneuerer der Heilkunde*, Zürich, Silva-Verlag, 1990.
14. BÖTTCHER 1959: S. 60.
15. Nach KNAUST und nach COLER, *Oeconomia* 20, zit. nach ECKSTEIN 1927: S. 1279.
16. HILLER 1989: S. 32.

Die Saat: Getreide
1. GAESSNER 1941, RENFREW 1973.
2. FRANKE et al. 1989: S. 51-54.
3. RÄTSCH 1987c.
4. MOST 1843: S. 632 f.
5. MANNICHE 1989: S. 152 f.
6. FRANKE et al. 1989: S. 47.
7. FRANKE et al. 1989: S. 54.
8. CAMPORESI 1990, MATOSSIAN 1989.
9. FRANKE et al. 1989: S. 56-58.
10. „Roher Hanf ist besonders hilfreich zur Kräftigung in Fällen sexueller Erschöpfungszustände. Die Medizin hat Hafer als Mittel gegen Spermatorrhöe und als uterines Tonikum eingesetzt." STARK 1984: S. 44.
11. Diese Angaben stammen vom Institute for Advanced Study of Human Sexuality in Kalifornien, USA, veröffentlicht 1990.
12. Es gibt verschiedene Fertigpräparate, meist nach der Homeopathic Pharmacopoeia of the United States (HPUS) zubereitet.
13. FRANKE et al. 1989: S. 58-60.
14. Edoardo FAZZIOLI, *Des Kaisers Apotheke*, Bergisch-Gladbach, Lübbe, 1989, S. 35.
15. Bruce F. BENZ & Hugh H. ILTIS, „Studies in Archaeological/Maize", *American Antiquity* 55(3), 1990: S. 500-511.
16. RÄTSCH 1987d: S. 174-178; RÄTSCH & PROBST 1982.

Das Geheimnis: Die Zusätze
1. MAURIZIO 1933.
2. HOFFMANN 1956: S. 48.
3. SCHULTES & HOFMANN 1995: S. 9; vgl. auch FURST 1973 und 1976, LA BARRE 1980 und 1989.
4. SCHULTES & HOFMANN 1995: S. 9.
5. RÄTSCH 1991. Viele Kulturanthropologen wollen nichts davon wissen, aber die Wurzeln der Kultur liegen in den psychedelischen Visionen unserer Ahnen.
6. Siehe dazu Hans-Georg BEHR, Andreas JUHNKE et al., *Drogenpolitik in der Bundesrepublik*, Reinbek, Rowohlt 1985; Stephan QUENSEL, *Mit Drogen leben: Erlaubtes und Verbotenes*, Frankfurt/New York, Campus 1985, und ders., *Drogenelend*, Frankfurt/New York, Campus 1982; Thomas S. SZASZ, *Das Ritual der Drogen*, Frankfurt, Fischer, 1980.
7. In den USA wird neuerdings sogar alkoholfreier Wein angepriesen. Bald wird man braungefärbtes Wasser als Cognac serviert bekommen.
8. „Es gibt eine Zeit des Grutstoffes und eine Zeit des Hopfens." HOFFMANN 1956: S. 48.

Der Speichel des Bären: Hefe
1. DEROLEZ 1963: S. 108; GAESSNER 1941: S. 74.
2. WASSON et al. 1984: S. 55 f.
3. RÄTSCH 1987c.
4. ECKSTEIN 1927: S. 1266. Diese Geschichte erinnert an den sibirischen Brauch, den Urin eines Fliegenpilzberauschten zu trinken, da dieser besonders berauschend ist; vgl. WASSON 1972.
5. Siehe Carl LANCILOT, *Der brennende Salamander*, Lübeck, Wiedemeyer 1697.
6. Siehe Stanislas KLOSSOWSKI DE ROLA, *Alchemie – Die geheime Kunst*, München, Zürich, Droemer Knaur 1974, S. 175.
7. Madhu KHANNA, *Das große Yantra-Buch*, Freiburg i. B., Aurum 1980.
8. R. H. LAARSS, *Das Buch der Amulette und*

    Talismane, München, Diederichs Verlag (DG 75), S. 41 f.
9 HÜRLIMANN 1984: S. 41.
10 Diese Zuordnung geht auf Paracelsus zurück; vgl. Sigrid LECHNER-KNECHT, *Die Hüter der Elemente*, Berlin, Clemens Zerling 1989.
11 JACKSON 1989: S. 112–120.
12 GRÄSSE 1872: S. 120.
13 GRÄSSE 1872: S. 239.
14 CYPERRECK 1975.
15 HLAVACEK 1961.
16 MICHEL 1901.
17 HLAVACEK 1961.
18 BÖTTCHER 1959.
19 MOST 1843; Alfred BIRKFELD, *Pilze in der Heilkunde*, Neue Brehm-Bücherei, Heft 135, 1954, S. 21 f.
20 GRÄSSE 1872: S. 119 f.
21 Pierre DERLON, *Die geheime Heilkunst der Zigeuner*, Basel, Sphinx Verlag, 1981, Kap. 5 „Die Kräuterweine".
22 Die wesentlichen Forschungen wurden von K. Okumuki in Japan um 1931 durchgeführt; vgl. BÖTTCHER 1959: S. 78.
23 MESSING 1989.

Die Geburt der Welt: Wasser
1 Selbst im naturwissenschaftlichen Weltbild gilt das Wasser als Ursprungsort des Lebens; vgl. Reinhard W. KAPLAN, *Der Ursprung des Lebens*, Stuttgart, Thieme 1972; Hinrich RAHMANN, *Die Entstehung des Lebendigen*, Stuttgart, Gustav Fischer, 1972. Vgl. CROUTIER 1992.
2 Meist werden Quellen als heilig betrachtet, weil sie heilsames Wasser führen; vgl. Alef Lytle CROUTIER, *Wasser: Elixier des Lebens*, München: Heyne, 1992.
3 *Das große Biervergnügen*, Hürlimann Brauerei, Zürich 1987, S. 79; „Kalkwasser eignet sich besser für dunkle Biere, Urgesteinswasser für helle Biere", HÖLL-HUBER & KAUL 1988: S. 24.
4 GRÄSSE 1872: S. 121.
5 Bericht des nordischen Königsspiegel, zit. in GAESSNER 1941: S. 47.
6 ECKSTEIN 1927: S. 1270.
7 1731: S. 638.
8 GRÄSSE 1872: S. 121.

Der Rauschtrank aus dem Zweistromland
1 Der semitische Herrscher über Babylon, Hammurabi, hat einen langen Gesetzestext hinterlassen; einige Paragraphen beschäftigen sich mit dem Bier; vgl. RÖLLIG 1970, LOHBERG et al. 1984: S. 56.
2 Theodor H. GASTER, *Die älteste Geschichte der Welt*, Berlin, Wagenbach.
3 Zeilen S. 86 f.–104 f.
4 Elinor W. GADON, *The Once and Future Goddess*, Wellingborough, The Aquarian Press, 1990; Marija GIMBUTAS, *The Language of the Goddess*, San Francisco, Harper & Row, 1989.
5 HUBER 1926: S. 24.
6 Zit. nach RÖLLIG 1970: S. 56.
7 RÖLLIG 1970: S. 73.
8 HUBER 1926: S. 25.
9 RÖLLIG 1970: S. 77.
10 RÖLLIG 1970: S. 31.
11 RÖLLIG 1970: S. 54.
12 RÖLLIG 1970: S. 55.
13 RÖLLIG 1970: S. 59.
14 RÖLLIG 1970: S. 75.
15 FÜRSTAUER o. J.: S. 172.
16 Ebd.
17 Siehe dazu HUBER 1926; vgl. HARTMANN & OPPENHEIM 1950.
18 RÖLLIG 1970: S. 22.
19 FARBER 1981.
20 RÄTSCH 1990a.
21 Zit. in Kurt POLLAK, *Die Heilkunst der frühen Hochkulturen*, Wiesbaden, Löwit, 1978, S. 147 f.; diese Angaben habe ich an anderer Stelle (RÄTSCH 1989: S. 95 f.) diskutiert.
22 RÄTSCH 1989; vgl. auch HAAS 1977: S. 144.
23 HUBER 1926: S. 26.
24 HUBER 1926: S. 28.
25 BÖTTCHER 1959: S. S59, 73–78.

Das Alraunenbier der alten Ägypter
1 Pyr. 466; ROEDER, *Urkunden*, S. 142; Walter BELTZ, *Die Mythen der Ägypter*, München, Knaur, 1982, S. 165–168.
2 Vgl. Christian RÄTSCH & Andreas GUHR, *Lexikon der Zaubersteine aus ethnologischer Sicht*, Graz, ADEVA, S. 49 f.; Hämatit im Bier ist ungiftig (mündl. Mitteilung von Dr. Jochen Schlüter, Kustos am Mineralogischen Museum der Universität Hamburg); das hämatitisierte Bier tat den Frauen und Tempeldienerinnen besonders gut, da Frauen – durch die Menstruation bedingt – oft an Eisenmangel leiden.
3 BRUGSCH 1918; möglicherweise hat die Insel ihren Namen Elephantine bekommen, weil bekannt war, daß Elephanten besonders gerne Alraunenblätter fressen und immer wieder an die Standorte der Pflanze zurückkehren; vgl. HÖHLE et al. 1986: S. 13, auch SIEGEL 1989.
4 EMBODEN 1989.
5 MANNICHE 1989: S. 118; SCHMIDBAUER 1968b.
6 HUBER 1926: S. 41.
7 MANNICHE 1988: S. 67.
8 HÜRLIMANN 1984: S. 35.
9 Ebd., S. 50.
10 LURKER 1989: S. 164.
11 LESKO 1978; vgl. auch CRANACH 1981.
12 Siehe T. G. H. JAMES, *Pharaos Volk*, Zürich und München, Artemis 1989 (2. Aufl.).
13 LOHBERG et al. 1984: S. 60.
14 HELCK 1971.
15 „Die Drogen und Verbindungen, deren sich die Bewohner Ägyptens in der Absicht, sich wirkliche oder ideale Genüsse zu verschaffen, bedienen, sind Opiate, die im Lande selbst unter den Namen *berch, dysmuk, bernaui* und vielen anderen bekannt sind. Diese Opiate bestehen aus Nieswurz, Hanfblättern, Opium und stark aromatischen Substanzen." Zit. in FAURE 1990: S. 49.
16 HUBER 1926: S. 42.
17 László KÁKOSY, *Zauberei im alten Ägypten*, Leipzig, Koehler & Amelang, 1989, S. 43, 86.
18 Zit. in HUBER 1926: S. 37.
19 Ebd.
20 GRÄSSE 1872: 3; HOFFMANN 1956: S. 17.
21 Plastik im Ägyptischen Museum/Berlin.
22 Zit. nach WAGNER 1984: S. 173.
23 Siehe Carola REINSBERG, *Ehe, Hetärentum und Knabenliebe im antiken Griechenland*, München, Beck, 1989 S. 80–162.
24 Die Isis-Mysterien sind am besten beschrieben worden in dem antiken Roman *Der Goldene Esel* von APULEIUS (zahlreiche Übersetzungen und Ausgaben).
25 Vgl. Robert BRIER, *Zauber und Magie im alten Ägypten*, München, Heyne, 1984, S. 228.

26 Cornelius STETTER, *Denn alles steht seit Ewigkeit geschrieben: Die geheime Medizin der Pharaonen*, München, Quintessenz, 1990.
27 *Papyros Ebers – Das älteste Buch über Heilkunde*, Berlin, de Gruyter, 1973.
28 HUBER 1926: S. 46.

Die Menschenwurzel
1 HANSEN 1981: S. 25 – 39.
2 RÄTSCH 1987a, SCHMIDBAUER 1986, THOMPSON 1966.
3 RÄTSCH 1987a, SCHLOSSER 1986.
4 Claudia MÜLLER-EBELING, *Die Alraune in der Bibel*, in: SCHLOSSER 1986: S. 141-149; *Das Lied der Lieder von Schelomo*, Bremen, Carl Schönemann Verlag 1981.
5 DIOSKURIDES, *Materia medica* Lib. IV, Kap. 76.
6 JACKSON & BERRY 1979.

Kykeon, der eleusinische Einweihungstrank
1 Zu den Lobpreisungen des Weines siehe Gerd HAGENOW, *Aus dem Weingarten der Antike*, Mainz, Philipp von Zabern, 1982; Gert PREISER, „Wein im Urteil der griechischen Antike", in *Rausch und Realität*, S. 296-303; SCHLOSSER 1867. – Die Griechen kannten zwar auch ein Bier namens *Zythos*, doch hat es in dem Weinland keine große Rolle gespielt und war vermutlich hauptsächlich das Getränk der Landbevölkerung und der Sklaven. Ein *Di-Zythos*, ein „Doppel-Bier", soll sogar ein Vorläufer des Bockbieres, also eine Art Ur-Bock gewesen sein; siehe Kapitel „Der Urbock". – Daß der Kykeon ein bierartiges Getränk war haben bereits DRURY 1988: S. 83 und HÜRLIMANN 1984: S. 66 vermutet.
2 Vgl. Dieter LAUENSTEIN, *Die Mysterien von Eleusis*, Stuttgart, Urachhaus 1987; Thassilo von SCHEFFER, *Hellenische Mysterien und Orakel*, Stuttgart, Spemann 1940, S. 24-70.
3 Marion GIEBEL, *Das Geheimnis der Mysterien*, Zürich und München, Artemis 1990; Marvin W. MEYER (Hg.), *The Ancient Mysteries – A Sourcebook*, San Francisco, Harper & Row 1987.
4 Die altgriechische Musik war ekstatisch, pentatonisch und erinnert an asiatische Ritualmusik; dazu höre man die CD *Musique de la Grèce Antique*, Harmonia Mundi HM 90.1015, 1979.
5 Walter BURKERT, *Antike Mysterien*, München, Beck 1990 S. 75.
6 *Homerischer Hymnos*, Z. S. 269-270.
7 Ebd., Z. S. 271-276.
8 Ebd., Z. S. 477-484.
9 *Phaidros*, S. 30.
10 Das Wort Ekstase leitet sich von griechisch *ekstasis* ab und bezeichnet den rauschhaften Zustand, bei dem die Seele den Körper verläßt und die Welten der Götter schaut.
11 Peter HOYLE, *Delphi und sein Orakel*, Wiesbaden, Brockhaus 1968; vgl. auch RÄTSCH 1987c.
12 Die sogenannten *Homerischen Hymnen* sind eine Sammlung von 33 epischen in Hexametern abgefaßten Lobpreisungen griechischer Götter, die im Stile des Homer („Ilias" und „Odyssee") geschrieben sind, aber nicht von ihm stammen. Die Sprache (Altgriechisch) in diesen Hymnen läßt viele Deutungen zu. In den verschiedenen Übersetzungen der Hymnen spiegelt sich so die Intention und das Verständnis des Übersetzers wider.
13 *Plutarch Fr.*, S.168, zit. nach BURKERT (op. cit.) 1990: S. 77.
14 Der Philosoph und Schriftsteller Aldous HUXLEY hat seine psychedelischen Erfahrungen unter anderem in seinem Essay „Himmel und Hölle" und in seinem Roman *Eiland* (München, Piper 1984) niedergelegt.
15 Zit. nach BURKERT (op. cit.) 1990: S. 79.
16 Vgl. RÄTSCH 1991. – Marion Zimmer BRADLEY hat in ihrem Roman *Die Feuer von Troja* (Frankfurt/M., Fischer TB 1990) eine Initiation mit Mutterkorntränken beschrieben (S. 140 ff.).
17 *Homerischer Hymnos an Demeter*, Z. S. 207-213, in der Übersetzung von Danny Staples; leider befindet sich gerade hier eine Textlücke von 22-26 Zeilen. So sind eventuell wichtige Informationen zum Verständnis des Trankes verloren gegangen.
18 Über die Wirkung des Bachminzenöles ist wenig bekannt; das ätherische Öl der verwandten Poleiminze *(Mentha pulegium)* ist psychotrop und abortativ und deshalb in Deutschland nicht frei verkäuflich.
19 WASSON et al. 1984: S. 174, Anm. S. 121; vgl. auch RÄTSCH 1990a: S. 121 und FAURE 1990.
20 Opium ist eine Erfindung der alten Griechen; siehe HEEGER & POETHKE 1947 und SEEFELDER 1987.
21 Opium ist als Biergewürz auch für Ägypten und andere orientalische Länder belegt; vgl. MAURIZIO 1933: S. 120.
22 Diese Theorie wurde von WASSON et al. 1984 aufgestellt und sehr ausführlich belegt. Vgl. dazu aber auch BURKERT (op. cit.) 1990: S. 92 und Wolfgang SCHMIDBAUER 1968a.
23 Albert HOFMANN, *Persönliche Mitteilung* vom 1. 2. 1991.
24 HOFMANN 1990: S. 12.

Mutterkorn
1 Erich MÜHLE, *Vom Mutterkorn*, Leipzig 1953 (Die neue Brehm-Bücherei, Heft 103); vgl. FINDLAY 1982: S. 33-40.
2 MOST 1843: S. 456 f.; SCHULTES & HOFMANN 1987: S. 102-105.
3 Veit Harold BAUER, *Das Antonius-Feuer in Kunst und Medizin*, Basel, Sandoz, Historische Schriftenreihe 2; MATOSSIAN 1989, dort weitere Literatur.
4 HOFMANN 1979.
5 WASSON 1971; vgl. RÄTSCH 1987d: S. 193-196 und LEUENBERGER 1970.
6 WASSON et al. 1984: S. 32-46.
7 Vgl. Alan WATTS, *Dies ist ES*, Reinbek, Rowohlt, 1985, besonders die S. 101-122.
8 HÖHLE et al. 1986: S. 12.
9 HOFMANN 1979: S. 229 f.

Afrikanische Hirsebiere
1 Eno BEUCHELT & Wilhelm ZIEHR, *Schwarze Königreiche*, Frankfurt/M. usw., Ullstein, 1982, S. 68.
2 HABERLAND 1981: S. 172.
3 SCHRANKA 1886: S. 108.
4 Werner F. BONIN, *Naturvölker und ihre übersinnlichen Fähigkeiten*, München, Goldmann, 1986, S. 48 f.; vgl. auch RÄTSCH 1991.
5 SCHRANKA 1886: S. 108 f.
6 DIOSKURIDES III, S. 96(106); die verwandte *A. daemia* gehört zu den wichtigeren westafrikanischen Heilpflanzen; vgl. Gert CHESI, *Die Medizin der schwarzen Götter*, Wien, J & V, 1989, S. 232.

7 VOLTZ 1981: S. 175.
8 VOLTZ 1981: S. 176.
9 BELLEDAME (Hg.), *Die persönliche Magie der Pflanzen*, Edition Tramontane, 1990, S. 53.
10 MANNICHE 1989: S. 65-67.
11 MANNICHE 1989: S. 48, 81.
12 SCHULTES & HOFMANN 1995: S. 109.
13 VOLTZ 1981: S. 177.
14 VOLTZ 1981: S. 178.
15 Zit. nach VOLTZ 1981: S. 179.
16 E. EVANS-PRITCHARD, *Hexerei, Orakel und Magie bei den Zande*, Frankfurt/M., Suhrkamp 1988, S. 265.
17 Tamara MULTHAUPT, *Hexerei und Antihexerei in Afrika*, München, Trickster, 1990, S. 81.
18 Ebd., S. 169.

Chhang, das Lieblingsgesöff der Yetis
1 In einer englisch-russischen Reportage für das Fernsehen „Und der Yeti lacht ..." (1990).
2 Emanuel VLACEK, „Old Literary Evidence for the Existence of the ‚Snowman' in Tibet and Mongolia", *Man* 59: S. 133-134; ders., „Diagnosis of the ‚Wild Man' According to Buddhist Literary Sources from Tibet, Mongolia and China", *Man* 60: S. 153-154.
3 Manche Autoren wollen den Yeti immer noch in der gewöhnlich sichtbaren, physischen Welt sehen; so Janet und Colin BORD, *Beweise: Der Yeti*, München, Knaur, 1988. Neuerdings hat ihn auch Reinhold Messner gesehen. Selbst wenn es den Yeti in unserer Welt gibt, wäre es für ihn weitaus besser, unentdeckt zu bleiben. Denn dann würde ihm das King-Kong-Schicksal erspart bleiben ...
4 Dieser Mythos ist nach RÄTSCH & PROBST 1985a: S. 120 zitiert. Viele nepalesische Geschichten berichten von der Trinklust der Yetis; siehe Karunakar VAIDYA, *Folk-lores & Legends from Pokhara*, Kathmandu, Ratna Pustak Bhandar, 1983, S. 44-46.
5 MAJLIS 1981.
6 Aus dem „Buch der Lieder", zit. nach *Altchinesische Hymnen*, Köln, Hegner, 1967, S. 50; dort steht - wie generell in der Literatur falsch übersetzt - „Wein", da *chiu* aber eigentlich „alkoholisches Rauschgetränk" bedeutet, habe ich „Rauschtrank" an diese Stelle gesetzt.
7 DAVID-NEEL 1976: S. 17.
8 MAJAPURIA & JOSHI 1988.
9 Blanche Chr. OLSCHAK et al., *Himalaya*, Köln, vgs, 1987, S. 266.
10 NORBU CHOPHEL, *Folk Culture of Tibet*, Dharamsala, Library of Tibetan Works & Archives, 1983, S. 21 f.
11 Ich hatte das Glück, vor einigen Jahren in dem tibetischen Dorf Tashiling am Neujahrsfest teilzunehmen und die Wirkung des Chhang auszukosten. Vgl. NAUCHOOA BUTH 1990.
12 Es gibt zwei tibetische Pflanzen, die das Wort *bdud rtzi* enthalten. Die eine heißt *bdud rtzi skyes*, wörtlich „Nektar-Erzeuger", und bezeichnet die heilige Myrobalane *(Terminalia chebula)*, deren Früchte adstringierende und laxative Wirkungen haben. Die andere Pflanze, die botanisch bisher nicht identifiziert werden konnte, heißt *bdud rtzi gans sham*, wörtl. „Nektar-Gletscherrand".
13 HERMANNS 1980: S. 179.
14 HERMANNS 1980: S. 74 f.
15 FLATTERY & SCHWARTZ 1989; SARIANIDI 1988; WASSON 1972.
16 HERMANNS 1980: S. 75.
17 HERMANNS 1980: S. 179 f.
18 DAVID-NEEL 1976: S. 19.
19 Casper J. MILLER, S. J., *Faith-Healers in the Himalayas*, Kathmandu, Sahayogi Press, 1987.
20 Friedrich W. FUNKE, *Die Sherpa und ihre Nachbarvölker im Himalaya*, Frankfurt/M., Krüger, 1978, S. 154.

Was war Soma?
1 Soma-Haoma wurde sogar mit Dionysos-Sabazios (Sabazios war ein thrakischer Biergott!) identifiziert; vgl. Joseph WOHLBERG, „Haoma-Soma in the World of Ancient Greece", *Journal of Psychoactive Drugs* 22(3), 1990, S. 333-342.
2 Klaus MYLIUS (Hg.), *Älteste Indische Dichtung und Prosa*, Wiesbaden, VMA, 1981.
3 HERMANNS 1980: S. 175.
4 „Mithra und das Stieropfer", *Paideuma* 3(6/7), 1949, S. 212.
5 Vgl. MAURIZIO 1933: S. 78-88.
6 Said Gholam MOCHTAR & Hartmut GEERKEN, „Die Halluzinogene Muscarin und Ibotensäure im mittleren Hindukusch", *Curare*, Sonderband Ethnobotanik 3/85, S. 157-160. Dieser Artikel scheint WASSONs Theorie (1972), Soma sei der Fliegenpilz gewesen, zu bestätigen.
7 HERMANNS 1980: S. 176.
8 HARTWICH 1911: S. 806-809; MAURIZIO 1933: S. 47.
9 *SBr.* XIII.7.3,12 - zit. in Margaret STUTLEY, *Ancient Indian Magic and Folklore*, Boulder, Great Eastern, 1980, S. 74.
10 SCHULTES & HOFMANN 1987: S. 83.
11 In dem verwandten parsischen Haomakult wurde ein soma-ähnliches oder -gleiches Getränk (Haoma) rituell getrunken. Der Haoma-Trunk enthielt meist ephedrinhaltiges, also stark zentral stimulierendes Ephedrakraut; siehe Alexander von PRONAY, *Mithras und die geheimen Kulte der Römer*, Freiburg, Aurum, 1989, S. 26 f.; ebenso SARIANIDI 1988; FLATTERY & SCHWARTZ 1989 halten die Steppenraute für den wirksamen Bestandteil im Haoma-Soma-Trunk.
12 Vgl. BEHR 1982: S. 45-51.

Chicha, das Maisbier der Indianer
1 BLÄTTER 1990.
2 Virginia B. de BARRIOS, *A Guide to Tequila, Mezcal and Pulque*, México, D. F., Minutae Mexicana 1971; Raúl GUERRERO, *El Pulque México*, D. F.: INAH (contrapuntos), 1985; siehe auch BLOM 1956, BOURKE 1894, GONÇALVES DE LIMA 1986.
3 WASSON 1971.
4 DOBKIN DE RIOS 1990: S. 117-135, EMBODEN 1979a, RÄTSCH 1986a: S. 213-236 & 1986c.
5 Die *Balche'*-Zeremonie der Lakandonen ist genau beschrieben in MA'AX & RÄTSCH 1984, RÄTSCH 1985, 1986a und 1991.
6 Das Wort *chicha* stammt vermutlich aus einer panamesischen Indianersprache (vermutlich das karibische Arawak) und bezeichnet alle alkoholischen Getränke, die aus Mais, Knollenfrüchten (Maniok, Kassave, Süßkartoffel), Baumrinden und Früchten gebraut werden. Vgl. NICHOLSON 1960: S. 291; MOWAT 1989.
7 Quinoa *(Chenopodium quinoa)* aus der

Familie der Gänsefußgewächse war und ist bei der Andenbevölkerung ein wichtiges natives Getreide; siehe Rebecca WOOD, *Quinoa the Supergrain: Ancient Food for Today* Tokyo, Japan Publ., 1988.
8   Zit. nach GREBENSCIKOV 1959: S. 47.
9   „Es bietet dies ethnographische Curiosum einen wichtigen Beitrag zum Capitel des Ekelhaften", SCHRANKA 1886: 111.
10 Weston LA BARRE, „Aymara Biologicals and other Medicines", *Journal of American Folklore* 64(252), 1951, S. 173 f.
11 Das Einspeicheln von Pflanzenmaterial zur Fermentation oder zum Aufschluß der Wirkstoffe ist auch bei der Herstellung nicht-alkoholischer berauschender Getränke, etwa bei dem polynesischen Kava-Kava verbreitet; vgl. E. F. STEINMETZ, *Kava-kava: Famous Drug Plant of the South Sea Islands*, New York, San Francisco: High Times Press/Level Press, 1973.
12 Siehe CUTLER & CARDENAS 1947, HARTMANN 1958, 1960 & 1981, KARSTEN 1920, LA BARRE 1938, NICHOLSON 1960, VAZQUEZ 1967.
13 MOORE 1989, MORRIS 1979, WEDEMEYER 1972.
14 Gerdt KUTSCHER, *Chimu – Eine altindianische Hochkultur*, Hildesheim, Gerstenberg 1977.
15 Victor W. VON HAGEN, *Die Wüstenkönigreiche Perus*, Bergisch-Gladbach, Lübbe 1979, S. 67.
16 Rafael LARCO HOYLE, *Ars et Amor: Peru*, München, Heyne 1979, S. 50.
17 Ebd., S. 22; Liebestränke pflanzlicher (Engelstrompete, Stechapfel, Koka, Kakteen) und tierischer (Käfer, Kröten, Exkremente) Herkunft waren im vorspanischen Peru weit verbreitet; vgl. MÜLLER-EBELING & RÄTSCH 1986: S. 153–157; RÄTSCH 1990a: S. 164–169.
18 DOBKIN DE RIOS (1990: 95) reiht die Mochica unter die „multiple drug users", denn sie nahmen viele Drogen, oft sogar gleichzeitig, ein: Chicha, Koka, Engelstrompete, Stechapfel, Achuma (San Pedro-Kaktus, *Trichocereus pachanoi* (meskalinhaltig!) und psychedelische Schnupfpulver; vgl. Marlene DOBKIN DE RIOS, „Plant Hallucinogens, Shamanism and Nazca Ceramics", *Journal of Ethnopharmacology* 2 (1980): S. 233–246; dies. 1982.
19 *The Incas of Pedro Cieza de León*, University of Oklahoma Press, Norman 1959. Der Bericht stammt von 1550.
20 Federico KAUFFMANN-DOIG, *Sexualverhalten im alten Peru*, Lima, Kompaktos 1979.
21 Pablo Joseph de ARRIAGA, *La extirpatión de la idolatría en el Perœ*, Collección de Libros y Documentos Referentes a la Historia del Perú 1, 2. Serie, Lima, 1920, S. 46.
22 S. Henry WASSÉN, „Was *Espingo (Ispincu)* of Psychotropic and Intoxicating Importance for the Shamans in Peru?" in: D. L. BROWMAN & R. A. SCHWARZ (Hg.), *Spirits, Shamans, and Stars*, The Hague Mouton, 1979, S. 55–62.
23 Analverkehr wird auch heute noch von der überwältigenden Mehrheit der westlichen, christlich-moralisch geprägten Welt für eine Perversion gehalten und entschieden abgelehnt. Die Mochica hingegen erachteten den Analkoitus als etwas Göttliches und Mystisches. Daneben hatte der Analkoitus eine besonders wichtige Bedeutung für die Geburtenkontrolle – Lust, ohne die Gefahr schwanger zu werden.
24 *Inca Religion & Customs by Father Bernabé Cobo*, übersetzt und herausgegeben von Roland HAMILTON, Austin, University of Texas Press 1990, S. 199.
25 Ebd., S. 212.
26 Ebd., S. 147–149.
27 Das Mästen von Tieren mit Bier ist auch an anderen Orten der Welt verbreitet. Heute noch werden in Japan die berühmten Kobe-Rinder täglich mit Bier gefüttert und an den Filetmuskeln liebevoll massiert. Das Fleisch hat einen ganz besonderen, exquisiten Geschmack, der aber nur für Besitzer dicker Geldbeutel erreichbar ist.
28 NACHTIGALL 1945.
29 Koka-Orakel, Wahrsagen aus den Innereien von Meerschweinchen, Geomantie; vgl. Walter ANDRITZKY, „Das Koka-Orakel", *Esotera* 3/87: S. 50–57; Marlene DOBKIN DE RIOS, „Fortune's Malice: Divination, Psychotherapy, and Folk Medicine in Peru", *Journal of American Folklore* 82(324), 1969: S. 132–141.
30 Zit. nach Walter ANDRITZKY, *Schamanismus und rituelles Heilen im Alten Peru, Band 2: Viracocha, Heiland der Anden*, Berlin, Verlag Clemens Zerling 1989, S. 456.
31 DOBKIN DE RIOS 1990: S. 158.
32 Die „Spanische Fliege" ist ein Käfer *(Lytta vesicatoria)* aus der Familie der Öl- oder Maiwürmer. Sie enthält das giftige Reizmittel Cantharidin, das in geringer Dosis eine sexuelle Sensation in den Geschlechtsteilen auslöst. Leider ist die tödliche von der wirksamen Dosis kaum verschieden. Außer der Spanischen Fliege gibt es noch weitere, in aller Welt verbreitete cantharidin-haltige Käfer, die als Aphrodisiaka verwendet werden; vgl. RÄTSCH 1990a: S. 16–17.
33 Weston LA BARRE, „Aymara Biologicals and other Medicines", *Journal of American Folklore* 64(252), 1951, S. 174.
34 Zit. nach HENMAN 1981: S. 271.

Stechäpfel und Engelstrompeten
1   HEISER 1987.
2   SCHULTES & HOFMANN 1995: S. 128; auch Europäer haben berichtet, daß sie in einem Zimmer, in dem eine Engelstrompete blüht, sehr deutliche, oft luzide und durch erotische Szenen charakterisierte Träume erleben.
3   ROTH et al., 1984, K. DIECKHÖFER et al., „Datura stramonium als Rauschmittel", *Der Nervenarzt* 42(8), 1971: S. 431–437; Richard C. W. HALL et al., „Intoxication with Angel's Trumpet: Anticholinergic Delirium and Hallucinosis", *Journal of Psychedelic Drugs* 10(3), 1978: S. 251–253; Andrew WEIL, „Some Notes on Datura", *Journal of Psychedelic Drugs* 9(2), 1977: S. 165–169.
4   William E. SAFFORD, „Daturas of the Old World and New", *Annual Report of the Smithsonian Institution* 1920: S. 537–567; vgl. SCHULTES 1979.
5   Stechäpfel kommen auch in Asien und Afrika vor. Dort werden sie ebenfalls rituell und medizin. genutzt; siehe MEHRA 1979, RÄTSCH 1988b: S. 138–140. Der Zusatz von Stechapfelsamen zu alkoholischen Getränken, besonders zum Bier, ist in Polen, Rußland und China bekannt; vgl. MARZELL 1922: S. 172.

6 Edward S. RUTSCH, *Smoking Technology of the Aborigines of the Iroquois Area of New York State*, Fairleigh Dickinson University Press, Rutherford etc., 1973, S. 32; vgl. auch DOBKIN DE RIOS 1990: S. 51 f. und William A. EMBODEN, „Plant Hypnotics Among the North American Indians", in: Wayland D. HAND (Hg.), *American Folk Medicine*, University of California Press, Berkeley etc., 1976, S. 159-167.
7 Richard B. APPLEGATE, „The Datura Cult Among the Chumash", *The Journal of Californian Anthropology* 2(1): S. 7-17; LoLo WESTRICH, *California Herbal Remedies*, Gulf Publ., Houston, 1989: S. 67-68, Stephen K. Stocking & Jack ROCKWELL, *Wildflowers of Sequoia & Kings Canyon*, revised 1989, Three Rivers, CA: Sequoia Natural History Association, S. 21.
8 S. A. BARRETT & E. W. GIFFORD, *Miwok Material Culture*, Bulletin of Milwaukee Public Museum, Vol. 2, No. 4, March 1933, S. 169.
9 BALLS 1962: S. 67.
10 A. B. ELSASSER, *Indians of Sequioa and Kings Canyon*, Three Rivers, CA, Sequoia Natural History Association, Revised Edition 1988, S. 43.
11 Ebd., S. 51.
12 L. S. M. CURTIN, *By the Prophet of the Earth: Ethnobotany of the Pima*, Tucson, University of Arizona Press, 1984.
13 Zit. nach SCHULTES & HOFMANN 1995: S. 110.
14 BALLS 1962:S. 67.
15 CURTIN, op. cit.
16 Michael HARNER, *The Jivaro: People of the Sacred Waterfalls*, Gardén City, NY, 1973; Carlos MUNIZAGA: „Uso actual de *Miyaya* (Datura stramonium) por los araucanos de Chile", *Journal de la Société des Américanistes*, S. 4-43; PEREZ DE BARRABAS 1957.
17 LOCKWOOD 1979.
18 Ralph METZNER, „Divinatory Dreams Induced by Tree Datura", *Jahrbuch für Ethnomedizin und Bewußtseinsforschung* 1(1992): S. 193 - 198, Berlin, VWB.
19 Alfonso CHANGO, *Yachaj sami yachachina*, Quito, Edicinones abya-abya, 1984; Norman E. WHITTEN, *Sicuanga Runa - The Other Side of Development in Amazonian Ecuador*, University of Illinois Press, Urbana und Chicago, 1985, S. 156-159.
20 Johannes WILBERT, *Tobacco and Shamanism in South America*, Yale University Press, New Haven und London 1987, S. 36. Wilbert weist darauf hin, daß diese Angaben durchaus der Phantasie der europäischen Chronisten entsprungen sein können.

Vilca, die Samen der Sonne
1 Walter ANDRITZKY, *Schamanismus und rituelles Heilen im Alten Peru*, Berlin, Verlag Clemens Zerling, Bd. 1, S. 117; R. T. ZUIDEMA, „El puente del río Apurimac y origen mítico de la villca (Anadenanthera colubrina)", *Anthropos, Amerikanistische Studien II*, S. 322-334.
2 *Historia del Nuevo Mundo*, Buch 6, Kap. 89; *Inca Religion & Customs*, Buch 1, Kap. 36.
3 COBO 1891, Bd. 3: S. 308.
4 Siri von REIS ALTSCHUL, „Vilca and Its Use", in: D. EFRON (Hg.), *Ethnopharmacological Search for Psychoactive Drugs*, Washington D. C., S. 307-314.
5 Dennis J. McKENNA & G. H. N. TOWERS, „On the Comparative Ethnopharmacology of Malpighiaceous and Myristicaceous Hallucinogens", *Journal of Psychoactive Drugs* 17(1), 1985: S. 35-39; Dennis J. McKENNA, G. H. N. TOWERS & F. S. ABBOTT, „Monoamine Oxidase Inhibitors in South American Hallucinogenic Plants", *Journal of Ethnopharmaccology* 10, 1984: S. 195-223 & 12, 1984: S. 179-211.
6 Plutarco NARANJO, *Ayahuasca: Etnomedicina y mitología*, Quito, Libri Mundi.
7 HÖHLE et al. 1986: S. 215.

Cerevisia, der keltische Zaubertrank
1 RANKE-GRAVES 1985: S. 77.
2 Graham WEBSTER, *The British Celts and Their Gods under Rome*, London, Batsford, 1986, S. 63 ff.
3 RANKE-GRAVES 1985: S. 30.
4 MARKALE 1989: 102 und ders. 1990: S. 161 ff., 278.
5 Vgl. Joan HALIFAX, *Die andere Wirklichkeit der Schamanen*, Bern und München, Scherz, 1981; dies., *Schamanen*, Frankfurt/M., Insel, 1983; Roger N. WALSH, *The Spirit of Shamanism*, Los Angeles, Tarcher 1990.
6 RANKE-GRAVES (op. cit.) 1985: S. 529.
7 MARKALE 1989: S. 161 f., 202 f.
8 Zit. nach Frederik HETMANN, *Die Reise in die Anderswelt*, Köln, Diederichs 1983, S. 254.
9 HÜRLIMANN 1984: S. 68.
10 MARKALE 1989: S. 203.
11 Siehe z. B. John MATTHEWS, *Der Gral*, Frankfurt/M., Insel, 1981; Trevor RAVENSCROFT, *Der Kelch des Schicksals*, Basel, Sphinx, 1982.
12 Wolfram von Eschenbach, *Parzifal*.
13 MARKALE 1989; vgl. Stuart PIGGOTT, *The Druids*, London, Thames & Hudson, 1987.
14 Ruth & Vincent MEGAW, *Celtic Art*, London, Thames & Hudson, 1989, S. 174-177.
15 MARKALE 1989: S. 174.
16 MARKALE 1989: S. 203.
17 WEBSTER (op. cit.), S. 33-35.
18 VRIES 1989: S. 627.
19 PLINIUS XXII, S. 160.
20 PLINIUS XXII, S. 164.
21 Zit. nach CAMPORESI 1990: S. 159.
22 AHLES 1875: S. 14.
23 So heißt es bei Marcellus Empiricus (XX,38), zit. in HÖFLER 1908: S. 93.
24 GRÄSSE 1872.

Bierrunen und Trankopfer
1 *Germanische Götterlehre*, Köln, Diederichs, 1984, S. 178-183.
2 HAMEL 1932.
3 Die meisten Bücher über Runenkunde, die in den letzten Jahren erschienen sind, zeichnen sich durch eine starke Phantasie der Autoren aus. Seriöse, wissenschaftlich korrekte Arbeiten sind z. B. Wolfgang KRAUSE, *Runen*, Berlin, de Gruyter, 1970; R. I. PAGE, *Runes - Reading the Past*, University of California Press/British Museum, 1987.
4 Zit. in GAESSNER 1941: S. 165.
5 GAESSNER 1941: S. 159.
6 Skirnirslied, S. 36.
7 DEROLEZ 1963: S. 217.
8 KRAUSE (op. cit.), S. 57 f.
9 Zit. nach GAESSNER 1941: S. 165.
10 SCHULTZE 1867: S. 90 f., bezieht sich auf ECKHARDT, *Comment. de reb. Franc. orient.* I, S. 430.

11 DEROLEZ 1963: S. 232.
12 Zit. nach HOFFMANN 1956: S. 44.
13 TACITUS, *Germania*, Kap. 23.
14 GAESSNER 1941; vgl. GRÜSS 1930.
15 GAESSNER 1941; HOFFMANN 1956: S. 48 f.
16 TACITUS, *Germania*, Kap. 23.
17 POHL 1988: S. 11.
18 SCHULTZE 1867: S. 104.

Der Ur-Bock
1 RANKE-GRAVES 1989: S. 88-90.
2 Marcel DETIENNE, *Dionysos at Large*, Cambridge und London, Cambridge University Press, 1989.
3 Gemeint sind die Einwohner von Mendes (Tell el-Roba), einer ägyptischen Stadt im Nildelta. Dort wurde der bedeutendste Widderfriedhof gefunden; vgl. *Weltatlas der alten Kulturen: Ägypten*, München, Christian Verlag, 1980, S. 166.
4 *Lexikon der Antike*, Leipzig, Gondrom, 1986 (7. Aufl.), S. 579; vgl. HÜRLIMANN 1984: S. 65; RANKE-GRAVES 1989: S. 95.
5 Vgl. Marvin W. MEYER (Hg.), *The Ancient Mysteries – A Sourcebook*, San Francisco, Harper & Row, 1987, S. 61-101.
6 Alexander von PRONAY, *Mithras und die geheimen Kulte der Römer*, Freiburg i. B., Aurum, 1989, S. 113 f.; RANKE-GRAVES 1989: S. 95.
7 Walter HIRSCHBERG, *Frosch und Kröte in Mythos und Brauch*, Wien usw., Böhlau, 1988, S. 72 ff., 105 ff.
8 WAGNER 1984: S. 50.
9 Herbert HUNGER, *Lexikon der griechischen und römischen Mythologie*, Reinbek, Rowohlt, 1985, S. 203.
10 DEROLEZ 1963: S. 114.
11 NEMENYI 1988: S. 92, 103.
12 So in der älteren *Edda*.
13 „In älteren Zeiten diente Starkbier auch sakralen Zwecken. So traf Columban in der Bodenseegegend die heidnischen Alemannen um eine mächtige Kufe mit Bier versammelt, die sie zu Ehren ihres Gottes [Wodan] leerten (*Vita Columbani*, Kap. 53)." GAESSNER 1941: S. 58.
14 Sepp in ECKSTEIN 1927: 1272.
15 KLEVER 1968: S. 62.
16 HÖFLER 1908: S. 74.
17 GRÄSSE 1872: S. 70 f.
18 KLEVER 1968: S. 63; HOFFMANN 1956: S. 174.
19 Z. B. HÖLLHUBER & KAUL 1988: S. 329.
20 Zit. nach KLEVER 1968: S. 62.
21 „Um das Bier stark und würzig zu machen, [setzte man] spanischen Pfeffer, Harz und Beeren darunter, namentlich thaten dies die flanderischen Brauer, welche Lorbeeren, Enzian, Blätter von Salbei, Salbeiblüten und Lavendel verwendeten"; GRÄSSE 1872: S. 24 f.
22 HOFFMANN 1956: S. 59, 73, 128-132.
23 MICHEL 1901: S. 3.
24 WAGNER 1984: S. 50; ein Epigramm des griechischen Dichter Palladas (*Anthol. Graeca, I c. 39, S. 126*) lautet: „Nicht ohne Grund habe ich gesagt, daß im Doppelbier ein gewisses göttliches Getränk enthalten sei. Gestern habe ich einem, der am viertägigem Fieber krank war, solches gegeben, und er ward sofort gesund." zit. in GRÄSSE 1872: S. 115.

Das echte „Pilsener"
1 HÜRLIMANN 1984: S. 56.
2 Im Englischen heißt das Bilsenkraut auch *Jupiter's Bean*, „Jupiters Bohne", HYSLOP & RATCLIFFE 1989: S. 14, 15; Culpeper stellt die Pflanze aber unter den Schutz Saturns, vgl. GRIEVE 1971: S. 398.
3 WASSON et al. 1984: S. 170.
4 Vgl. RÄTSCH 1990b.
5 HANSEN 1891: S. 41-50; HÖFLER 1908: S. 91; VRIES 1989: S. 626.
6 Zit. nach KOTSCHENREUTHER 1978: S. 83.
7 So in Shakespeares *Macbeth*.
8 SCHULTES & HOFMANN 1995: S. 87; vgl. HYSLOP & RATCLIFFE 1989: S. 15.
9 FROHNE & PFÄNDER 1983: S. 208 und Hildebert WAGNER, *Rauschgift – Drogen*, Berlin etc., Springer, 1969.
10 S. 639.
11 J.A. BUCHER, *Toxikologie*, Nürnberg 1827, zit. in KOTSCHENREUTHER 1978: S. 83; vgl. AHLES 1875.

Bilsenkraut
1 GRIEVE 1971: S. 397; CHAMISSO 1987: S. 189 ff. faßt die Nachtschattengewächse unter dem Namen „Tollkräuter" zusammen.
2 Ernest SCHOEN, *Nomina popularia plantarum medicinalium*, Zürich, Galena, 1963, S. 36.
3 Johannes HOOPS in *Reallexikon der Germanischen Altertumskunde*, Bd. 1: S. 284.
4 HÖFLER 1908: S. 93.
5 Zit. nach Peter BRÄUNLEIN, „Vom Zauber der Pflanzen in der mittelalterlichen Heilkunst", im Ausstellungskatalog *Kreutter-Kunst*, Augustinermuseum Freiburg, 1986, S. 55.
6 BRÄUNLEIN (op. cit.), S. 55.
7 Shakespeare war ein hervorragender Kenner von Heil-, Gift- und Hexenkräutern. Vgl. Edward TABOR, „Plant Poisons in Shakespeare", *Economic Botany* 24 (1): S. 81-94.
8 HILDEGARD V. BINGEN, *Physica*, Kap. 1-110.
9 Hans Peter DUERR, *Traumzeit*, Frankfurt/M., Syndikat, 1978, S. 166.
10 GRIEVE 1971: S. 398.
11 BAUMANN 1982: S. 104; DIERBACH 1981: S. 189.

Grutbier und die Berserker
1 Von altnordisch *ber* oder *beri*, „Bär", und *serkr*, „Hemd/Gewand"; *Handwörterbuch des Deutschen Aberglaubens*, Bd. 1, S. 1094.
2 E. MOGK, *Germanische Religionsgeschichte und Mythologie*, Berlin und Leipzig, 1921, leicht gekürztes Zitat.
3 Ralph METZNER, *Der Brunnen der Erinnerung*, Braunschweig, Aurum, 1994. Ders., „Germanic Mythology and the Fate of Europe", *ReVision* 13(1), 1990, S. 16-27.
4 TACITUS, *Germania*, Kap. 43.
5 „Man findet nämlich zuweilen angegeben, daß die Berserker ... durch einen Zusatz von Fliegenschwamm zu einem alkoholischen Getränk sich in den Zustand (sic) besinnungsloser Wut versetzten." – so heißt es bei HARTWICH 1911: 257; viele Autoren folgerten daraus, daß die Fliegenpilzintoxikation eine Berserkerwut auslöse. Auf S. 821 heißt es aber: „Bisweilen bedienen sich die Vornehmen bei Gastmählern eines Likörs, den sie aus einem großen Schwamm bereiten, mit dem die Russen Fliegen töten. Die ersten Symptome sind, wenn der Likör auf einen Menschen wirkt, Zittern in allen Gliedern

und in einer halben Stunde fängt er an zu rasen wie ein Fiebernder und je nach dem Temperamente wird er lustig oder melancholisch. Die einen hüpfen, tanzen und singen, die anderen weinen und sind in furchtbarer Angst, da ihnen ein kleines Loch wie ein schauerlicher Abgrund und ein Löffel voll Wasser wie ein See vorkommt. Alles das gilt nur von denjenigen, die im Übermaß trinken; kleine Quantitäten heben ihren Geist, machen sie munter, beherzt und lustig." KRASCHINIKOFF 1764, zit. in HARTWICH 1911: 821. Vgl. auch MÜLLER-EBELING & RÄTSCH 1988, OTT 1976, WASSON 1972, 1979. – Lächerlich bis grotesk sind die Darstellungen in der populärwissenschaftlichen Literatur, z. B.: „Neuere Forscher halten es für möglich, daß sich die wikingischen Berserker künstlich in ‚Berserkerwut' versetzten, etwa durch den Genuß von Fliegenpilzen, in denen, wie man weiß, das Nervengift Muscarin enthalten ist, eine ‚psychotrope Droge', die ähnliche Rauschzustände wie LSD hervorruft. Aber ob Giftrausch oder nicht – ein bißchen Berserkertum steckte wohl in jedem Wikinger." Rudolf PÖRTNER, *Die Wikingersaga*, Wien und Düsseldorf, Econ 1971 (Neuaufl. 1987), S. 286.
6 Herr Dr. Karl Gratzl aus Graz hat mir dankenswerterweise mitgeteilt, daß es in Kärnten einen aus Trauben gekelterten Wein gibt, der die Trinker auffällig aggressiv und raufsustig stimmt. Deshalb redet der Volksmund auch von einem „Berserkerwein".
7 MÜLLER-BERGSTRÖM im *Handwörterbuch des Deutschen Aberglaubens*, Bd. 1, S. 1094.
8 SCHULTZE 1984: S.92 (Reprint von 1867).
9 SANDERMANN 1980: S. 1870.
10 MAURIZIO 1933: S. 130.
11 Zit. nach MAURIZIO 1933: S. 128 f.
12 Das alte skandinavische Schrifttum, aus dem hier zitiert wurde, hat SANDERMANN 1980 aufgearbeitet und es in seinem Artikel „Berserkerwut durch Sumpfporst-Bier" behandelt.
13 *Blockes-Berges Verrichtung*, 1668, l.c. S. 269.
14 Ebd., l.c. S. 148.

Sumpfporst
1 ROTH, DAUNDERER, KORMANN 1994: S. 452.
2 GREVE 1938: S. 72-75.
3 So sagt Adelbert von CHAMISSO (1781-1838) in seinem wenig bekannten botanischen Pflanzenbuch (1987: S. 169). Vgl. auch FROHNE & PFÄNDER 1983: S. 108.
4 Johannes Peter WESTRING, *Ledum palustre*, Uppsala 1775, in GREVE 1938: S. 77. Diese volksmedizinischen Verwendungen lassen sich bis ins 18. Jh. zurückverfolgen und belegen.
5 BREKHAM & SAM 1967: S. 415, KNOLL-GREILING 1959, RÄTSCH 1988: S. 148. Die Tungusen benutzten auch *Ledum hypoleucum*; vgl. auch VOGEL 1970: S. 169.
6 Hiroshi MITSUHASHI, „Medicinal Plants of the Ainu", *Economic Botany* 30: S. 209-217.
7 GREVE 1938: S. 80.
8 „Der Versuch wurde begonnen mit einer Urtinktur [= alkoholischer Gesamtextrakt]; dreimal tägl. 5 Tropfen in Wasser, nüchtern bzw. 2 Stunden vor den Mahlzeiten. Die Dosis wurde alle 2 bis 5 Tage um 5 Tropfen gesteigert bis dreimal täglich 45 Tropfen. Gleich nach dem ersten Versuchstag (dreimal täglich 5 Tropfen): in der Nacht starke Pollution [= Samenentleerung im Schlaf]. Die Libido hielt die nächsten Tage an, außerdem machte sich Harndrang bei gleichbleibender Harnmenge bemerkbar. Am vierten Tag starker Harndrang, zeitweilig ohne die Möglichkeit, die gefüllte Blase zu entleeren. Die Libido legte sich. Es trat stärkere, anhaltende Schlaflosigkeit ein. [usw.]" GREVE hat dieses Experiment an sich selbst vorgenommen (1938: S. 31). Bei Wiederholungen beobachtete er immer wieder Pollutionen und die steigende Libido.

Gagel
1 *Myrica palustris* Lam. ist ein Synonym.
2 BAUMANN 1982: S. 51.
3 Die nordamerikanischen Indianer haben Gageltee als Stimulanz getrunken; VOGEL 1970: S. 169. In Nordamerika ist die verwandte Art *Myrica cerifera*, engl. *Bayberry* (= ‚Lorbeerbeere'), *Wax Myrtle* oder *Candleberry* (= ‚Kerzenbeere'), in den östlichen Waldlandgebieten weit verbreitet. Die Choctaw tranken eine Abkochung der Blätter gegen Fieber. Die Creek und die Seminolen benutzten die Pflanze als Zaubermittel, um die Totengeister zu exorzieren und Krankheiten zu vertreiben. Die zerriebenen Blätter dienten auch als Schnupf- oder Niespulver. Die frühen Siedler nahmen die Blätter als Biergewürz (VOGEL 1970: S. 279). Heute gelangen Wurzeln und Rinde als Tonikum in den Kräuterhandel.
4 HILDEGARD V. BINGEN, *Physica*, Drittes Buch; vgl. MÜLLER 1982: S. 132.
5 Zit. nach MAURIZIO 1933: S. 129.
6 MAURIZIO 1933: 129; MÜLLER 1982: S. 132.
7 CHAMISSO 1987: S. 62.

Der Maibock
1 JACKSON 1988: S. 18.
2 NEMENYI 1988: S. 326 f.
3 CREUZER 1821, Bd. 4: S. 606.
4 Im christlichen Abendland wird heutzutage am 17. März das Fest der heiligen Gertrud von Nivelles (626-664 n. Chr.) gefeiert. Ein Attribut der Gertrud ist die Lilie, die ursprünglich der griechischen Hera, der Hüterin der keuschen Ehe geweiht war; vgl. AIGREMONT 1987, Bd. 2: S. 32 ff. Gertrud war ursprünglich eine Patronin der Spitäler, wurde später aber zur Patronin der Feld- und Gartenfrüchte und Herrin der Mäuse; *Reclams Lexikon der Heiligen und der biblischen Gestalten*, Stuttgart 1975, S. 228 f.
5 RÜTTNER-COVA 1988: S. 83. Ebenfalls belegt ist der alte angelsächsische Name Eostra. Viele Forscher glauben, daß Ostara mit der römischen Aurora und der griechischen Eos, beides Göttinnen der Morgenröte, identisch ist; vgl. LURKER 1989: S. 314.
6 A. von PERGER, *Deutsche Pflanzensagen*, Stuttgart und Oehringen, 1864, S. 30.
7 Vgl. Antje KELM et al., *Ostereier – Vom Symbol des Lebens zum Konsumartikel*, Hamburgisches Museum für Völkerkunde, 1981 (Wegweiser zur Völkerkunde, Heft 25).
8 Aus Jacob GRIMM, *Deutsche Mythologie*.
9 Zit. nach GAESSNER 1941: S. 156 f.

10 So heißt es in der *Chronica alter Preusscher, Eifflendischer und Curlendischer Historien* von 1599; vgl. ECKSTEIN 1927: S. 1271, Anm. 169.
11 J. W. WOLF, *Beiträge zur Deutschen Mythologie*, Bd. 2, S. 112 f., Göttingen und Leipzig 1852.
12 ECKSTEIN 1927: S. 1274.
13 „Vor dem Aufstellen des Maibaumes, der ... dazu bestimmt war, Fruchtbarkeit, Glück, Segen und eine gute Ernte zu gewährleisten, wird der Wipfel mit Blumen und Bändern geschmückt. Um das schweißtreibende Hinaufklettern schmackhafter zu machen, dekoriert man die Baumkrone auch oft mit Wurstkränzen und Bierflaschen. Deswegen spricht man in manchen Gegenden Österreichs auch heute noch vom ‚Bierbaumkraxeln'." WAGNER 1984: S. 182.
14 „Dies farnkraut heißt im Thüringerwalde *irrkraut*, manche nennen es auch atterkreutich, *otterkraut*. wenn man ohne es zu sehn darüber schreitet, so macht es irre und wirre, und man kennt weder weg noch steg ... An einigen Orten heißt es *Walburgiskraut.*" GRIMM 1878, Bd. 2, S. 1013.
15 AIGREMONT 1987, II: S. 19 ff.
16 HÖFLER 1908: S. 4.
17 MAURIZIO 1933: S. 204.

Das Märzen
1 Kurt REINDEL, *Bayern im Mittelalter*, München, Beck, 1970, S. 60-70.
2 TACITUS, *Germania*, Kap. 22; vermutlich hat Tacitus die Götterfeste, Totenfeiern und Hochzeiten zu den täglichen „Gelagen" verallgemeinert. Aber noch heute beginnen viele Bayern den Vormittag mit einer Weißen, einem Weizenbier.
3 MA'AX & RÄTSCH 1984, RÄTSCH 1986.
4 BEHR 1982: S. 36 f., DEROLEZ 1963: S. 21, TOBLER 1938: S. 15-77.
5 NEMENYI 1988: S. 92-95; vgl. HÖFLER 1908: 10 „Kohl ... zum Gottheitsopfer".
6 BEHR 1982: S. 38; auch in Polen und in der Schweiz wurde die Hanfernte mit „erotischen Ausschmückungen" – wohl obzönen Tänzen und Gesängen – gefeiert.
7 Klaus BEMMANN, *Der Glaube der Ahnen*, Essen, Phaidon, 1990, S. 126; vgl. JUNG o. J.: 56; GRÄSSE 1872: S. 119.
8 GRÄSSE 1872: S. 129.
9 Hochdeutsche Übersetzung eines plattdeutschen Liedes aus den Oldenburger Blättern; zit. nach NEMENYI 1988: S. 366.
10 GRÄSSE 1872: S. 131 f.
11 LURKER 1989: S. 325 f., vgl. Marija GIMBUTAS, „Perkunas/Perun: The Thunder God of the Balts and Slavs", *Journal of Indo-European Studies* 1 (1973).
12 HÖFLER 1908: S. 98; vgl. Thomas KESSLER (Hg.), *Cannabis Helvetica*, Solothurn, Nachtschattenverlag, 1985, S. 22.
13 Wie eigentlich alle christlichen Feste geht auch das kirchliche Erntedankfest auf heidnische und vorchristliche Bräuche zurück: das im Herbst stattfindende jüdische Laubhüttenfest, ein Dank für das Wohnen in den Hütten auf dem Zuge durch die Wüste, ist auch ein Dankesfest für die Obsternte und die Weinlese. Bereits Plutarch, der Oberpriester des spätantiken Delphi, führt dieses jüdische Fest auf die im Altertum weitverbreitete Herbstfeier des Dionysos zurück; CREUZER 1821: S. 599. Schließlich fanden im September die großen Mysterien von Eleusis und die Thesmophorien statt. Am 28. September wurde das Fest der suevischen Erntegöttin Cisa, die vielleicht auf die römische Isis zurückzuführen ist, gefeiert; RÜTTNER-COVA 1988: S. 106 ff.
14 LOHBERG 1984: S. 21.

Der Julbock
1 Vgl. JACKSON 1988: S. 26.
2 Helge GERNDT, *Kultur als Forschungsfeld: über volkskundliches Denken und Arbeiten*, München, Beck, 1981: S. 31.
3 Im deutschsprachigen Raum wurde der 25. Dezember als Christgeburt und offizieller kirchlicher Feiertag erst durch eine Mainzer Synode im Jahre 813 festgelegt. Unser Wort *Weihnachten* ist in der deutschen Literatur erstmals 1170 im Werk des Spruchdichters Spervogel nachgewiesen; vgl. Ingeborg WEBER-KELLERMANN, *Das Weihnachtsfest: Eine Kultur- und Sozialgeschichte der Weihnachtszeit*, München, Luzern, Bucher, 1987 S. 13-14.
4 Ebd.: WEBER-KELLERMANN 1987: S. 10.
5 Reinhold MERKELBACH, „Die Römischen Mithrasmysterien", in *Spätantike und frühes Christentum*, Ausstellungskatalog, Liebighaus, Frankfurt/M., 1984, S. 124-137; Marion GIEBEL, *Das Geheimnis der Mysterien*, Zürich, München, Artemis 1990.
6 Zit. nach Manfred CLAUSS, *Mithras: Kult und Mysterien*, München, Beck, 1990, S. 74.
7 WEBER-KELLERMANN 1978: S. 11.
8 WEBER-KELLERMANN 1978: S. 10; die Dionysischen Mysterien wurden schon im alten Griechenland zur Zeit der Wintersonnenwende begangen. Es war eine rauschhafte Besinnung auf die Macht der Natur; vgl. GIEBEL 1990: S. 55-88.
9 All diese Drogen sind bereits in den großen Arzneimittellehren und naturkundlichen Büchern der Antike genauestens beschrieben, etwa bei DIOSKURIDES und PLINIUS d. Ä.; vgl. auch BRUNNER 1977, ENBODEN 1977, RÄTSCH 1987d, RUCK 1982, SEEFELDER 1987.
10 Zit. nach Will-Erich PEUCKERT, *Deutscher Volksglaube im Spätmittelalter*, Hildesheim, New York, Georg Olms Verlag, S. 95.
11 PROKOP, *De bello Gothico*, II 15; frühes 6. Jh.
12 In Deutschland ist der vorweihnachtliche Brauch des *Julklapp* bekannt. Dabei werden die Namen einer Gruppe von Menschen auf Zettel geschrieben. Jeder zieht einen Zettel und muß der Person, dessen Name darauf geschrieben steht, ein kleines Geschenk mit einem Gedicht auf anonymem Wege zukommen lassen.
13 Klaus BEMMANN, *Der Glaube der Ahnen: Die Religion der Deutschen bevor sie Christen wurden*, Essen, Phaidon, 1990, S. 124.
14 GRIMM, *Deutsche Mythologie*, II, 21, S. 555.
15 Zit. nach DEROLEZ 1963: S. 148.
16 Zit. nach DEROLEZ 1963: S. 148.
17 Früher war in der Literatur auch die Meinung vertreten, daß das *Große Opfer von Uppsala* im Frühjahr stattfand; vgl. GOLTHER 1987: S. 588.
18 Zit. nach DEROLEZ 1963: S. 148. Adam von Bremen hat in den Jahren 1074-1083 *Die Geschichte der Bischöfe*

von Hamburg verfaßt und darin wertvolle Hinweise auf das mittelalterliche Heidentum gegeben.
19 In vielen schamanischen und magischen Ritualen spielen Transvestie, Transsexualität und kultische Geschlechtswechsel eine wesentliche Rolle; vgl. Gisela BLEIBTREU-EHRENBERG, *Der Weibmann*, Frankfurt/M., Fischer 1984; Walter L. WILLIAMS, *The Spirit and the Flesh*, Boston, Beacon Press 1988. Die in den germanischen Quellen angesprochene „Verweiblichung" der Männer oder Götter (z. B. Freyr und Odin) ist ein sicheres Indiz für kultischen Geschlechtswandel und rituellen Analkoitus; vgl. dazu Thorkil VANGGAARD, *Phallos – Symbol und Kult in Europa*, München, List 1971.
20 BROSSE 1990, HÖFLER 1908, NEMENYI 1988: S. 92-93.
21 Die Alraune ist eine seltene südeuropäische Pflanze; im Norden wurde sie durch verschiedene Pflanzen, wie Knabenkraut *(Orchis spp.)*, Zaunrübe *(Bryonia sp.)*, Allermannsharnisch *(Allium victorialis)* u. a. ersetzt. Diese Ersatzstoffe hatten aber keine pharmakologische Wirkung wie die echte Alraune; vgl. BRØNDEGAARD 1985, RÄTSCH 1987a und 1990: S. 144-145.
22 Der Weihnachtsmann ist eine Erfindung des 19. Jh.; vgl. WEBER-KELLERMANN 1987: S. 98 ff. Er geht auf den Sankt Nikolaus, Knecht Ruprecht und den Wilden Mann des Mittelalters zurück. „Wohl einer der letzten unentdeckten Wilden Männer. Denn genau wie dieser zieht er in winterlicher wilder Jagd zur Zeit der Sonnenwende in die menschlichen Siedlungen und ins menschliche Bewußtsein. Er lebt sonst im Walde der Vergessenheit ... Was macht der W. eigentlich im Sommer?" (RÄTSCH & PROBST 1985: S. 397).
23 Helen L. PURSEY, *Die wundersame Welt der Pilze*, Zollikon, Albatros, 1977, S. 80; diese Sage ist eine Naturallegorie auf Zeugung, Schwangerschaft und Geburt. Das schäumende Pferd ist der ejakulierende Phallus, das Herabtropfen auf die Erde ist die Befruchtung. Die Zeit von Weihnachten bis September, dem Monat, wenn die Fliegenpilze erscheinen, dauert neun Monate und ist die Schwangerschaft. Das Erscheinen der Pilzköpfe ist schließlich die Geburt des (göttlichen) Kindes.
24 Edzard KLAPP, „Rabenbrot" in: Ekkehard SCHRÖDER (Hg.), *Curare*, Sonderband: Ethnobotanik 3/1985, S. 67-72.
25 Hans Helmut DÖRNER, „Hugin und Munin: Der Rabe in Mythos, Ritus und Mantik des germanischen Heidentums", in Wolfgang BAUER (Hg.); *„Rabengeschrei": Von Raben, Rillen, Runen und Recken*, Berlin, Zerlin, 1987, S. 7-24; Will-Erich PEUCKERT „Rabe" im *Handwörterbuch des Deutschen Aberglaubens*. – Der Rabe war ursprünglich eine Personifikation von Wotans Seele; somit wäre das Rabenbrot Wotans Seelennahrung; dann wären die Seelennahrung der Toten und das Seelenbier auch nicht weit!
26 R. Gordon WASSON, „Fly Agaric and Man", in EFRON 167: S. 405-414; vgl. auch ALLEGRO 1971, LOWY 1974 und 1977, OTT 1976, POLLOCK 1975, RÄTSCH 1988: S. 62-63 und 1991, WASSON 1972 und 1979; Francesco FESTI & Antonio BIANCHI, „Amanita muscaria: Mycopharmacological Outline and Personal Experience", *Psychedelic Monographs and Essays* 4 (1990/1991), S. 209-249; COSACK 1995.
27 Der bedeutende deutsche Pilzforscher Jochen Gartz hat mir glaubhaft versichert, daß in der ehemaligen DDR Quellenmaterial läge, aus dem eindeutig hervorgeht, daß in den Ritualgetränken der Germanen Narrenschwämme benutzt werden. Die volkstümliche Kategorie „Narrenschwämme" umfaßt allerdings nicht nur den Fliegenpilz sondern auch andere einheimische psychedelische und berauschende Pilze, wie etwa den psilocybinhaltigen Spitzkegeligen Kahlkopf *(Psilocybe semilanceata)*; vgl. VETTERLING o. J.; ebenso die Gattungen *Stropharia, Hyphaloma, Panaeolus*, vgl. Heinrich von *Leistenfels, Pilze: Speisepilz-Zucht & Rauschpilz-Erkennung*, Löhrbach, Werner Pieper's Medienexperimente (Der Grüne Zweig 65c). Selbst LOHBERG et al. 1984: S. 66 weiß von diesen Geheimnissen: „Sogar Pilze und Blaubeeren sollen damals ins Bier gemischt worden sein."
28 BREKHMAN & SAM 1967, HARTWICH 1911, LEWIN 1980, KNOLL-GREILING 1959.
29 GRÄSSE 1872: S. 114.

Das Hopfenzeitalter
1 HÜRLIMANN 1984: S. 64; OELYSERA KASPER 1994.
2 MAURIZIO 1933: S. 141-151.
3 HOFFMANN 1956: S. 83. Die ersten Hopfengärten sind für Bayern belegt (736 n. Chr.); ebd. S. 50. Vgl. DELYSER & KASPER 1994.
4 JACKSON 1989.

Das Deutsche Reinheitsgebot
1 Konservative bayerische Brauereien drucken noch heute auf die Bieretiketten: „Gebraut nach dem Bayerischen Reinheitsgebot von 1516".
2 Zit. nach GERLACH et al. 1984: S. 58.
3 Vgl. S. FISCHER-FABIAN, *Der jüngste Tag: Die Deutschen im späten Mittelalter*, München, Droemer-Knaur, 1985; Bernd KILL, *Die Inquisiition und ihre Ketzer*, Puchheim, Idea, 1982; Carl MEYER, *Der Aberglaube des Mittelalters und der nächstfolgenden Jahrhunderte*, Essen, Magnus, o. J. (Reprint); Walter NIGG, *Das Buch der Ketzer*, Zürich, Diogenes, 1986.
4 BECKMANN 1990; vgl. auch EHRENREICH & ENGLISH 1981.
5 VRIES 1991.
6 In der von Bauhin bearbeiteten Ausgabe, S. 637.
7 Dagmar SCHERF, *Der Teufel und das Weib*, Frankfurt/M., Fischer TB, 1990.
8 AIGREMONT 1917.
9 S. SCHEERER & I. VOIGT (Hg.), *Drogen und Drogenpolitik*, Frankfurt/New York, Campus, 1989; zur Giftverordnung siehe ROTH et al. 1994.

Hopfen
1 HOFFMANN 1956: S. 50.
2 JACKSON 1988: S. 11-13.
3 RÄSÄNEN 1975: S. 131.
4 GOTTLIEB 1980: 52.
5 LEWIS & ELVIN-LEWIS 1977: S. 361; vgl. WICHTL 1989: S. 242-245.
6 Vielleicht erklärt sich dadurch die Auffassung, „Bier mit Hopfen steige eher in den Kopf, weshalb auch oft das sog. Frauenbier von der Würze abgenommen wurde,

ehe der Hopfen hinzugefügt worden war." – RÄSÄNEN 1975: S. 133 f.; auch STARK 1984: S. 165.
7 GOTTLIEB 1980: S. 52.
8 Berlin, New York, de Gruyter, 1984, S. 230; vgl. STARK 1984: S. 165; Karl Heinz REGER, *Zauber der Liebespflanzen*, Düsseldorf, Econ, 1988, S. 68–70.
9 Zit. nach DEHNE 1986: S. 28.
10 PAHLOW 1985; vgl. GRIEVE 1971: S. 411–415; LEWIS & ELVIN-LEWIS 1977: S. 272.
11 HILDEGARD V. BINGEN, *Physica*, Kap. 1–61.

Das falsche „Pilsener"
1 MICHEL 1901: S. 60–66.
2 JACKSON 1988: S. 103–105; JACKSON 1989: S. 32.
3 HÖLLHUBER & KAUL 1988: S. 60.
4 HANSEN 1981: S. 43. Schierling *(Conium maculatum)* ist ein tödliches Gift, etwas zuviel würde aus einem berauschenden Trank einen Todestrank machen.

Klosterbrüder und Klosterbiere
1 HOFFMANN 1956: S. 80.
2 Zit. nach HOFFMANN 1956: S. 80.
3 Ebd.
4 SCHULTZE 1867: S. 177; vgl. LOHBERG 1984: S. 89–95.
5 Zit. nach SCHULTZE 1867: S. 179.
6 Zit. nach HOFFMANN 1956: S. 84.
7 HÖLLHUBER & KAUL 1988: S. 145 ff., 169 ff.

Der neue Bierheilige
1 HOFFMANN 1956: S. 166.
2 LOHBERG 1984: S. 74.
3 GRÄSSE 1872: S. 11.
4 GRÄSSE 1872: S. 12.
5 RÄTSCH 1990b.
6 Anonymer Text aus dem 16. Jh.; zit. nach HOFFMANN 1956: S. 165, auch in LOHBERG 1984: S. 74.
7 Diese Pflanzen sind bei GERARD 1936, Kap. 55, 56, 63, unter dem Begriff *Nightshades*, „Nachtschatten", angeführt.
8 „Um den Schlaf der Kinder, die in der Wiege oder im Bett weinen, zu fördern, legen sie [sic] in die Nähe des besagten Kindes ein Büschel *solanum hortense* [= *nigrum*, syn.], wodurch dies Kind alsbald sich beruhigt und einschläft. Der Grund für diese Wirkung muß sich aus den narkotischen Ausdünstungen herleiten und auch daher, daß die Poren der Kinder empfänglicher und eher in der Lage sind, den körperlichen Niederschlag dieser Dämpfe der Pflanze aufzunehmen." So schrieb der Botaniker des Großherzogs der Toskana, Paolo Boccone, im 17. Jh.; zit. nach CAMPORESI 1990: S. 19.

Bierhexen und Hexenbiere
1 ECKSTEIN 1927: S. 1262.
2 Es gibt nur wenige Biere, die rötlich erscheinen, meist sind es schottische oder englische Sorten, die durch Zuckercouleur rötlich gefärbt werden. „Das einzige rote Bier der Welt stammt aus Dänemark, wurde zum hundertjährigen Jubiläum der Brauerei Aarhus als Festbier gebraut und wird jetzt unter dem Namen *Ceres Red Eric* in die USA exportiert. Die rote Farbe kommt durch die Würzung mit Johanniskraut während des Brauvorgangs." KLEVER 1968: S. 159; vgl. GOLDWIN o.J.
3 SOLDAN-HEPPE, *Geschichte der Hexenprozesse*, Hanau, Müller & Kiepenheuer, 3. Aufl., Bd. 1, S. 488.
4 ECKSTEIN 1927: S. 1278. Das Wort *momye* erinnert an das russische Universalheilmittel *Mumyo*, eine schwarze Masse, die aus Tierexkrementen und Mineralstoffen besteht.
5 JACKSON 1988: S. 90; SEBALD 1990: S. 206.
6 GRÄSSE 1872: S. 116 f.
7 SOLDAN-HEPPE (op. cit.).
8 ECKSTEIN 1927: S. 1263; etc.
9 Zit. nach ECKSTEIN 1927: S. 1263. Überbleibsel Gehenkter galten bis in die Neuzeit hinein als mit besonderen magischen Kräften aufgeladen; vgl. Ludwig BARRING, *Götterspruch und Henkerhand*, Magnus Verlag, Essen, 1980; Karl Bruno LEDER, *Todesstrafe*, Meyster Verlag, Wien und München, 1980.
10 HILLER 1989: S. 32.
11 CAMPORESI 1990: S. 15.

Das Hanfzeitalter
1 RÄTSCH 1990a: S. 82; vgl. BEHR 1982.
2 MANNICHE 1989: S. 82 f.
3 MAURIZIO 1933: S. 120.
4 MAURIZIO 1933: S. 140.
5 GRÄSSE 1872: S. 132.
6 Johann SCHRÖDERs *Höchstkostbarer Artzeney-Schatz*, Jena, 1685, Bd. 2, S. 852.

Hi-Brew, ein Neubeginn
1 Zur selben Zeit ist auch die Liebesdroge MDMA im Untergrund wiederentdeckt, nachgebastelt und konsumiert worden; vgl. Bruce EISNER, *Ecstasy: The MDMA Story Berkeley*, Ronin Publ., 1989.
2 Zu beziehen bei Psychoactive Drug Books-by-Phone (Visa/MC), 800-858-2665, Box 522, Berkeley, CA 94701, USA; von Ed Rosenthal liegt dort auch vor: *Marijuana Question? Ask Ed*.
3 ROSENTHAL 1984.
4 Adam GOTTLIEB, *Kochen mit Cannabis*, o. O., o. J. [ca. 1986].
5 Vgl. William Daniel DRAKE, jr., *The Connoisseur's Handbook of Marijuana*, San Francisco, Straight Arrow Books, 1971, S. 208–212.
6 GOTTLIEB (op. cit.), S. 58 f.

Hanf
1 Zit. nach BEHR 1982: S. 70.
2 HERER 1990; RÄTSCH 1990a und 1992b; SCHULTES & HOFMANN 1987: S. 92–101.
3 MARKALE 1989: S. 161–165.
4 HÖFLER 1908: S. 92 f.
5 Vgl. LEWIS 1970; vgl. John HOLMSTROM, „Marijuana & Sex", *High Times*, März 1991, No. 187, S. 34, 52.
6 HILDEGARD V. BINGEN, *Physica*, Kap. 1–11.
7 CAMPORESI 1990: S. 10; bezieht sich auf Bartolomeo BOLDO, *Buch der Natur und Wirkung der Dinge zur Ernährung ...*, erstmals 1576 auf italienisch erschienen.
8 Vgl. Peter BAUMANN, „Hanf heute – Wert und Unwert", *Schweizerische Ärztezeitung* 70(4), 1989, S. 134–140.

Psychedelische Biere der Zukunft
1 Es gibt einige Publikationen, in denen genau angegeben wird, wie man zuhause Bier braut und wie wichtig der Gang zum Finanzamt ist; siehe dazu GRUNAU & KLAWUNN 1990; LAING & HENDRA 1980; LEVERETT 1980; MILLER 1990;

VOGEL 1988.
2 O. T. OSS & O. N. OERIC, *Psilocybin – Ein Handbuch für die Pilzzucht*, Linden, Volksverlag 1981.
3 Ayahuasca ist ein Ritualtrank der Amazonas-Indianer, der aus einer harmalinhaltigen Liane *(Banisteriopsis caapi)* und den Blättern von *Psychotria viridis* gebraut wird. Die Wirkungen sind phantastisch; siehe dazu Marlene DOBKIN DE RIOS, *Visionary Vine*, San Francisco, Chandler, 1972; Alberto VILOLDO & Erik JENDRESEN, *The Four Winds*, San Francisco, Harper & Row, 1990; Sonathan OTT, *Ayahuasca Analoge*, Löhrbach und Solothurn, Edition Rauschkunde, 1995.
4 MAURIZIO nimmt an, daß der Rohr-Wurzelstock bereits in der Antike als Lieferant für Gärstoffe genutzt wurde.
5 *Gesammelte Reden und Schriften zur Alkoholfrage*, Wien 1922; zit. in SCHIVEL BUSCH 1983: S. 176.

Epilog
1 MAURIZIO 1933: S. 166. Vermutlich ist der Wein mindestens zweitausend Jahre älter (Joseph JACOBS, „Der Wein macht lebhafter und klar den trüben Sinn", *Imagination*, 5. Jg., Heft 1/1990: S. 4–7). Die Griechen des klassischen Altertums, namentlich PLATON (*Symposion* 203b), hatten noch eine Erinnerung an die Zeit, da der Wein unbekannt war. Der *Nektar* der Götter und Ahnen war vielleicht ein fliegenpilzhaltiges bierartiges Getränk, wie Robert von RANKE-GRAVES in *Griechische Mythologie* (Reinbek, Rowohlt 1989) und *Die Weiße Göttin* (Reinbek, Rowohlt 1985) vermutet, das vorher getrunken wurde.
2 RUCK 1982.
3 RÄTSCH 1988b: S. 164–165, 1990a: S. 108–115; RUCK 1982; WASSON et al. 1984: S. 121 ff.
4 LESKO 1977.
5 RÄTSCH 1989, 1990a: S. 180.
6 Gerd HAGENOW, *Aus dem Weingarten der Antike*, Mainz, Verlag Philipp von Zabern 1982. SCHULTZE 1867.
7 MÜLLER-EBELING & RÄTSCH 1986: S. 57–65; auch der Liebestrank von Tristan und Isolde war ein Aphrodisiakum auf Weinbasis; vgl. RÄTSCH 1990b. Die Zigeuner bereiten noch heute potenzsteigernde Zaubertränke aus Wein und einigen weiteren Zutaten; vgl. Pierre DERLON, *Die geheime Heilkunst der Zigeuner*, Basel, Sphinx Verlag, 1981, Kap. 5 „Die Kräuterweine".
8 EMBODEN 1977; kürzlich wurde die Theorie aufgestellt, daß der Wein im Dionysos-Kult ein Ersatz für den arischen Somatrank war und daß Soma und Dionysos dieselbe Gottheit waren; vgl. Joseph WOHLBERG, „Haoma-Soma in the World of Ancient Greece", *Journal of Psychoactive Drugs* 22(3): S. 333–342 (1990).
9 Siehe „Nachwort" von Ute SCHMIDT-BERGER zu PLATON, *Das Trinkgelage oder über den Eros*, Frankfurt/M., Insel Verlag, 1985, S. 127 ff.
10 Manfred KÖHNLECHNER, *Heilkräfte des Weines*, Knaur TB, München und Zürich 1978; eine Rezeptsammlung bietet *Der curieus- und offenherzige Wein-Arzt* von 1753 (Faksimile-Ausgabe „Die bibliophilen Taschenbücher" Nr. 63, Harenberg Communikation).
11 LUCK 1990: S. 446 f.
12 Die Alkaloide der Nachtschattengewächse lassen sich mitdestillieren. In der frühen Neuzeit waren wirksame Destillate aus den wässrigen Auszügen von Nachtschattengewächsen – „Alraunwasser", „Bilsenkrautwasser" – bekannt; vgl. Hieronymus BRAUNSCHWEIG, *Ars destillandi* (Ausgabe von 1610 als Kölb-Reprint).
13 ALBERT-PUELO 1978.
14 Ironischerweise wurde zur Mitte des 19. Jh. noch der Preßsaft aus dem Wermut oder auch *Extractum Absinthii* als Entwöhnungsmittel für Alkoholsucht empfohlen; vgl. MOST, 1843: S. 635.
15 Barnaby CONRAD, III, *Absinthe: History in a Bottle*, San Francisco, Chronicle Books 1988; dieses reich illustrierte Werk enthält eine weiterführende Bibliographie.
16 KNOLL-GREILING 1959 gibt Belege für den Schnapsgebrauch sibirischer Schamanen; zur Bedeutung des Zuckerrohrschnapses im Schamanismus und Ritual der Hochlandindianer (Tzotzilen) in Chiapas, Südmexiko, siehe Horacio FABREGA & Daniel B. SILVER, *Illness and Shamanistic Curing in Zinacantan*, Stanford University Press, 1973, und John EARLY, „El ritual zinacanteco en honor del Señor Esquipulas", in: *Los Zinacantecos*, México, D. F.: INI 1966, S. 376–354; vgl. auch BOURKE 1893, LOYOLA 1986 und SLOTKIN 1954.
17 RÄTSCH 1990a: S. 182.

Bibliographie

In dieser Bibliographie sind vor allem die Werke zum Bier, zur diesbezüglichen Kräuter- und Pflanzenkunde sowie die oft zitierten ethnologischen, volkskundlichen und kulturgeschichtlichen Arbeiten versammelt. Viele weitere Spezialpublikationen sind in den Anmerkungen zu den einzelnen Kapiteln angeführt.

ADOVASIO, J. M. & G. F. FRY: 1976, „Prehistoric Psychotropic Drug Use in Northern Mexico and Trans-Peco Texas", *Economic Botany* 30: 94–96.

AHLES, Prof. Dr. v.: 1875, *Unsere wichtigeren Giftgewächse*, Eßlingen, München: J. F. Schreiber.

AIGREMONT, Dr.: 1917, *Volkserotik und Pflanzenwelt* (2 Bde.), Leipzig: Krauss (Reprint Berlin: EXpress Edition, 1987).

ALBERT-PUELO, Michael: 1978, „Mythobotany, Pharmacology, and Chemistry of Thujone-Containing Plants and Derivatives", *Economic Botany* 32: 65–74.

ANDREE, Richard: 1912, „Menschenschädel als Trinkgefäße", *Zeitschrift des Vereins für Volkskunde in Berlin*, Heft 1.

APPUN, Carl Ferdinand: 1870, „Die Getränke der Indianer Guayanas", *Globus* XVIII.

BALDUS, Herbert: 1950, „Bebidas e narcoticos dos indios do Brasil", *Sociologia*, Vol. XII, São Paulo.

BALLS, Edward K.: 1962, *Early Uses of California Plants*, Berkely usw.: University of California Press.

BARON, Stanley: 1962, *Brewed in America: A History of Beer and Ale in the United States*, Boston, Toronto: Little, Brown & Co.

BAUMANN, Hellmut: 1982, *Die griechische Pflanzenwelt in Mythos, Kunst und Literatur*, München: Hirmer.

BEHR, Hans-Georg: 1982, *Von Hanf ist die Rede*, Basel: Sphinx (2. Aufl. 1995).

BECKER, Achim et al: 1993, *Deutschland, deine Biere*, München: Zabert Sandmann.

BECKMANN, Dieter & Barbara BECKMANN: 1990, *Alraune, Beifuß und andere Hexenkräuter*, Frankfurt, New York: Campus.

BERGE, Fr. & V. A. RIECKE: 1845, *Giftpflanzen-Buch*, Stuttgart: Hoffmann'sche Verlagsbuchhandlung.

BERRY, Michael I. & Betty P. JACKSON: 1976, „European Mandrake (*Mandragora officinarum* L. and *M. autumnalis* Bertol.); the Structure of the Rhizome and Root", *Planta Medica* 30: 281–290.

BESLER, Basilius: 1987, *Der Garten von Eichstätt (Hortus Eystettensis), Das große Herbarium des Basilius Besler von 1613*, mit botanischen Erläuterungen von Gérard G. AYMONIN, München: Schirmer/Mosel [Faksimile].

BIBRA, Ernst Freiherr von: 1855, *Die Narkotischen Genußmittel und der Mensch*, Nürnberg: W. Schmid.

BIEDERMANN, Hans: 1972, *Medicina magica*, Graz: Akademische Druck- u. Verlagsanstalt. 1974, *Hexen*, Graz: Verlag für Sammler.

BIRKFELD, Alfred: 1954, *Pilze in der Heilkunde*, Wittenberg: Ziemsen (Die neue Brehm-Bücherei).

BLÄTTER, Andrea: 1990, *Kulturelle Ausprägungen und die Funktionen des Drogengebrauchs*, Hamburg: Wayasbah.

BLOM, Frans: 1956, „On Slotkin's Fermented Drinks in Mexico", *American Anthropologist* 58: 185–186.

BOCK, Hieronymus: 1577, *Kräuterbuch* (München: Kölbl Reprint 1964).

BODIN, J.: 1973, *Vom ausgelassenen wütigen Teufelsheer*, Graz: Akademische Druck- u. Verlagsgesellschaft (Reprint von 1591).

BÖTTCHER, Helmuth M.: 1959, *Wunderdrogen: Die abenteuerliche Geschichte der Heilpilze*, Köln, Berlin: Kiepenheuer & Witsch.

BOURKE, J. G.: 1893, „Primitive Destillation Among the Tarascos", *American Anthropologist* o. S., 6: 65–69. 1894, „Destillation by Early American Indians", *American Anthropologist* o. S., 7: 297–299.

BREKHMAN, I. I. & Y. A. SAM: 1967, „Ethnopharmacological Investigation of Some Psychoactive Drugs Used by Siberian and Far-Eastern Minor Nationalities of U. S. S. R.", in: D. E. EFRON (Hg.), *Ethnopharmacological Search for Psychoactive Drugs*: 415, Washington D. C.: U. S. Department of Health, Education, and Welfare.

BROSSE, Jaques: 1990, *Mythologie der Bäume*, Olten: Walter.

BRØNDEGAARD, V. J.: 1972, „Artemisia in der gynäkologischen Volksmedizin", *Ethnomedizin* 2(1/2): 3–16. 1985, *Ethnobotanik*, Berlin: Mensch und Leben.

BRUGSCH, Heinrich: 1918, „Die Alraune als ägyptische Zauberpflanze", *Zeitschrift für ägyptische Sprache und Altertumskunde* 29: 31–33.

BRUNFELS, Otto: 1532, *Contrafayt Kreüterbuch* (München: Kölbl Reprint 1964).

BÜCHELER, Walther: 1934, *Bier und Bierbereitung in den frühen Kulturen und bei den Primitiven*, Berlin: VGGB.

CAMPORSI, Piero: 1990, *Das Brot der Träume: Hunger und Halluzinationen im vorindustriellen Europa*, Frankfurt/M.: Campus.

CASPAR, F.: 1952, „Die Tupari, ihre Chicha-Braumethode und ihre Gemeinschaftsarbeit", *Zeitschrift für Ethnologie* 77. 1953, *Ein Kulturareal im Hinterland der Flüsse Guaporé und Machado, dargestellt nach unveröffentlichten und anderen wenig bekannten Quellen, mit besonderer Berücksichtigung der Nahrungs- und Genußmittel*, Hamburg: Diss.

CHAMISSO, Adelbert von: 1987, *Illustriertes Heil-, Gift- und Nutzpflanzenbuch*, Berlin: Reimer (Reprint von 1827).

COGHLAN, Andy: 1992, „Pint Pots Designed to Bannish Bitterniss", *New Scientist*, 21. November: 8.

COOPER, John M.: 1949, „Stimulants and Narcotics", *Handbook of South American Indians* 5: 525–558, Washington: Smithsonian Institute.

COSACK, Ralph: 1995, „Die anspruchsvolle Droge: Erfahrungen mit dem Fliegenpilz", *Jahrbuch für Ethnomedizin und Bewußtseinsforschung*, 3(1994): 209–244, Berlin: VWB.

CRANACH, Diana von: 1981, „Drogen im alten Ägypten", in: *Rausch und Realität*, Bd. 1: 266–269.

CREUZER, Friedrich: 1821, *Symbolik und Mythologie der alten Völker besonders der Griechen* (2 Aufl.), Leipzig, Darmstadt: Carl Wilhelm Leske.

CROUTIER, Alev Lytle: 1992, *Wasser – Elixier des Lebens: Mythen, Bräuche, Quellen und Bäder*, München: Heyne.

CULPEPER, Nicholas: o. J., *Culpeper's Complete Herbal*, London: Foulsham.

CUTLER, H. C. & M. CARDENAS: 1947, „Chicha, A Native South American Beer", *Botanical Museum Leaflets, Harvard University* 13 (3): 33–60, Cambridge, Mass.

CYPERREK, Rudolf: 1975, *Das andere Bier*,

Wiesbaden: optimum [bezieht sich hauptsächlich auf das Altbier].
DAVID-NEEL, Alexandra: 1976, *Leben in Tibet*, Basel: Sphinx.
DEHNE, Gunter: 1986, *Bier und Hopfen im Bild*, Nürnberg: Carl.
DELOS, Gilbert: 1994, *Biere aus aller Welt*, Erlangen: Karl Müller Verlag.
DELYSER, D. Y. & W. J. KASPER: 1994, „Hopped Beer: The Case for Cultivation", *Economic Botany* 48(2): 166-170.
DEROLEZ, R. L. M.: 1963, *Götter und Mythen der Germanen*, Einsiedeln, Zürich, Köln: Benziger.
DIOSKURIDES: 1610, *Kräuterbuch*, Frankfurt/M.: C. Corthons. 1902, *Arzneimittellehre*, Stuttgart: Enke.
DIERBACH, Johann Heinrich: 1981, *Flora Mythologica*, Liechtenstein: Sändig (Reprint von 1833).
DOBKIN DE RIOS, Marlene: 1982, „Plant Hallucinogens, Sexuality and Shamanism in the Ceramic Art of Ancient Peru, *Journal of Psychoactive Drugs* 14 (1-2): 81-90. 1990, *Hallucinogens: Cross-Cultural Perspectives*, Bridport, Dorset: Prism Press.
DRURY, Nevill: 1988, *Lexikon esoterischen Wissens*, München: Knaur.
EAMES, Alan D.: 1993, „Drinkin' with the Dead", *Beer, the Magazine* 2(1): 35-41.
ECKSTEIN, F.: 1927, „Bier", in: BÄCHTHOLD-STÄUBLI, *Handwörterbuch des Deutschen Aberglaubens*, Bd. I: 1255-1282, Berlin: de Gruyter.
EHRENREICH, Barbara & Deidre ENGLISH: 1981, *Hexen, Hebammen und Krankenschwestern*, Frauenoffensive.
EMBODEN, William A.: 1972, *Narcotic Plants*, New York: Macmillan. 1974, *Bizarre Plants*, New York: Macmillan. 1977, „Dionysus as a Shaman and Wine as a Magical Drug", *Journal of Psychedelic Drugs* 9 (3): 187-192. 1978, „The Sacred Narcotic Lily of the Nile", *Economic Botany* 32 (4): 395-407. 1979a, „Nymphaea ampla and Other Maya Narcotic Plants", *Mexicon* 1: 50-52. 1979b, *Narcotic Plants, Revised and Enlarged*, New York: Macmillan. 1982, „The Mushroom and the Water Lily", *Journal of Ethnopharmacology* 5: 139-148. 1989, „The Sacred Journey in Dynastic Egypt: Shamanistic Trance in the Context of the Narcotic Water Lily and the Mandrake", *Journal of Psychoactive Drugs* 21 (1): 61-76.
ENNET, Diether: 1988, *Lexikon der Arzneipflanzen, Gifte und Drogen*, Augsburg: Weltbild.
FAIRLEY, Pater: 1992, „Probably the Oldest Lager in the World ...", *New Scientist*, 16. Mai: 6.
FARBER, Walter: 1981, „Drogen im alten Mesopotamien - Sumerer und Akkader", in: *Rausch und Realität*, Bd. 1: 270-291.
FAURE, Paul: 1990, *Magie der Düfte*, München, Zürich: Artemis.
FESTI, Francisco & Giovanni ALIOTTA: 1990, „Piante psicotrope spontanee o coltivate in Italia", *Annali dei Musei Civici di Rovereto* 5 (1989): 135-166.
FINDLAY, W. P. K.: 1982, *Fungi: Folklore, Fiction, & Fact*, Richmond: Richmond Publ. Co.
FINK, Hans: 1980, *Südtiroler Küche, Tisch und Keller*, Bozen: Athesia. 1983, *Verzaubertes Land: Volkskult und Ahnenbrauch in Südtirol*, Innsbruck, Wien: Tyrolia.
FLATTERY, David St. & Martin SCHWARTZ: 1989, *Haoma and Harmalin*, Berkeley usw.: University of California Press (Near Eastern Studies 2).
FRANKE, Gunther et al.: 1989, *Früchte der Erde*, Frankfurt/M.: Harri Deutsch.
FROHNE, Dietrich & Hans Jürgen PFÄNDER: 1983, *Giftpflanzen* (2. Aufl.), Stuttgart: Wissenschaftliche Verlagsgesellschaft.
FUCHS, Leonhard: 1543, *New Kreutterbuch*, Basel: Michael Isingrin. 1545, *Läbliche abbildung und contrafaytung aller kreäuter...*, Basel: Michael Isingrin.
FÜRSTAUER, Johanna: o. J., *Eros im alten Orient*, Wiesbaden: Löwit.
FURST, Peter T.: 1973, (Hg.) *Flesh of the Gods*, London: Allen & Unwin. 1976, *Hallucinogens and Culture*, San Francisco: Chandler & Sharp.
GAESSNER, Heinz: 1941, *Bier und bierartige Getränke im germanischen Kulturkreis*, Berlin: Gesellschaft für die Geschichte und Bibliographie des Brauwesens.
GEBELEIN, Helmut: 1991, *Alchemie*, München: Diederichs.
GELPKE, Rudolf: 1995, *Vom Rausch im Orient und Okzident*, Stuttgart: Klett-Cotta.
GERARD, John: 1636, *The Herbal or General History of Plants* (Revised and Enlarged by Thomas Johnson), London: A. Norton & R. Whitaker (New York: Dover Reprint 1975).
GERLACH, Wolfgang et al.: 1984, *Das deutsche Bier*, Hamburg: HB Verlag.
GESSMANN, G. W.: o. J., *Die Pflanzen im Zauberglauben*, Den Haag: J. J. Couver.
GOLOWIN, Sergius: 1970, *Hexer und Henker im Galgenfeld*, Bern: Benteli. 1974, *Die Magie der verbotenen Märchen*, Hamburg: Merlin. O.J., *Die weisen Frauen und ihr Bier*, Brauerei Hürlimann.
GOLTHER, Wolfgang: 1987, *Handbuch der germanischen Mythologie*, Kettwig: Magnus.
GONÇALVES DE LIMA, Oswaldo: 1986, *El maguey y el pulque en los codices Mexicanos* México, D. F.: Fondo de Cultura Económica.
GOTTLIEB, Adam: 1980, *Sex Drugs and Aphrodisiacs*, Manhattan Beach, CA: Twentieth Century Alchemist.
GRÄSSE, Theodor: 1872, *Bierstudien*, Dresden: Zahn's Verlag.
GRAICHEN, Gisela: 1988, *Das Kultplatzbuch*, Hamburg: Hoffmann und Campe.
GREVENSCIKOW, Igor: 1959, *Mais als Kulturpflanze*, Wittenberg: Ziemsen.
GREVE, Paul: 1938a, *Ledum palustre L. - Monographie einer alten Heilpflanze*, Hamburg: Dissertation. 1938b, *Der Sumpfporst*, Hamburg: Hansischer Gildenverlag.
GRIEVE, M.: 1971, *A Modern Herbal*, New York: Dover.
GRÜSS, J.: 1930, „Zwei altgermanische Trinkhörner mit Bier- und Metresten", *Praehistorische Zeitschrift*, Bd. 22.
GRUNAU, A. & Th. KLAWUNN: 1990, *Bier selbst gebraut, eine praxisorientierte Anleitung für den Hausgebrauch*, Göttingen: Schulz.
HAAS, Volkert: 1977, *Magie und Mythen im Reiche der Hethiter*, Hamburg: Merlin. 1986, *Magie und Mythen in Babylonien*, Hamburg: Merlin.
HABERLAND, Eike: 1981, „Honigbier in Äthiopien", in: *Rausch und Realität*, Bd. 1: 170-173.
HAGE, Per: 1981, „Münchner Beer Categories", in: *Rausch und Realität*, Bd. 1: 138-145.
HANSEN, Harold: 1981, *Der Hexengarten*, München: Trikont-Dianus.
HAMEL, A. G. van: 1932, „Odin Hanging on

the Tree", *Acta Philologica Scandinavica* 7: 260–288.
HARGOUS, Sabine: 1976, *Beschwörer der Seelen: Das magische Universum der südamerikanischen Indianer*, Basel: Sphinx.
HARTLIEB, Johannes: 1980, *Das Kräuterbuch des Johannes Hartlieb*, Graz: Akademische Druck- u. Verlagsanstalt. 1989, *Das Buch aller verbotenen Künste*, Frankfurt/M.: Insel.
HARTMAN, Louis Francis & A. Leo OPPENHEIM: 1950, „On Beer and Brewing Techniques in Ancient Mesopotamia", Baltimore, Md.: *Journal of the American Oriental Society*, Suppl. No. 10.
HARTMANN, Günther: 1958, *Alkoholische Getränke bei den Naturvölkern Südamerikas*, Berlin: Diss. 1960, „Alkoholische Getränke bei südamerikanischen Naturvölkern", *Baessler-Archiv* 8 (1). 1981, „Alkoholische Getränke bei südamerikanischen Indianern", in: *Rausch und Realität*, Bd. 1: 152–161.
HARTWICH, Carl von: 1911, *Die menschlichen Genußmittel*, Leipzig: Tauchnitz.
HEEGER, E. F. & W. POETHKE: 1947, „Papaver somniferum L., der Mohn: Anbau/Chemie/Verwendung", *Die Pharmazie* 4, Beiheft/1, Ergänzungsband, Berlin.
HEISER, Charles B., jr.: 1969, *Nightshades: The Paradoxical Plants*, San Francisco: Freeman. 1987, *The Fascinating World of the Nightshades*, New York: Dover.
HELCK, Wolfgang: 1971, *Das Bier im Alten Ägypten*, Berlin.
HENMAN, Anthony: 1981, *Mama Koka*, Bremen: Verlag Roter Funke.
HERER, Jack: 1990, *The Emperor Wears No Clothes*, Van Nuys, CA: HEMP/Queen of Clubs Publ.
HERMANN, Leonard: 1930, *Das Bier im Volksmund*, Engelhard-Brauerei.
HERMANNS, M.: 1980, *Mythen und Mysterien der Tibeter*, Stuttgart: Magnus-Verlag.
HILDEGARD VON BINGEN: 1981, *Heilkunde* (4. Aufl.), Salzburg: Otto Müller. 1989, *Naturkunde* (4. Aufl.), Salzburg: Otto Müller. 1991, *Heilkraft der Natur*, Augsburg: Pattloch.
HILLER, Helmut: 1989, *Lexikon des Aberglaubens: Alte Volksweisheiten und Bräuche*, Bergisch-Gladbach: Lübbe.
HILLER, Karl & Günter BICKERICH: 1988, *Giftpflanzen*, Stuttgart: Enke.
HLAVACEK, Frantisek: 1961, *Brauereihefen*, Leipzig: Fachbuchverlag.
HÖFLER, Max: 1892, *Wald- und Baumkult in Beziehung zur Volksmedizin Oberbayerns*, München: Julius Stahl. 1908, *Volksmedizinische Botanik der Germanen*, Wien: Ludwig (Reprint Berlin: VWB, 1990).
HÖHLE, Sigi et al.: 1986, *Rausch und Erkenntnis: Das Wilde in der Kultur*, München: Knaur.
HÖLLHUBER, Dietrich & Wolfgang KAUL: 1988, *Die Biere Deutschlands*, Nürnberg: Hans Carl.
HOFFMANN, Dr. M(oritz): 1956, *5000 Jahre Bier*, Frankfurt/M., Berlin: Metzner.
HOFMANN, Albert: 1964, *Die Mutterkornalkaloide*, Stuttgart: Enke. 1979, *LSD – mein Sorgenkind*, Stuttgart: Klett-Cotta. 1990, *Die Botschaft der Mysterien von Eleusis an die heutige Welt*, Vortrags-Ms.
HUBER, E.: 1926, „Bier und Bierbereitung im alten Babylon/Bier und Bierbereitung im alten Ägypten", in: *Bier und Bierbereitung bei den Völkern der Urzeit*, 9–28/33–46, Berlin: Veröffentlichungen der Gesellschaft für die Geschichte und Bibliographie des Brauwesens. 1929, *Das Trankopfer im Kulte der Völker*, Hannover-Kirchrode: Oppermann.
HÜRLIMANN, Martin: 1984, *Das Buch vom Bier*, Zürich: Hürlimann-Brauerei.
HYSLOP, Jon & Paul RATCLIFFE: 1989, *A Folk Herbal*, Oxford: Radiation.
JACKSON, Betty P. & Michael I. BERRY: 1979, „Mandragora – Taxonomy and Chemistry of the European Species", in: J. G. HAWKES et al. (Hg.), *The Biology and Taxonomy of the Solanacea*, London usw.: Academic Press.
JACKSON, Michael: 1988, *Bier: über 1000 Sorten aus aller Welt*, Bern, Stuttgart: Hallwag. 1989, *The NEW World Guide to Beer* (Revised), Philadelphia: Running Press. 1988, *Das große Buch vom Bier*, Bern, Stuttgart: Hallwag.
JAHRBUCH DER GESELLSCHAFT FÜR DIE GESCHICHTE UND BIBLIOGRAPHIE DES BRAUWESENS: 1931 ff., Berlin.
JUNG, Hermann: o. J., *Bier – Kunst und Brauchtum* (2. Aufl.), Dortmund: Schropp.
KALEVALA: 1989, *Das finnische Epos*, Stuttgart: Reclam.
KARSTEN, Rafael: 1920, „Berauschende und narkotische Getränke unter den Indianern Südamerikas", *Acta Acad. Åboensis*.
KENNEDY, Alison & Christian RÄTSCH: 1985, „Datura: Aphrodisiac?", *High Frontiers* 2: 20, 25.
KHLOPIN, Igor N.: 1980, „Mandragora turcomanica in der Geschichte der Orientalvölker", *Orientalia Lovaniensia Periodica* 11:223–231.
KISTEMAKER, R. E. & V.T. VAN VOLSTEREN: 1994, *Bier! Geschiedenis van een volksdrank*, Amsterdam: De Bataafsche Leeuw.
KLEVER, Ulrich: 1968, *Von der Maß bis an die Molle: Das Buch der Biere*, Hamburg: Wegner.
KLUGE, Hannelore: 1988, *Zaubertränke und Hexenküche*, München: Heyne.
KNAUST, Heinrich: 1575, *Fünff Bücher von der göttlichen und edlen Gabe, der philosophischen, hochtheuren und wunderbaren Kunst, Bier zu brauen ...*, Erfurt: Bauman.
KNOLL-GREILING, Ursula: 1959, „Rauschinduzierende Mittel bei Naturvölkern und ihre individuelle und soziale Wirkung", *Sociologus* 9 (1): 47–60.
KNORR, Fritz: 1967, *Wasser und Abwasser in der Brauerei*, Nürnberg: Carl.
KONDO, Hiroshi: 1992, *Saké: A Drinker's Guide*, Tokyo, New York, London: Kodansha International.
KOTSCHENREUTHER, Hellmut: 1978, *Das Reich der Drogen und Gifte*, Frankfurt/M., Berlin, Wien: Ullstein.
KREUTER, Marie-Luise: 1982, *Wunderkräfte der Natur*, München: Heyne.
KRONFELD, Moritz: 1981, *Donnerwurz und Mäuseaugen: Zauberpflanzen und Amulette in der Volksmedizin*, Berlin: Zerling (Reprint von 1891).
KÜHNEMANN, Antje-Katrin: 1988, *Geheimnisse der Klostermedizin*, Augsburg: Weltbild.
LA BARRE, Weston: 1938, „Native American Beers", *American Anthropologist* n. S., 40 (2): 224–234. 1970, „Old and New World Narcotics", *Economic Botany* 24 (1): 73–80. 1989, *The Peyote Cult* (5. erweit. Aufl.), Norman, London: University of Oklahoma Press.
LAING, Dave & John HENDRA: 1980, *Bier brauen*, Ravensburg: Otto Maier.

LAZZARINI, Ennio & Anna Rota LONARDONI: 1983, *Gesundheit aus Halm und Korn: Heilsame Kräfte aus Gräsern und Getreide*, Freiburg i.Br.: Bauer.

LEHANE, Brendan: 1977, *The Power of Plants*, Maidenhead: McGraw-Hill.

LENZ, Harald Othmar: 1966, *Botanik der alten Griechen und Römer*, Vaduz/Liechtenstein: Sändig (Reprint von 1859).

LESKO, Leonard H.: 1978, *King Tut's Wine Cellar*, Berkeley: Scribe.

LEUENBERGER, Hans: 1970, *Im Rausch der Drogen*, München: Humboldt.

LEVERETT, Brian: 1980, *Home Beermaking*, Bridport, Dorset: Prism Press.

LEWIN, Louis: 1886, *Über Piper Methysticum*, Berlin: Hirschwald. 1980, *Phantastica*, Linden: Volksverlag.

LEWIS, Barbara: 1970, *The Sexual Power of Marijuana*, New York: Wyden.

LEWIS, Walter H. & Memory D. F. ELVIN-LEWIS: 1977, *Medical Botany*, New York usw.: John Wiley & Sons.

LI, Hui-Lin: 1974, „The Origin and Use of Cannabis in Eastern Asia: Linguistic-cultural Implications", *Economic Botany* 28: 293-301. 1974, „An Archaeological and Historical Account of Cannabis in China", *Economic Botany* 28: 437-448. 1978, „Hallucinogenic Plants in Chinese Herbals", *Journal of Psychedelic Drugs* 10 (1): 17-26.

LINDNER, Paul: 1933, „Das Geheimnis um Soma, das Getränk der alten Inder und Perser", *Forschungen und Fortschritte* 9.

LINSKENS, H. F. (Hg.): 1988, *Beer Analysis*, Berlin u. a.: Springer.

LITZINGER, William J.: 1981, „Ceramic Evidence for Prehistoric Datura Use in North America", *Journal of Ethnopharmacology* 4: 57-74.

LOCKWOOD, Tommie E.: 1979, „The Ethnobotany of Brugmansia", *Journal of Ethnopharmacology* 1: 147-164.

LOHBERG, Rolf et al.: 1984, *Das große Lexikon vom Bier* (3. Aufl.), Stuttgart: Scripta.

LONICERUS, Adamus: 1679, *Kreuterbuch*, Frankfurt: Matthäus Wagner.

LOYOLA, Luis J.: 1986, „The Use of Alcohol Among Indians and Ladinos in Chiapas, Mexico", in: E. MORALES (Hg.), *Drugs in Latin America* (Studies in Third World Societies, Publ. No. 37): 125-148.

LUCK, Georg: 1990, *Magie und andere Geheimlehren in der Antike*, Stuttgart: Kröner.

LURKER, Manfred: 1989, *Lexikon der Götter und Dämonen* (2. Aufl.), Stuttgart: Kröner.

LUTZ, H. F.: 1922, *Viticulture and Brewing in the Ancient Orient*, Leipzig.

McKENNA, Terence: 1990, *Plan - Pflanze - Planet*, Lörbach: Werner Pieper's Medienexperimente. 1992, *Food of the Gods*, New York: Bantam.

MA'AX, K'AYUM & Christian RÄTSCH: 1984, *Ein Kosmos im Regenwald*, Köln: Diederichs (2. Aufl. 1994).

MADSEN, William & Claudia: 1972, *A Guide to Mexican Witchcraft*, Mexico: Minutae Mexicana.

MAHLIS, Brigitte: 1981, „Alkoholische Getränke im alten China", in: *Rausch und Realität*, Bd. 1: 314-319.

MAJUPURIA, Trilok Chandra & D. P. JOSHI: 1988, *Religious & Useful Plants of Nepal & India*, Bangkok: Craftsman Press.

MANDL, Elisabeth: 1985, *Arzneipflanzen in der Homöopathie*, Wien usw.: Wilhelm Maudrich.

MANNICHE, Lise: 1988, *Liebe und Sexualität im alten Ägypten*, Zürich, München: Artemis. 1989, *An Ancient Egyptian Herbal*, London: British Museum Publ.

MARKALE, Jean: 1989, *Die Druiden*, München: Goldmann. 1990, *Die keltische Frau*, München: Goldmann.

MARZELL, Heinrich: 1964, *Zauberpflanzen - Hexentränke*, Stuttgart: Kosmos, Bd. 241.

MATOSSIAN, Mary Kilbourne: 1989, *Poisons of the Past: Molds, Epidemics, and History*, New Haven, London: Yale University Press.

MATTHIOLUS, Pierandrea: 1626, *Kräuterbuch*, Grünwald: Kölbl-Reprint.

MAURIZIO, A.: 1933, *Geschichte der gegorenen Getränke*, Berlin, Hamburg: Paul Parey (Reprint Wiesbaden: Sändig, 1970).

MEHRA, K. L.: 1979, „Ethnobotany of Old World Solanacaea", in: HAWKES et al. (Hg.), *The Biology and Taxonomy of the Solanaceae*: 161-170.

MERCATANTE, Anthony: 1980, *Der magische Garten*, Zürich: Schweizer Verlagshaus.

MESSING, Norbert: 1989: *Heilen mit Bierhefe* (3. erw. Aufl.), Stuttgart: Verlag Ganzheitl. Gesundheit.

MICHEL, Carl: 1901, *Geschichte des Biers von der ältesten Zeit bis zum Jahre 1900*, Augsburg.

MILLER, Dave: 1990, *The Complete Handbook of Home Brewing*, Pownal, Vermont: Garden Way Publ. (Storey).

MOORE, Jerry D.: 1989, „Pre-Hispanic Beer in Coastal Peru: Technology and Social Context of Prehistoric Production", *American Anthropologist* 91: 682-695.

MORRIS, Craig: 1979, „Maize Beer in the Economics, Politics, and Religion of the Inca Empire", in: C. GASTINEAU, W. DARB & T. TURNER (Hg.), *Fermented Foods in Nutrition*: 21-34, New York: Academic Press.

MOST, Georg Friedrich: 1843, *Encyklopädie der Volksmedicin*, Leipzig: Brockhaus.

MOWAT, Linda: 1989, *Cassava and Chicha: Bread and Beer of the Amazonian Indians*, Aylesbury, Bucks: Shire Ethnography.

MÜLLER, Irmgard: 1982, *Die pflanzlichen Heilmittel bei Hildegard von Bingen*, Salzburg: Otto Müller.

MÜLLER-EBELING, Claudia: 1987, „Die Alraune in der Bibel", in: SCHLOSSER: 141-149. 1991, „Wolf und Bilsenkraut, Himmel und Hölle", in: S. SEIDLER (Hg.), *Gaia - Das Erwachen der Göttin*, Braunschweig: Aurum.

MÜLLER-EBELING, Claudia & Christian RÄTSCH: 1986, *Isoldens Liebestrank: Aphrodisiaka in Geschichte und Gegenwart*, München: Kindler. 1989a, *Heilpflanzen der Seychellen*, Berlin: VWB. 1989b, „‚Mentale Anarchie' - Wild und Heilig", in: *Vom Wesen der Anarchie & vom Verwesen verschiedener Wirklichkeiten*: 107-121, Berlin: Kramer.

MUNIZAGA A., Carlos: 1960, „Uso actual de Miyaya (Datura stramonium) por los araucanos de Chile", *Journal de la Société des Américanistes*: 4-43.

NACHTIGALL, Horst: 1954, „Koka und Chicha", *Kosmos* 50 (9): 423 ff.

NAPIER, A. David: 1986, *Masks, Transformation and Paradox*, Berkeley usw.: University of California Press.

NATHO, Günther et al.: 1986, *Rohstoffpflanzen der Erde* (2.Aufl.), Thun, Frankfurt/M.: Harri Deutsch.

NAWACHOO, Irshad A. & G. M. BUTH: 1990, „Ethnobotany of Ladakh, India: Beverages, Narcotics, Foods", *Economic Botany*

44(3): 318-321.
NEMENYI, Géza von: 1988, *Heidnische Naturreligion*, Bergen: Bohmeier.
NICHOLSON, G. Edward: 1960, „Chicha Maize Types and Chicha Manufacture in Peru", *Economic Botany* 14 (4): 290-299.
OTT, Jonathan: 1976, „Psycho-Mycological Studies of Amanita – From Ancient Sacrament to Modern Phobia", *Journal of Psychedelic Drugs* 8 (1): 27-35. 1993 *Pharmacotheon*, Keunewick, WA: Natural Prod. 10.
PAHLOW, Mannfrid: 1979, *Das große Buch der Heilpflanzen*, München: Gräfe und Unzer. 1985, *Hopfen und Baldrian*, Stuttgart: Steinkopf.
PEREZ DE BARRADAS, José: 1957, *Plantas magicas americanas*, Madrid: Inst. „Bernardino de Sahagun".
PETERS, Hermann: 1972, *Aus pharmazeutischer Vorzeit in Wort und Bild*, Vaduz/Liechtenstein: Sändig (Reprint von 1891/1889).
PHILIPPE, M.: 1926, „Die Braukunst der alten Babylonier im Vergleich zu den heutigen Braumethoden/Die Braukunst der alten Ägypter im Lichte heutiger Brautechnik", in: *Bier und Bierbereitung bei den Völkern der Urzeit*: 29-32/55-57, Berlin: Veröffentlichungen der Gesellschaft für die Geschichte und Bibliographie des Brauwesens.
PLESS, Helmut C.: 1985, *Salz und Malz: Lüneburger Bier in fünf Jahrhunderten*, Lüneburg: Kronen-Brauerei.
PLINIUS d. Ä.: 1973 ff., *Naturkunde*, Zürich, München: Artemis (zuvor Heimeran).
POHL, Werner: 1988, *Bier aus Bayern*, Grafenau: Morsak.
POLLOCK, Steven H.: 1975, „The Alaskan Amanita Quest", *Journal of Psychedelic Drugs* 7 (4): 397-399.
PRAETORIUS, Johannes: 1979, *Hexen-, Zauber- und Spukgeschichten aus dem Blocksberg*, Frankfurt/M.: Insel (Reprint von 1669).
PURSEY, Helen L.: 1977, *Die wundersame Welt der Pilze*, Zollikon: Albatros.
RÄSÄNEN, Matti: 1975, *Vom Halm zum Faß: Die volkstümlichen alkoholarmen Getreidegetränke in Finnland*, Helsinki: Kansatieteelinen Arkisto 25, Suomen Muinaismuistoyhdistys.
RÄTSCH, Christian: 1985, *Bilder aus der unsichtbaren Welt*, München: Kindler. 1986a, (Hg.) *Chactun – Die Götter der Maya*, Köln: Diederichs. 1986b, *Ethnopharmakologie und Parapsychologie*, Berlin: EXpress Edition. 1986c, „Alchemie im Regenwald – Dichtung, Zauberei und Heilung", *Salix* 2 (2): 44-64. 1987a, „Die Alraune heute", in: STARCK: 87-109. 1987b, „Das Zepter der heroischen Medizin", in: *Das Scheiss Buch*: 80-83, Löhrbach: Der Grüne Zweig 123. 1987c, „Der Rauch von Delphi", *Curare* 4/87. 1987d, *Indianische Heilkräuter*, Köln: Diederichs. 1988a, „Tarot und die Maya", *Ethnologia Americana*. 1988b, *Lexikon der Zauberpflanzen aus ethnologischer Sicht*, Graz: Akademische Druck- u. Verlagsanstalt (ADEVA). 1989, *Die „Orientalischen Fröhlichkeitspillen" und verwandte psychoaktive Aphrodisiaka*, Berlin: VWB. 1990a, *Pflanzen der Liebe*, Aarau, Stuttgart: AT Verlag. 1990b, „Sich lieben, sinnlos, mit allen Sinnen", *Imagination* 5 (1): 17-19. 1991, *Von den Wurzeln der Kultur: Die Pflanzen der Propheten*, Basel: Sphinx Verlag. 1992a, „Die heiligen Pflanzen unserer Ahnen", in: ders. (Hg.), *Das Tor zu inneren Räumen*, S.95-103, Südergellersen: Bruno Martin. 1992b, *Hanf als Heilmittel*, Löhrbach: MedienXperimente & Solothurn: Nachtschatten Verlag. 1994, „Der Met der Begeisterung und die Zauberpflanzen der Germanen", in: Ralph METZNER, *Der Brunnen der Erinnerung*, S. 231-249, Braunschweig: Aurum. 1995 *Heilkräuter der Antike in Ägypten, Griechenland und Rom*, München: Diederichs.
RÄTSCH, Christian & Heinz J. PROBST: 1982, „Maissubstituenten bei den Maya in Yucatan", *Mexicon* 4 (5/6): 90-93. 1983, „Kräuter zur Familienplanung", *Sexualmedizin* 12 (4): 173-176. 1985a, *Namaste Yeti – Geschichten vom Wilden Mann*, München: Knaur. 1985b, „Xtohk'uh: Zur Ethnobotanik der Datura-Arten bei den Maya in Yucatan", *Ethnologia Americana* 21/2, Nr. 109: 1137-1140.
RANKE-GRAVES, Robert von: 1985, *Die Weiße Göttin*, Reinbek: Rowohlt. 1989, *Griechische Mythologie*, Reinbek: Rowohlt.
RAUSCH UND REALITÄT: 1981, Köln: Rautenstrauch-Joest Museum für Völkerkunde (2 Bde., hrsg. von Gisela Völger).
REKO, Victor A.: 1986, *Magische Gifte*, Berlin: EXpress Edition.
RENFREW, Jane M.: 1973, *Palaeoethnobotany: The Prehistoric Food Plants of the Near East and Europe*, New York: Columbia University Press.
RINKE, Wilfried: 1967, *Das Bier*, Berlin, Hamburg: Parey.
RÖLLIG, Wolfgang: 1970, *Das Bier im alten Mesopotamien*, Berlin: Gesellschaft für die Geschichte und Bibliographie des Brauwesens.
RÖMPP, Hermann: 1950, *Chemische Zaubertränke*, Stuttgart: Kosmos.
ROSE, A. H. (Hg.): 1977, *Alcoholic Beverages*, New York usw.: Academic Press.
ROSENTHAL, Ed: 1984, *Marijuana Beer*, Berkeley: And/Or Press.
ROTH, Lutz, Max DAUNDERER & Kurt KORMANN: 1994, *Giftpflanzen – Pflanzengifte*, München: ecomed.
RUCK, Carl A. P.: 1982, „The Wild and the Cultivated: Wine in Euripides' *Bacchae*", *Journal of Ethnopharmacology* 5: 231-270.
RÜDIGER, Wilhelm: 1974, *Ihr Name ist Apis*, hrsg. von Mack, chem.-pharm. Fabrik, Illertissen zum 125. Jubiläum.
RÜTTNER-COVA, Sonja: 1988, *Frau Holle, die gestürzte Göttin* (2. Aufl.), Basel: Sphinx.
RUST, Jürgen: 1983, *Aberglaube und Hexenwahn in Schleswig-Holstein*, Garding: Cobra.
SANDERMANN, W.: 1980, „Berserkerwut durch Sumpfporst-Bier", *Brauwelt* 120 (50): 1870-1872.
SARIANIDI, W.: 1988, „Die Wiege des Propheten", *Wissenschaft in der UDSSR* 5: 118-127.
SCHEFFER, Karl-Georg: 1981, „Chicha in Südamerika", in: *Rausch und Realität*, Bd. 1: 146-151.
SCHENK, Gustav: 1954, *Das Buch der Gifte*, Berlin: Safari.
SCHIVELBUSCH, Wolfgang: 1983, *Das Paradies, der Geschmack und die Vernunft: Eine Geschichte der Genußmittel*, Frankfurt/M., Berlin, Wien: Ullstein.
SCHLOSSER, Alfred: 1986, *Die Sage vom Galgenmännlein im Volksglauben und in der Literatur*, Berlin: EXpress Edition.

SCHMIDBAUER, Wolfgang: 1968a, „Halluzinogene in Eleusis", *Antaios* 10: 18-37. 1968b, „Die magische Mandragora", *Antaios* 10: 274 ff.

SCHÖPF, Hans: 1986, *Zauberkräuter*, Graz: ADEVA.

SCHRANKA, Eduard Maria: 1886, *Ein Buch vom Bier*, Frankfurt a. O.: Waldmann.

SCHRÖDER, Edward: 1973, „Bier", in: *Reallexikon der Germanischen Altertumskunde*, Bd. 1: 279-283.

SCHRÖDTER, Willy: 1981, *Pflanzengeheimnisse*, Kleinjörl: Schroeder.

SCHULTE, Al: „Vom Grutbiere", *Ann. d. hist. Ver. f. d. Niederrhein*, Heft 85: 118-146.

SCHULTES, Richard E.: 1976, *Hallucinogenic Plants*, Racine, Wisconsin: Western Publ. Co. 1979, „Solanaceous Hallucinogens and Their Role in the Development of New World Cultures", in: HAWKES et al. (Hg.), *The Biology and Taxonomy of the Solanaceae*: 137-160, London: Academic.

SCHULTES, Richard E. & Albert HOFMANN: 1980, *The Botany and Chemistry of Hallucinogens* (2. Aufl.), Springfield: Charles C. Thomas. 1995, *Pflanzen der Götter*, Aarau: AT Verlag.

SCHULTES, Richard E. & Robert F. RAUFFAUF: 1990, *The Healing Forest*, Portland: Dioscurides Press.

SCHULTZE, Rudolf: 1867: *Geschichte des Weins und der Trinkgelage*, Berlin (Sändig Reprint 1984).

SEBALD, Hans: 1990, *Hexen: Damals - und heute?*, Frankfurt/M., Berlin: Ullstein.

SEEFELDER, Matthias: 1987, *Opium - Eine Kulturgeschichte*, Frankfurt/M.: Athenäum.

SEIDEMANN, Johannes: 1993, „Sumpfporstkraut als Hopfenersatz", *Naturwissenschaftliche Rundschau* 46(11): 448-449.

SEIDL, Conrad: 1993, *Noch ein Bier*, Wien: Deutike Verlag.

SIEGEL, Ronald K.: 1989, *Intoxication: Life in Pursuit of Artificial Paradise*, New York: Dutton.

SLOTKIN J. S.: 1954, „Fermented Drinks in Mexico", *American Anthropologist* 56 (6): 1089-1090.

SPODE, Hasso: 1993, *Die Macht der Trunkenheit: Kultur- und Sozialgeschichte des Alkohols in Deutschland*, Opladen: Leske + Budrich. 1994, „Vom Archaischen des Gelages", *NZZ-Folio*, August: 18-21.

STARCK, Adolf Taylor: 1986, *Der Alraun: Ein Beitrag zur Pflanzensagenkunde*, Berlin: EXpress Edition.

STARK, Raymond: 1984, *Aphrodisiaka und ihre Wirkung*, München: Heyne.

STOCKWELL, Christine: 1989, *Nature's Pharmacy*, London: Arrow Books.

STOFFLER, Hans-Dieter: 1978, *Der Hortulus des Walahfried Strabo*, Sigmaringen: Thorbecke.

TABERNAEMONTANUS, Jacobus Theodorus: 1731, *Neu vollkommen Kräuter-Buch*, bearb. von Hieronymus BAUHINIUM, Basel: J. L. König.

THOMPSON, C. J. S.: 1968, *The Mystic Mandrake* (2. Aufl.), New York: University Books.

TOBLER, Friedrich: 1938, *Deutsche Faserpflanzen und Pflanzenfasern*, München, Berlin: Lehmanns.

TOUW, Mia: 1981, „The Religious and Medicinal Uses of *Cannabis* in China, India and Tibet", *Journal of Psychoactive Drugs* 13 (1): 23-34.

VAQUEZ, Mario: 1967, „La chicha en los países andinos", *América Indígena* 27 (2): 265-282.

VETTERLING, Bernhard: o. J., *Halluzinogene Pilze bei uns*, Löhrbach: Grüne Kraft (Der Grüne Zweig 65).

VOGEL, Virgil J.: 1970, *American Indian Medicine*, Norman: University of Oklahoma Press.

VOGEL, Wolfgang: 1988, *Bier aus eigenem Keller* (2. Aufl.), Stuttgart: Ullmer.

VRIES, Herman de: 1989, *natural relations - eine skizze*, Nürnberg: Verlag für moderne Kunst. 1991, „Über die sogenannten Hexensalben", *Integration* 1: 31-42.

WAGNER, Christoph: 1984, *Das große Buch vom Bier*, Wien, München: Brandstätter.

WASSON, R. Gordon: 1971, „Ololiuqui and the Other Hallucinogens of Mexico", in: *Homenaje a Roberto J. Weitlaner*: 329-348, Mexico: UNAM. 1972, *Soma - Divine Mushroom of Immortality*, New York. H. B. Jovanovich. 1979, „Traditional Use in North America of *Amanita muscaria* for Divinatory Purposes", *Journal of Psychedelic Drugs* 11 (1-2). 1980, *The Wondrous Mushroom*, New York: McGraw-Hill.

WASSON, R. Gordon, Albert HOFMANN & Carl A. P. RUCK: 1984: *Der Weg nach Eleusis: Das Geheimnis der Mysterien*, Frankfurt/M.: Insel.

WEBER, Ulrich: 1951, *Die alkoholischen Genußmittel und die Psychopathie des Alkohols bei Primitiven*, München: Diss., med. Fak.

WEDEMEYER, Inge von: 1972, „Mais, Rausch- und Heilmittel im alten Peru", *Ethnomedizin* 2 (1/2): 99-112.

WEULE, Karl: 1922, *Chemische Technologie der Naturvölker*, Stuttgart.

WICHTL, Max (Hg.): 1989, *Teedrogen* (2. Aufl.), Stuttgart: Wissenschaftliche Verlagsgesellschaft.

WOLFF, Fritz: 1910, *Avesta - Die heiligen Bücher der Parsen*, Stuttgart: Trübner.

WOLFRAM, Herwig: 1990, *Das Reich und die Germanen: Zwischen Antike und Mittelalter*, Berlin: Siedler.

WYRWA, Ulrich: 1990, *Branntewein und ‚echtes' Bier*, Hamburg: Junius.

YARNELL, Richard A.: 1959, „Prehistoric Pueblo Use of Datura", *El Palacio* 66 (5): 176-178.

ZIEHR, Wilhelm & Emil BÜHRER: 1984, *Le pain à travers les âges*, Tielt/Belgien: Editions Lannoo.

Dank

Mit Bier wurden schon immer Freundschaften besiegelt. „Bier macht Freunde", heißt ein bekanntes Sprichwort. Auch diesen Urbock konnte ich nur mit Hilfe vieler Freunde brauen. Viele würzige Zutaten lieferten mir dankenswerterweise Dr. Albert Hofmann, Dr. William Emboden, Dr. John Baker, Dr. Ralph Metzner. Mein Freund und Graphikhändler Siegfried Stockhecke entlockte den Tiefen der Zeit wunderbare, längst vergessene Bilder. Mein tiefster Dank gilt meiner Frau Claudia Müller-Ebeling, die mit der urweiblichen Kraft der germanischen Seherin und der indianischen Chicha-Brauerin meine Streifzüge durch unbekannte Gebiete unterstützte. Ich danke den Serious Six für Abenteuerbereitschaft, Mut und Witz. Ich danke meiner Familie, meinen Eltern und Brüdern, für den heidnischen Urgrund, auf dem ich gedeihen durfte. Ich danke Dieter Hagenbach, der eigentlich kein Bier mochte ... Ich danke allen, die Liebe und Gärung in Wallung brachten: Anupama, Nirmol, Sigi, Ossi, Ronald Rippchen, Galan O. Seid und allen Psychedelikern dieses Planeten. Möge Euch allen der Urbock munden!

Bei Thor, ich trinke zur Abwechslung auf die Wissenschaft, denn sie es ist, die uns den Zugang zu den alten Ritualen ermöglicht!

Bildnachweis

Bayrischer Brauerbund, München: 7
Bayrische Staatsbibliothek, München: 170 u
Bildarchiv Preussischer Kulturbesitz, Berlin: 43, 62, 63
British Library, London: 64, 172
EMB-Archiv, Luzern: 12 l, 18, 23 r (Feld), 24 (Feld), 24 u, 25 r (Feld), 34, 35, 36, 59, 61 r, 67 l, 73, 79 m, 95, 114 l, 122 l, 133 l, 140, 141, 156, 166 u, 188, 192 r, 193 u
Fischer-Nagel A., D-Spangenberg: 19 r, 20/21, 23 r (Körner), 23 l (Feld), 24 (Körner), 25 l (Körner), 25 r (Körner)
Harding Robert, London: 26/27
Hürlimann Brauerei AG Zürich: 3, 19 l (Feld), 44 r, 173 l
IG-Dinkel, CH-Bärau: 22 r
Institut für Pflanzenbau (FAL), Braunschweig: 22 l (Feld)
Privat-Archiv: 2, 29, 41, 51, 54, 123, 151, 157, 169, 178/179, 180 o, 182
Rätsch Christian, Hamburg: 10 u, 13 r, 14, 16/17, 19 l (Körner), 23 l (Körner), 25 l (Feld), 28, 32, 39 r, 40, 42, 44 l, 47, 49, 65, 66, 67 r, 68, 69, 70, 71 r, 74/75, 76, 77, 78 79 l, 79 r, 82 r, 83 m, r, 84, 85, 86, 87, 88, 89, 90, 92, 93, 94, 96, 97, 98, 99, 100, 101, 102, 103, 104, 105, 106, 107 l, 108, 109, 111, 112, 113, 117, 118 r, 119 l, r, 120, 121, 122 r, 124, 126, 127, 132, 133 l, 134, 135 l, 136, 137, 138, 142, 145, 147 l, 149 l, 153, 154, 163, 166 o, 167, 171, 174, 175, 183 u, 185 r, 187, 189, 190, 191, 192 l, 193 r, 195, 197
Réunion des Musées Nationaux, Paris: 56 r
Rietberg Museum, Zürich: 107 r
Staatliche graphische Sammlung, München: 150, 170 o
Stadtbibliothek Nürnberg
   Foto: Hilbinger, D-Schwaig-Behringersdorf: 45
Thermen-Museum, Rom
   Foto: EMB-Service, Luzern: 115
Vonarburg Bruno, Teufen: 144
Zentralbibliothek Zürich: 71

Aus publizierten Werken:
Bock Hieronymus, Kreutterbuch: 30, 31, 37, 135 r
Fuchs Leonhard, New Kreutterbuch: 33, 38, 131, 139, 147 r, 155, 168
Gesellschaft für die Geschichte und Bibliographie des Brauwesens:
   Bier und Bierbereitung bei den Völkern der Urzeit: 4, 52/53, 55, 56 l, 57, 60, 61 l
Tabernaemontanus, Neu vollkommen Kräuter-Buch: 39, 146
Weltreise Afrika Bd. 11: 80, 81, 82 l

Wir danken den folgenden Brauereien, die uns Etiketten zur Verfügung gestellt haben:
AAss Bryggeri, N-Drammen: 129
Albani Breweries, DK-Odense: 83
Allgäuer Brauhaus, D-Kemten: 177
Apostelbräu, D-Hauzenberg: 12
Eggenberger International, A-Vorchdorf: 119, 126
Eichhof Brauerei AG, Luzern: 161, 184
Einbecker Brauhaus AG, D-Einbeck: 126
Ettaler Klosterbetriebe GmbH, München: 12
Feldschlösschen Brauerei AG, Rheinfelden: 173
Feldschlösschen AG, D-Braunschweig: 152
Heidelberger Schlossquell Brauerei, D-Heidelberg: 148
Höhl Kelterei, D-Hochstadt: 128
Hürlimann Brauerei AG, Zürich: 186
Huyghe Brouwerij, B-Melle: 8
Interbrew Belgium S.A., B-Leuven: 11
Lindemans Breweries, B-Vleezenbreek: 10
Löwenbräu AG, D-München: 158
Mönchshof Bräu GmbH, D-Kulmbach: 180
Paulaner Brauerei AG, München: 149, 159, 160
Pilsener Urquell, Pilsen: 176
Riva N.V., B-Dentergem: 129
Röhrl Brauerei, D-Straubing: 131
Sterkens Brouweij, B-Meer: 183
Weltenburger Klosterbrauerei, D-Regensburg: 181

Stichwortverzeichnis

Kursive Seitenzahlen beziehen sich auf Abbildungen.

Afrika 80 ff.
Agave 96, *104*, 110
Ägypten 12, 58 ff.
Akazie 30, 80, 81, *82*
Alant 30
Alchemie 43 f., 196
Alkaloide (Tropan-) 30 ff., 70, 78, 108, 112, 134 f., 144, 198
Alkohol 6, 8 f., 18, 29, 44, 47, 82 f., 87, 96, 162, 197
Aloe 30
Alraune 30, 55, 58 ff., *59*, 66 ff., *66*, *67*, *68*, *69*, *71*, 95, 108, 116, 134, 166, 171, *189*, 194, 196, 198
Altbier 46
Ambra 40
Amdat 80
Ampfer 30
Andorn 30
Anis 30, 61, 126, 142
Aphrodisiakum 10, 24, 47, 55, 61, 64, 68, 70, 81, 82, 100, 106, 130, 146
Argila-Bier 35
Arier 92
Aronstab 30
Artemisia 87, 91, 130
Asklepias 80
Atropin 13, 108
Ayahuasca 113, 194, 197
Balanos-Baum 81, 82
Balche' 97, 103
Bayberry 30
Beifuss 14, 30, *30*, 126, 130, *131*
Berserker 138 f.
Bertramkraut 30, 46
Bierbrot 55
Bierfeste 148 ff.
Bierhefe siehe Hefe
Bierrunen 120 f., *120*
Bierzusätze 6, *28*, 28 f., 30 ff., 64, 168, 170 f.
Bilsenkraut 8, 30, 55, 61, 93, 108, 126, 132 f., *132*, *133*, *134*, 134 ff., *135*, *136*, *137*, 170 f., 171, 194, 196, 199
Birke 30, 94, *124*
Bitterholz 30
Bock 127 ff.
Bohnenkraut 31
Braustern *42*, 43, *43*, *44*
Brennessel 31

Brombeere 31, *31*, 184
Buche (-ecker) 31, 126
Buchsbaum 31
Butter 87, 91
Cannabis siehe Hanf
Centaurienkraut 31, 46
Cerevisia 114 ff.
Chhang-Bier 34, 85 ff.
Chi 90 f.
Chicha 31, 32, 34, 36, 38, 96 ff.
Chili (Capsicum) 31, *36*
Conyza 31
Costus 31
Dalla-Bier 80
Dandelion Stout 35
Darren 18
Datteln 31, 55, 61
Datura siehe Stechapfel
Delphi 43
Demeter 62, 72 f., *73*, 76, *115*
Destillate 94, 196 f.
Dinkel 13, 22, *22*, 125, 129
Dionysos 127 ff.
Dioskurides 68
Dolo-Bier 30, 33, 36, 38, 80 ff.
Donar 129 f., 152
Eberesche 31
Eberwurz 31, 166
Efeu 31, 115, 196
Eiche 31, 56, 126, 161, 166, 167
Eicheln 31, 115
Einkorn 19
Eisenbier 58 f.
Eleusis siehe Mysterien
Emmer 22, *22*, 58, 125
Engelstrompete 31, 105 f., 108 ff., *108*, *109*, 197
Engelsüss 32
Engelwurz 32
Enzianwurzel 32
Erdbeere 32
Erdgöttin siehe Muttergöttin
Erdkyffer 32
Erntedankfeste 158 ff.
Esche 32, 126, 166
Espingo 32, 102
Färberdistel 32
Farn 32, 38, 46, 155, *155*, 171
Fenchel 32, *32*
Fichte 32
Fledermaus 40
Fliegenpilz 32, 93, 95, 115, 138, 166 f., *166*, 196, 197

Gagel 32, 126, 142, 147 ff., *147*, 194, 199
Gambrinus *7*, 184
Gärung 18, 43, 44 ff.
Germanen 120 ff., 138 ff.
Germer 32
Gerste 18, 19, *19*, 58, 64, 76, 87, 125, 129
Gescho 32, 80
Giftsumach 32
Gilgamesch 52
Ginger-Ale 33
Ginster 30
Gral 116 ff.
Grewia flavescens 33, 80
Griechenland (Altertum) 72 ff.
Grutbier 28, 32, 38, 138 ff.
Gundelrebe 33
Hafer 24, *24*, 125
Hagebutten 33
Hämatit 40, 58, 64
Hanf 8, 33, 55, 56, 61, 94, 95, 115, 161, 171, 172, 188 ff., *188*, 190 ff., *191*, *192*, 194, 199
Hanfbier 190 f.
Harnsäure 24
Harz 33, 64, 126, 196
Haselnuss 33
Haselwurz 14, 33, 64
Hathor 58, 61, *61*, 62
Hefe 43, 44 ff., *44*
Heidekraut 33, 126
Heidelbeere 33
Heilmittel 12, 14, 19, 22, 24, 25, 47, 56 f., 64, 78, 80, 91, 118, 130, 144, 146, 172 f., 192, 196
Heket 62
Herbstzeitlose 33, 171
Hexen 186 f.
Hibiskus 33, 80
Himalaya 23, 85, 188
Himbeere 33
Hirse 23, *23*, 55, 80 ff., 85, 87, *88*, 129
Hofmann, Albert 77, 78
Holunder 33, *33*
Honig 30, 40, 55, 57, 64, 80, 82 f., 87, 92, 97, 115, 125, 167, 190, 198, 199
Hopfen 28, 33, 168 f., *168*, 172 ff., *172*, *173*, *174*, 176, 178, 191
Indianer 25, 96 ff.
Ingwer 33, 55, 142
Inka 102 ff.
Ischtar siehe Muttergöttin
Isis 62 ff.
Johannisbeere 34

Johannisbrot 34
Johanniskraut 34
Jupiter 19, 129
Käfer 106
Kakao 97
Kalmus 34
Kamille 34
Kardamom 34, 64
Kardobenediktenkraut 34, 46
Karotte 34
Kassia 34, 55
Kelten 114 ff.
Keuschlamm 34, *34*
Khenpa 34, 87
Kiefer 34
Kirsche 34
Klöster 126, 168, 178 ff.
Koka 34, 98, 100 f., *100*, 106
Kokkelskerne 34, 126
Koriander 34, *34*
Kornblume 34
Kreide 40
Kreuzdorn 35
Kröte 40, 97, 129
Kümmel 35
Kumyss 92 f.
Kwass-Bier 35
Labkraut 35
Lambic 32, 33, 34, 35, 36, 44
Lavendel 35
Lorbeer 35, 115
Löwenzahn 35
LSD 77, 78 f.
Lungenflechte 35
Lupine 35, 55
Mais 18, 25, *25*, *96*, 97 f., *104*
Maisbier 30, 34, 35, 36, 38
Majoran 35
Malz/Mälzen 18
Mandragora siehe Alraune
Mango 35
MAO-Hemmer 95, 112 f., 194
Meadow Sweet 35
Meerträubel 35, 94
Melisse 14, 35
Mesopotamien 12, 46, 50 ff.
Milch 92 f., 93, 94
Minnetrunk 125, 126, 153
Minze 30, 35, 36, 76
Mithras 164
Mochica 99 ff., *113*
Mohn 35, 55, 119, 188, 194
Molle siehe Pfefferbaum

Moschus 40, 64
Mumme 33, 34, 36, 38
Muskateller-Salbei 36
Muskatnuss 36
Muttergöttin 18, 50, 52 ff., 114 f.
Mutterkorn 23, *76*, 77, 78 f., *78*, *79*
Myrobalanen 36
Myrte 36, 147
Mysterien 72 f., 129
Nachtschatten 36, 55, 108, 184 f.
Nachtschattengewächse 55, 56, 66, 108, 115, 196, 198
Nelken (Gewürz-) 36, 64
Nesselbier 31, 35
obergärig 46 f.
Odin siehe Wotan
Ololiuqui 36, 78, *79*, 96
Opium 8, 35, 55, 61, 62, 76 f., 119, 171, 196, 197
Paracelsus 12, *12*, 13
Paricá-Baum 112
Petersilie 36, 64, 126
Pfeffer 36, 64, 87
Pfefferbaum 36, *101*
Pfirsich 36
Phrygier 129
Pilsener 132, 176 ff.
Pilze 36, 126, 171, 196
Pimpinelle 36
Platon 73, 196
Plutarch 73 ff.
Pomeranze 36
Psilocybe siehe Zauberpilz
Psilocybin 194, *195*
psychedelisch/psychoaktiv 8 f., 28 f., *29*, 70, 73 ff., 78 f., 82, 91, 96, 105 f., 108 ff., 112 f., 115 f., 146, 190 ff., 194 f., 196 f.
Pulque 96, 110
Quebracho 36
Quendel 36
Rainfarn 37
Rauschbeere 37
Raute (Steppen-) 37, 61, 194, *195*
Reinheitsgebot 7, 10, 106, 169, 170 f., *170*, 176, 192
Reis 17, 18, 25, *25*
Rettich 37, 61
Roggen 23, *23*
Rohr (Pfeil-) 194, *195*
Rose 37
Rosmarin 14, 37
Rosmarin, Wilder siehe Sumpfporst

Runen 120
Russ 34
Safran 37, 61, 196
Salbei 14, 37, 64, 126
Salz 40, 64, 87, 91
Sassafras 37
Schafgarbe 37, 126, 142
Schierling 37
Schlehe 37, *37*
Schwefel 40
Seerose 97
Seidelbast 37
Senf 37, *38*
Sesam 37, 55
Soma 91, 92 ff., *94*
Sonnentau 38
Spanische Fliege 40, 106
Speichel 40, 43, 98, 125
Spontangärung 44
Springkraut (Impatiens) 93
Sprucebeer 34
Spurenelemente 47
Stechapfel 38, 80, 81, 82, 96, 105 f., 108 ff., *109*, *111*, 116, 134, 171, 194, 196, 197
Stoffwechsel 47
Sumerer 52 ff.
Sumpfporst 38, 126, 139, 142, 143 ff., *144*, *145*, *146*, 147, 194
Süssholz 38, 55 f.
Tabak 38, 97
Tabernaemontanus 48
Tamariske 38
Taumelloch 38, 78, *117*, 118 f., 125, 170 f.
Tausendgüldenkraut 38
Teosintegras 25
Tetsch 80
Thraker 129
Tibet 85 ff.
Tollkirsche *13*, 38, 55, 108, 134, 185, 196
Tollkorn siehe Mutterkorn/Taumellolch
Tollkraut 38, 134
untergärig 46 f.
Urin 40, 48, 167
Veden 92 ff.
Venushaar 38
Verbote 7, 10, 22, 24, 29, 106, 132, 142, 168 f., 171, 181, 192
Vilca 38, 105, 112 ff., *113*
Vitamine 47
Wacholder 14, 38, *39*, 46, 126, 142
Wachs 40
Walkenerde 40

Walpurgisnacht 154 f.
Wasser 48
Weide 38
Weihnachtsbiere 30, 34, 39, 162 ff.
Weihrauch 196
Wein 61, 72, 196
Weizen 19, *19*, 87, 125, 139
Wermut 14, 38, 64, 126, 197, *197*

Werwolf 142
Wikinger 138 ff.
Wilder Mann 52, 85
Winde *100*
Wintergrün 39
Wotan 44, 116, 120, 122, 138, *140*, *141*, 158, 160, 165, 167
Yale 32

Ysop 39
Zarathustra 91
Zauberpilz 8, *92*, 94, 95, 97, 115, 171, 194, *195*
Zimt 39, 64, 198
Zitrone 39, 64
Zitronelle 94
Zitwer 39